2. 1枚のページの表裏の関係
3. ノドを挟んだページの関係
4. ページの広さと文字の大きさの関係
5. 水平と垂直の関係
6. スペースと重さと軽さの関係
7. 見開きページから見開きページへの展開
8. 繋がりを中断
4—パレード
1. 左から右への動きの方が右から左への動きより速く、より自然に流れる

2. 左から右への流れは、役に立つコンセプト
3. きちんと配列すれば番号は不要
4. オーバーラップの手法
5. 色調の変化
6. 形の変化
7. サイズの変化
8. 繰り返しの割合を変化
9. 上向きや下向きの変化で、向上、下落を示す
10. 絵の配置で左から右への流れを示す
11. 裏側への続きを利用する

12. 見開きが続き、出来事が
13. 読者の記憶
14. 見開きページが組み立て
15. 考え方を流れモードにする
16. ページはパレードの兵隊
    縦ユニットの連続
17. パターンの繰り返しは退屈
18. 「魔法の線」に沿ってアタ
19. ページを漫画のコマのように考える
20. 3Dで考える

29. 横向き風景フォーマット
30. 折り込み

6. 帯やイラストを帯状に入れる
7. 水平なラインを引く
8. 見開きページの絵柄を同じ色で揃える
9. 左から右へ誘導する
10. 見開きの左右に白地を出す
11. 片面を全面写真、対向に小さな写真
12. 全面写真を2つに分けて使う
13. 写真から要素を引き出し説明し、広げる
14. 1枚の写真（絵）の一部を
    ノドにまたがせる
15. 写真要素をノドにまたがせる
16. 2つの画像で見開きページに流れを作る
17. 目線の向きを生かす
18. 右ページに置いた、外向き目線の効果
19. 目線の行き先に焦点を集める

20. 写真（絵）と文字の連携プレー
21. 写真を棒グラフのようにデザインする
9—大きさ
1. 大きさの手がかり
2. 「大きさ」があるのは、「小ささ」があるから
3. スペース全体を使って、
    サイズの幻想を引き起こす
4. 実物大のイメージ
5. 絵を実物大より大きく使う場合
6. 見出し文字と本文文字
7. 大きい文字と小さい文字
8. 重要性の指標としての絵のサイズ
9. 編集とデザインは一緒に働く
10. 穴を塞ぐように何かを引っぱらさない
11. 勝手な幅に文字を合わせない

12. すべての絵を似たような大きさにしない
13. 大きさの変化
14. さらなる延長戦
10—コントラスト
1. 空白と充満
2. 整列と不揃い
3. 水平と垂直
4. 水平と傾き
5. 絵と文章
6. 暗さと明るさ
7. ゆるさときつさ1
8. ゆるさときつさ2
9. カラフルな色と白黒
11—カモフラージュ
1. 罫を使って、統一感を生み出す

2. バラバラな要素を整理する
3. 行数を揃える
4. 行末不揃い組の注意点
5. 最も引きつけられる場所
6. 見出しの本文のコントラスト
7. 目立たせたくない要素の処理
8. 思いがけないグラフィック処理
12—対称と非対称
1. 左右対称の文字組
2. 左右非対称の文字組
3. 小見出しの処理
4. 非対称組の利点
5. 対称組・非対称組の比較
6. ページの編集・デザイン

17. リード書体の大きさ
18. 短い行のリード
19. 改行は意味のために
20. 大きさ、色、書体変化でコントラストをつける
21. 見出しに導くために書かれたリード文
22. シノプシス
23. 要約
15—小見出し
1. 小見出しの上下には最低3行必要
2. 大見出しの下の小見出しはNG
3. 小見出しに1行と2行のものを混ぜない
4. ウイドーとオーファン
5. 小見出しのテクニック見本
6. 良い例と悪い例
7. イニシャル使用で注意すること
8. サイドスコアリング
16 引用文
1. 引用文を隔離する

2. 引用文を閉じ込める
3. 水平な境界線を挿入する
4. 引用符で強調する
5. 強いコントラストを作る
6. 本文の流れを中断する
7. 段落からはみ出させる
8. 段落を壊すように置く
9. ページでの配置をずらす
10. 右側に引用文を置く
11. 段落に切り込ませる
12. 本文より引用文を軽くする
13. 先頭近くに置く
14. ページ上部の余白の引用文
15. ページ上部に引用文を積み重ねる
16. 隣接している段組間の引用文
17. 細長い組の引用文
17 キャプション
1. 絵／キャプションを1つのユニットとして考える

2. オープニングの絵は言葉と機能させる
3. 必要なだけ長くする
4. キャプションのフレーズにタイトルのふりをさせる
5. 肖像画のキャプションは挑発的な引用文で
6. わかり切った説明で読者を侮辱しない
7. 挑発的な問題を投げかける
8. 予想される順序で要素に注目させる
9. 写真家名を入れてはいけない
10. ボールド体を使う
11. 文体で絵のムードを喚起する
12. キャッチフレーズ（または見出し）を使う
13. すべての絵にキャプションをつける
14. 本文とまったく違う書体を使う
15. 見つけやすいところにキャプションを置く
16. 1行キャプションはどんな長さでもよい
17. 事実上の注釈を「引き出し説明文」に変える
18. 最終行を埋めて四角いブロックにする
19. 最終行の単語を左右のセンターに置く

20. 付随するキャプションに見出しを埋める
21. キャプションを左揃え右なりゆきにする
22. 不揃いのキャプションを羽の形にする
23. キャプション感覚的に改行する
24. ボーダーとキャプションの間に余白を置く
25. 本文とキャプションに分ける
26. キャプションどうしの行数を揃える
27. 右揃え左なりゆきのキャプション
28. 決して絵の上にキャプションをのせない
29. 右にキャプションを
30. キャプションを部分に分ける
31. キャプションを絵の下の中心に置く
32. 絵の横の中央に置かない
33. いつも「くっつく縁」を使う
34. キャプションの縦のラインを揃える
35. 絵とキャプションの横のラインを揃える
36. イメージ／情報ユニットで説明の効力を高める
37. キャプションは絵と平行に
38. 画像の上に重ねるキャプションは要注意
39. 読みにくさは補う

34. 矢で視線を奪う
35. グラフィカルに意見を表現
36. 即座に伝える
37. 図中の要素に文字を入れる
38. グラフの表現は正反対に変えられる
39. 横組では左から右が当然
40. グラフを絵的にすることの危険性
41. 遠近法と角度の幻想1
42. 遠近法と角度の幻想2
43. 立体的な表現
44. グラフィック要素の演出
20—囲みと罫線
1. 閉じ込める
2. 空中に浮かぶ
3. 価値を強調する
4. 棺に閉じ込める
5. 対象物を陳列する
6. 図画集のものを使う
7. 背景に手を加えバックを作る
8. 角を折り曲げる
9. 空間に立つ掲示板
10. 絵の一部にする

11. 囲みスペースに侵入する
12. 「不可能な図形」を作る
13. 囲みを突き破る
14. ドラマチックなコントラスト
15. 囲みを集めて並べる
16. タイトルとフレームの組み合わせ
17. 罫線
18. 罫は空間をまとめる
19. 罫はページに「色」をつける
20. 罫を機能的に使う
21. 罫はページをきちんと見せる
22. 罫で段を区切る
23. 罫で個性を
24. 罫で豊かさを
25. 罫でパターンを
21—シャドー
1. 光源
2. 絵の上の影
3. 影の幅
4. うその影は、見破られる
5. 正しい影を構成する
6. 影の暗さ

7. 真実っぽく見える影
25—色
1. 自分の好みで色を選ばない
2. 色はトリックを演じる
3. 色で解釈する
4. 色で演出する
5. 色は常識で選ぶ
6. 色の好みは常識的に使う
7. 色は黒ではない
8. 色は大胆に
9. 色は見られるところに使う
10. 色の明るさと量で情報を格付けする
11. 重要なものを目立たせる
12. 色調の使い方
13. 最初に背景色を選ぶ
14. 色の割合は慎重に
15. 本文の大事な点を強調
16. 気づいてほしいことに注意を引きつける
17. 2組のデータを色で比較する
18. 情報を編成し、区別し、体系化し、分類する
19. 色で本文を短く見せる
20. メッセージを分ける

21. 関係ある要素を色でリンクする
22. 色言語を開発する
23. 色分けをシンプルに保つ
24. キーとなる色を決めて一貫性を保つ
25. 色の継続
26. 色で、繰り返し出てくるものを認識しやすく
27. カラー用紙で区切りを作る
28. 色つきバックに黒い文字
29. 色つきバックに白い文字
30. バックの色面濃度を均等化する
31. 白地の色つき文字
32. 色をつけた背景の色つきの文字
33. カラーグラデーションは動的
34. 色の変化
35. 色調コントラストで通知能力を大きく
36. 色面は慎重に扱う
37. 写真の色に合わせる
38. グラデーションにする
39. 写真の構成要素を浮き彫りにする
    編集テクニック

19. ノンブルの大きさ
26—オリジナリティ
1. ページに過剰に詰め込まない
2. 情報を構成している部品に分ける
3. スペースを整理して明確なゾーンを作る
4. 材料に適切な形を工夫する
5. 内容に合わせて
    視覚的テクスチャを変える
6. 1つの情報ユニットは
    1つの情報タイプで
7. コントラストをつけて見やすく

8. 一貫した視覚テクニックを使う
9. 言葉と視覚——材料に選ばせる
10. 努力を続ける
11. ファイルを展開し、手入れして維持する
12. 気を楽にする
13. 自分を許す
14. 否定を否定する
15. 手を使って
16. 言葉で対象を説明
17. パターンを探す
18. 絵のような比喩

19. ディテールを使う
20. なじみ深い世界を変える
21. 新しい角度を探す
27—チェック
1. 縮小プリントでチェック！
2. インパクトレベルをチェック！
3. 色校でパターンをチェック！
4. 仕上がりの形でチェック！
5. 束見本でチェック！
6. ページを広げてチェック！
7. 「裏写り」チェック！

8. 天地を逆さまにしてチェック！
9. 写真の逆版をチェック！
10. 不用意な言葉をチェック！
11. 見出しをチェック！
12. 本文に埋め込まれた絵
13. 市松模様
14. 色つきの大きな数字
15. クリップアート
16. 隣どうしの整合性

EDITING BY DESIGN

編集デザインの発想法

動的レイアウトのコツとツボ 570

ヤン・V・ホワイト 著　大竹左紀斗 監修・訳

グラフィック社

EDITING BY DESIGN : For designers, art directors, and editors
The classic guide to winning readers
by Jan V. White

©1974, 1982, 2003 by Jan V. White;
Originally published by R. R. Bowker, 1974;
second edition published by R. R. Bowker, 1982.

Japanese translation rights arranged with Jan V. White
in care of The Allworth Press c/o The Jean V. Naggar Literary Agency, Inc., New York
through Tuttle-Mori Agency, Inc., Tokyo

監修者まえがき

動的レイアウトとは

この本は、アメリカをはじめ英語圏で広く使われているエディトリアル・デザインの
入門書、ヤン・V・ホワイト著『EDITING BY DESIGN』の完全訳です。
もう25年以上もエディトリアル・デザイナーを生業としている私ですが、
シンガポールの書店でページをパラパラ（この本でいうページ・フリッパー）していて、
何枚も目から鱗が落ちました。この本を開いてくだされればおわかりのように、
解説はイラストが多く、小さなパーツに分けられ、わかりやすく書かれています。
ただわかりやすいだけでなく、特徴的な点が5つあります。

1. ページレイアウトを平らなものとしてだけではなく、連続したページ構成で
   内容を把握するための厚みのある1つの装置として考える視点。
2. 立ち読みする読者をいかに引き込み、夢中にさせるかのテクニック。
3. 編集者とデザイナーの協力は不可欠。
   デザイナーにはエディター・シップを、編集者には機能的デザインにするために
   歩み寄る気持ちが必要と説いている。
4. また、各章の最初でデザイナーと編集者それぞれにアドバイスしている。
5. 本当は仕事として本を読みたい人はほとんどいないはず。
   いかにすばやく内容を把握できるようにするかが大事だという視点。

私たちが本や雑誌を見る・読むときに、
それらは、つかまれ、持たれ、めくられ、数十ページも先に飛んだり、
また戻ったり、時には線を引かれたり、折られたり、付箋を貼られたりもします。
電車で揺られながらだったり、寝ころんで見られるかもしれません。
さらに、見開きの真ん中にはノドが存在しますし、真っ平らな状態ではありません。

それを制作するデザインや編集の現場では、まず平面の世界＝レイアウトを考えます。
液晶ディスプレイはレイアウトを並列に並べるだけで、
それらが紙の両面に印刷され、折られ、束ねられ、裁断され、部分部分の内容が
お互いに反応しあう立体的な装置になることを忘れがちです。読者が何に反応するのか、
どう引き込み、内容に関心をもってもらうのか。それを意識しながら制作していく。
それが動的レイアウトで、そのコツとツボがこの本には、570も詰まっています。

原文は英語ですので、横組み、左開き、欧文表記のみに限定して考察されています。
できるかぎり、日本でのエディトリアル・デザインに対応できるように補いました。
日本では不要かと思われる部分もありますが、応用、ヒントになることも多いので、
できるかぎり削除せずに掲載しました。

……大竹左紀斗

著者まえがき

もし私が、編集者、ジャーナリスト、アートディレクター、デザイナーなど
出版業界で働く専門家のセミナーで話すことになったとしたら、その人たちに
理解できるように編集デザインの原則を丁寧に説明し、広めることに努めるでしょう。
なぜなら彼らこそがこの本を立案させたからです。
彼らの要望がなければ、この本は決して完成されていませんでした。
この本の内容はすべて経験に基づいています。
職種によっていろいろなので、立証はできませんが。
基本は、休みなく"なぜ"を自問して、"どうすればいいか"を考え続ける。
それがこの本の言いたいことです。………ヤン・V・ホワイト

出版界の先祖

印刷された紙を本にするために
働くさまざまな職業の人たち。
16・17世紀の木版画のモンタージュ。
遠くに作家(在宅勤務)。
活字製作者、図版製作者、
イラストに着色して金箔押しする装飾師
(手にするのはマウスでなく、ステンシル)、
見習い、印刷技術者、
アートディレクター。
木版画家、そして印刷社からの急使。
下は編集者。
顧客、つまり読者は見えません。

目次

監修者まえがき 003
著者まえがき 005

チームワーク 013

1 雑誌の動的レイアウト[18の法則] 015

1. ページの大きさ
2. 片ページの考え方
3. 見開きは、平らではない
4. 見開きは、半分に分断される
5. 表紙にある何かが、好奇心を呼び起こす
6. 三次元で考える
7. 一番よい材料は、外側に置く
8. 一番価値ある場所
9. 一番価値のない場所
10. 読者はページの上部に注目する
11. 論理的なページ構成
12. 右ページと左ページは、異なったレイアウトに
13. 右ページは広告主に好まれる
14. 編集空間としての左ページ
15. リズミカルな配置は予測を促す
16. ジャンプしなければならないページ構成はやめる
17. レイアウトは上から下へ
18. ページの空間での動線

2 誘導[10の法則] 021

1. イメージは、感情と好奇心で読者を引きつける
2. 長い説明は図化したグラフ(インフォグラフィックス)にする
3. 見出しの上に絵を置く
4. キャプションなしで絵を置いてはいけない
5. どこにあるかキャプションを探させてはいけない
6. あらゆるページには、心地よい導入ポイントが必要
7. 短い要素の固まりは、長い文章より引きつける
8. スピードは大切
9. 出版物を参考資料として役立つように変える
10. 読者は理解してくれるはずだと決めてかからないで

3 スペースの連続性[8の法則] 027

1. 言葉と表現方法の関係
2. 1枚のページの表裏の関係
3. ノドを挟んだページの関係
4. 何も書いていないページの広さと文字の大きさの関係
5. 水平と垂直の関係
6. スペースと重さと軽さの関係
7. 見開きページから見開きページへの展開
8. 繋がりを中断

4 パレード[30の法則] 041

流れの演出パターン7 042

1. 左から右への動きは、右から左への動きより速く、自然に流れる
2. 左から右への流れはおもしろくて、役に立つコンセプト
3. きちんと配列すれば番号は不要
4. オーバーラップの手法
5. 色調の変化
6. 形の変化
7. サイズの変化
8. 繰り返しの割合を変化
9. 上向きや下向きの変化で、向上、下落を示す
10. 絵の配置で左から右への流れを示す
11. 裏側への続きを利用する
12. 見開きページが続き、出来事が連続して起こる
13. 読者の記憶
14. 読者は、ページが組み立てられたものを見る
15. 考え方を流れモードにする
16. ページはパレードの兵隊の縦ユニットの連続
17. パターンの繰り返しは退屈させる
18. 「魔法の線」に沿ってアタマを揃え、スペースを決める
19. ページを漫画のコマのように考える
20. 3Dで考える
21. テキストと絵、どちらから始めるか？
22. レイアウトのプリントを並べる
23. 雑誌をおもしろくする「ペース」の利用
24. 人によっては、後ろから逆に調べる
25. 広告の中に点在するページ
26. 大きい記事は2つか3つしかいらない
27. 最も効果を生む場所に驚きを組み込む
28. スペースはページの長方形に基づいて作られる
29. 横向き風景フォーマット
30. 折り込み

5 段組とグリッド [17の法則] 055

1. ページの版面はテキストが印刷される領域
2. 版面を等しい段組に分割する
3. なぜ段組を小分けにするのか
4. 様々な文字サイズと段組の幅
5. 様々な幅の段組を組み合わせてもよい
6. 文字サイズと段組幅の決定
7. 段組幅は、テキストの中身に合わせる
8. テキストの流し込み
9. グリッド
10. 任意に幾何学的に分割しない
11. グリッドを成功させる秘訣
12. 扉ページのグリッド
13. ページスペースを水平ブロックに分割する
14. スペースは不可欠
15. 左右に要素を分離する
16. 余白スペースの利用法
17. 段組のバリエーション

フォーマットの見本10 062

6 マージン [14の法則] 067

1. マージンの幅
2. 広いマージン幅
3. マージンの規則性
4. ページ「外側」部分は最も目につく
5. 製本とノド幅の関係
6. 裁ち切りで広く見せる
7. 大胆な裁ち切りで、注意を引く
8. 効果的な裁ち切り
9. ページの上のマージンを、十分広くとる
10. 調和のとれたマージンを決定する方法
11. 帯状の広い領域を余分に残す
12. 見出しをフレームから外に飛び出させる
13. 段落の揃え方
14. コントロールされたマージンの代案:
    マージンを無視する

7 スペーシング [18の法則] 073

1. 均一の狭い空きスペーシング
2. 均一の広い空きスペーシング
3. 均等でないスペーシング
4. スペースの中でのたった1つの存在は
   価値を生む
5. ゴミゴミした状態はユニットの
   価値を減らす
6. 無作為の配置
7. ユニットの縦長か横長のコントラストを活かす
8. 狭いスペースはものがくっつき、
   広いスペースは離れる
9. 接近は関係があることを表す
10. 小見出しの上の空間を広くとる
11. 要素をまとめ空間をつくりだす
12. 見出しは頭揃えで
13. 小見出しまわりのスペース
14. キャプションまわりのスペース
15. うれしくないスペース
16. スペースを使って重要さを強調する
17. 明確なマージンの効果
18. 読者を案内するようにレイアウトする

8 広がり [21の法則] 079

1. 顔写真を並べるときは、目の高さで水平に揃える
2. 見開きページを左右対称にデザインする
3. 同じような形を見開きページで連続させる
4. 全面裁ち切りの写真を使う
5. ワイドな写真を上下に置く
6. 色帯やイラストを帯状に入れる
7. 水平なラインを引く
8. 見開きページの絵柄を同じ色で揃える
9. 左から右へ誘導する
10. 見開きの左右に白地を出す
11. 片面を全面写真、対向に小さな写真を組み合わせる
12. 全面写真を2つに分けて使う
13. 写真から要素を引き出し説明し、広がりを作り出す
14. 1枚の写真(絵)の一部をノドにまたがせる
15. 写真要素をノドにまたがせる
16. 2つの画像で見開きページに流れを作る
17. 目線の向きを生かす
18. 右ページに置いた、外向き目線の効果
19. 目線の行き先に焦点を集める
20. 写真(絵)と文字の連携プレー
21. 写真を棒グラフのようにデザインする

9 大きさ [14の法則] 087

1. 大きさの手がかり
2. 「大きさ」があるのは、「小ささ」があるから
3. スペース全体を使って、
   サイズの幻想を引き起こす
4. 実物大のイメージ
5. 絵を実物大より大きく使う場合
6. 見出し文字と本文文字
7. 大きい文字と小さい文字
8. 重要性の指標としての絵のサイズ

9. 編集とデザインは一緒に働く
10. 穴を塞ぐように何かを引き伸ばさない
11. 勝手な幅に文字を合わせない
12. すべての絵を似たような大きさにしない
13. 大きさの変化
14. さらなる延長戦

10 コントラスト［9の法則］..................093

1. 空白と充満
2. 整列と不揃い
3. 水平と垂直
4. 水平と傾き
5. 絵と文章
6. 暗さと明るさ
7. ゆるさときつさ1
8. ゆるさときつさ2
9. カラフルな色と白黒

11 カモフラージュ［8の法則］..................097

1. 罫を使って、統一感を生み出す
2. バラバラな要素を整理する
3. 行数を揃える
4. 行末不揃え組の注意点
5. 最も引きつけられる場所
6. 見出しの本文のコントラスト
7. 目立たせたくない要素の処理
8. 思いがけないグラフィック処理

12 対称と非対称［6の法則］..................101

1. 左右対称の文字組
2. 左右非対称の文字組
3. 小見出しの場所
4. 非対称組の利点
5. 対称組・非対称組の比較
6. ページの編集・デザイン

13 本文書体［52の法則］..................105

1. 本文書体の条件
2. 対象にとって適切な書体（タイプフェイス）を選ぶ
3. 読者は見慣れているものが最も心地よい
4. サンセリフ（ゴシック）体はセリフ（明朝）体より読みにくい
5. 大文字ばかりが続くとがさばり、読みにくい
6. 単語の最初を大文字で書く様式
7. イタリックが続くと嫌われる
8. ボールド体が続くとノーマル体より読みにくい
9. 本文書体選択の評価基準
10. 選択した1つの書体を、最後まで使う
11. 書体が単調な場合
12. 書体の統一
13. 本文書体の大きさは通常、9〜12ポイントまで
14. 読むリズムは滑らかでなければならない
15. 反転した本文組（黒ベタ白ヌキ）は不人気
16. 文字はどこまで小さくできるか
17. 文字は目で見える話し言葉
18. 文字の大きさの変化
19. 読むという行為は話すような、流れ出る言葉の川
20. 3段とか2段の段組に縛られない
21. 規律ある段組構造
22. 段間のアキは、段の幅と文字の大きさで異なる
23. 行長はどれくらいがいいか
24. 読みやすさの条件
25. 理想的な行長
26. ページは多くの要素が合わさってできる
27. 経験則による本文組幅チャート
28. 段落の変わり目1
29. 第1節を字下げすべきではない
30. インデントをもっと深くする
31. 右不揃えのテキストではインデントをより深くする
32. 段落の変わり目2
33. 段落間をあけすぎない
34. 行間設定は固定する
35. 段間アキより段落間のアキを狭くする
36. 回り込み（段組に組み込まれた絵に沿わせた文字組）は、役立つが危険
37. 回り込みの中の小見出し
38. 隣接している段組間の回り込み
39. 逆の回り込み
40. クロスオーバー（段組同士を食い込ませた組）
41. リストは読者に好まれる
42. ラベルやデータのリスト
43. テキストリスト
44. アウトラインリスト
45. 英数字をシンボルとする任意のリスト
46. リストで「デザイン」を作らない
47. 黒丸、数字、記号（約物）のサイン能力を壊さない
48. やっかいな長文は、短い構成要素に分解する
49. 短い記事は余白で切り離す
50. すばやく検索し、ゆっくり味わう
51. 見出しを飛び出させれば、検索しやすくなる
52. これは避けたい。よくあるタイポグラフィの罪

14 見出しとリード [23の法則] 121

見出しの並べ方24 122
1. どの書体？
2. セリフ体？　それともサンセリフ体？
3. 記事ごとに異なった書体？
4. 書体ファミリー
5. 大きいですか？
6. 短いですか？
7. 長いですか？
8. 見出しを勝手に切らない
9. 単語サイズの変化
10. 基本的な見出しの配置
11. 見出しと画像の組み合わせ
12. 見出しの間に挿入された小さなイラスト
13. キーワードを大きく
14. キーワードに色をつける
15. リードの信頼性
16. リードの書体
17. リード書体の大きさ
18. 短い行のリード
19. 改行は意味のために
20. 大きさ、色、書体変化で
    リードにコントラストをつける
21. 見出しに導くために書かれたリード文
22. シノプシス
23. 要約

15 小見出し [8の法則] 131

小見出しの変化8 132
1. 小見出しの上下には最低3行必要
2. 大見出しの下の小見出しはNG
3. 小見出しに1行と2行のものを混ぜない
4. ウィドーとオーファン
5. 小見出しのテクニック見本
6. イニシャル：よい例と悪い例
7. イニシャル使用で注意すること
8. サイドスコアリング

16 引用文 [17の法則] 137

1. 引用文を隔離する
2. 引用文を閉じ込める
3. 水平な境界線を挿入する
4. 引用符で強調する
5. 強いコントラストを作る
6. 本文の流れを中断する
7. 段落からはみ出させる（しかし、おもしろい句）
8. 段落を壊すように置く
9. ページでの配置をずらす
10. 右側に引用文を置く
11. 段落に切り込ませる
12. 本文より引用文を軽くする
13. 先頭近くに置く
14. ページ上部の余白の引用文
15. ページ上部に引用文を積み重ねる
16. 隣接している段組間の引用文
17. 細長い組の引用文

17 キャプション [39の法則] 141

1. 絵／キャプションを1つの理知的な情報ユニットとして考える
2. オープニングの絵は目立つ言葉といっしょに機能させる
3. 必要なだけ長くする
4. キャプションの最初のフレーズにタイトルのふりをさせる
5. 肖像画のキャプションは挑発的な引用文で始める
6. わかり切った説明で、読者の知性を侮辱してはならない
7. 挑発的な問題を投げかける
8. 予想される順序で要素に注目させる
9. 写真家名を入れてはいけない
10. ボールド体を使う
11. 立体で絵のムードを喚起する
12. キャッチフレーズ（または見出し）を使う
13. すべての絵にキャプションをつける
14. 本文とまったく違う書体を使う
15. 見つけやすいところにキャプションを置く
16. 1行キャプションはどんな長さでもよい
17. 事実上の注釈を『引き出し説明文』に変える
18. 最終行を埋めて四角いブロックにする
19. 最終行の単語を左右のセンターに置く
20. 付随するキャプションに見出しを埋める
21. キャプションを左揃え右なりゆきにする
22. 不揃えのキャプションを羽の形にする
23. キャプションを感覚的に改行する
24. キャプションを絵の近くに置く
25. 本文とキャプションに分ける
26. キャプションどうしの行数を揃える
27. 右揃え左なりゆきのキャプション
28. 決して絵の上にキャプションをのせない
29. 右にキャプションを置く
30. キャプションを部分に分ける
31. キャプションを絵の下の中心に置く
32. 絵の横の中央に置かない
33. いつも「くっつく縁」を使う
34. 絵とキャプションの縦のラインを揃える
35. 絵とキャプションの横のラインを揃える
36. イメージ／情報ユニットで説明の効力を高める
37. キャプションは絵と平行に
38. 画像の上に重ねるキャプションは要注意
39. 読みにくさは補う

18 図版 [51の法則] 151

1. 絵は意味で選ぶ
2. 重要な絵を優位に扱う
3. 小さい図版をまとめる
4. 絵は、びっくりさせ、退屈させない
5. 言葉で注意を向けさせる
6. 説明する文字の上に絵を置く
7. 大きい要素でノドをまたぐ
8. ギリギリまで切り落とす
9. 見開き上部に絵を置く
10. 絵をページの外にはみ出すように置く
11. ノドの下に重要でない絵を隠す
12. 絵が向いている方向
13. 視線で誘導する
14. 絵の周りのフレーム
15. 裁ち切りで最大のインパクトを演出
16. 大きいものはもっと大きく
17. 重要性にふさわしいサイズ
18. 中心点が真ん中にある写真
19. 人物写真は自然で、気取らず、ありのままの姿に
20. 隣接している「窓」の関係性を利用する
21. 絵の地平線を揃える
22. 人物の目の高さを揃える
23. 隣接している絵どうしのスケールを関係づける
24. グループにすると焦点が絞られる
25. 論理的なアレンジのためのヒント:
26. 鏡像
27. 警告
28. 絵を半分ずつ組み合わせる
29. サイズの拡大
30. 小さい絵を挿入する
31. 写真から要素をはみ出させる
32. 絵の縁を目立たなくする
33. 1つの画像を部分に分ける
34. 画像を白黒反転する
35. 絵の絵としての絵
36. 背景から浮く絵
37. 自然に散らす
38. 耳折れの角
39. 破いた縁
40. 写真コーナーと手書きのメモ
41. 波状の白い写真フレーム
42. 線描
43. 選択性
44. 透視図
45. 説明図
46. 内部構造図
47. 引用
48. 絵文字
49. 視覚的な語呂合わせ
50. ゴム印
51. 絵を織り込んだ単語

19 ダイアグラム(図表) [44の法則] 165

1. 円グラフ
2. 横棒グラフ
3. 縦棒グラフ
4. 絵グラフ
5. 経年変化グラフや階段グラフ
6. 人口ピラミッドの横棒グラフ
7. 基準線の入った棒グラフ、柱状グラフ
8. スライドさせた棒グラフ
9. 浮きグラフ
10. 区分された棒グラフ
11. 線グラフ
12. 面グラフ
13. 散布図やドットチャート
14. 機構図や樹形図や組織図
15. プロボグラム (串刺し図)、バブルダイアグラム、配線略図、活動ネットワーク図
16. 正方形面積図
17. 地図
18. 図面
19. 年表
20. フローチャート、プロセスチャート、帯チャート
21. ガントチャート
22. デシジョンツリー(決定木)
23. PERT (事業評価テクニック) 図とCPM (クリティカルパスメソッド) 図
24. 優先順位マトリクス
25. 座標

表組 172

26. 表組の幅
27. 幅が広すぎる表組
28. 項目見出しの長さ
29. 表組を明示する
30. 行のたどりやすさ

言葉による表 174

31. 複雑にして混乱させない
32. 製図工になったつもりで
33. 図中に注釈を入れる
34. 矢で視線を奪う
35. グラフィカルに意見を表現
36. 即座に伝える
37. 図中の要素に文字を入れる
38. グラフの表現は、正反対に変えられる
39. 横組では左から右が当然
40. グラフを絵的にすることの危険性
41. 遠近法と角度の幻想1
42. 遠近法と角度の幻想2
43. 立体的な表現
44. グラフィック要素の演出

20 囲みと罫線 [25の法則] 179

1. 閉じ込める
2. 空中に浮かぶ
3. 価値を強調する
4. 棺に閉じ込める
5. 対象物を陳列する
6. 図画集のものを使う
7. 背景に手を加えバックを作る
8. 角を折り曲げる
9. 空間に立つ掲示板
10. 絵の一部にする
11. 囲みスペースに侵入する
12. 「不可能な図形」を作る
13. 囲みを突き破る
14. ドラマチックなコントラスト
15. 囲みを集めて並べる
16. タイトルとフレームの組み合わせ
17. 罫線 (略して罫)
18. 罫は空間をまとめる
19. 罫はページに「色」をつける
20. 罫を機能的に使う
21. 罫はページをきちんと見せる

22. 罫で段を区切る
23. 罫で個性を
24. 罫で豊かさを
25. 罫でパターンを

21 シャドー [7の法則] ...189

1. 光源
2. 絵の上の影
3. 影の幅
4. うその影は、見破られる
5. 正しい影を構成する
6. 影の暗さ
7. 真実っぽく見える影

22 表紙 [10の法則] ...193

1. 売り場でどう見えるか考えてデザインする
2. 写真はアイキャッチになる
3. 最も重要なのは画像
4. フォーマットを標準化する
5. ロゴはシンボル
6. ロゴは豊かなグラフィック文字
7. ロゴは左上の角
8. 表紙のキャッチコピー
9. 表紙の大見出しの文字サイズ
10. 理想的な表紙

23 目次 [9の法則] ...197

1. 目次は、がらくた入れではない
2. 表紙のキャッチコピーを繰り返す
3. 目次は3ページか5ページに置く
4. 見開きで印象的に
5. 特集・連載・コラム
6. 目次は道路地図
7. トピックスを強調する
8. 絵でおもしろく
9. 右ページか左ページか、それが問題だ

24 シグナル [19の法則] ...203

1. 繰り返しの要素
2. 見られるところにシグナルを置く
3. ノド（右ページの左上隅）にラベルを埋めない
4. 左と右のページは交換可能ではない
5. シグナル
6. 表紙ロゴのグラフィック書体を反映させる
7. 柱を目立たせる
8. マージンがあれば
9. 柱を版面から出す
10. 欧文文字の横倒し柱
11. 色をシグナルにする
12. 親指タブ、ファイル分割タブ
13. 表紙のキャッチと見出し
14. ジャンプ見出し
15. 続きを示す見出し
16. フットライン（フォリオ）
17. 置きたいところに置く
18. フットラインのデザイン
19. ノンブルの大きさ

25 色 [39の法則] ...209

1. 自分の好みで色を選ばない
2. 色はトリックを演じる
3. 色で解釈する
4. 色で演出する
5. 色は常識で選ぶ
6. 色の好みは常識的に使う
7. 色は黒ではない
8. 色は大胆に
9. 色は見られるところに使う
10. 色の明るさと量で情報を格づけする
11. 重要なものを目立たせる
12. 色調の使い方
13. 最初に背景色を選ぶ
14. 色の割当ては慎重に
15. 本文の大事な点を色で強調
16. 気づいてほしいことに色で注意を引きつける
17. 2組のデータを色で比較する
18. 情報を色で編成し、区別し、体系化し、分類する
19. 色で本文を短く見せる
20. メッセージを分ける
21. 関係ある要素を色でリンクする
22. 色言語を開発する
23. 色分けをシンプルに保つ
24. キーとなる色を決めて一貫性を保つ
25. 色の継続
26. 色で、繰り返し出てくるものを認識しやすく
27. カラー用紙で区切りを作る
28. 色つきバックに黒い文字
29. 色つきバックに白い文字
30. バックの色面濃度を均等化する
31. 白地の色つき文字
32. 色をつけた背景の色つきの文字
33. カラーグラデーションは動的
34. 色の変化
35. 色調コントラストが大きいと通知能力が大きい
36. 色面は慎重に扱う
37. 写真の色に合わせる
38. グラデーションにする
39. 写真の構成要素を浮き彫りにする編集テクニック

26 オリジナリティ[21の法則] 225

「オリジナル」である必要はありません：.........226
1. ページに過剰に詰め込まない
2. 情報を構成している部品（情報ユニット）に分ける
3. スペースを整理し明確なゾーンを作る
4. 材料に適切な形を工夫する
5. 内容に合わせて視覚的テクスチャを変える
6. 1つの情報ユニットは1つの情報タイプで
7. コントラストをつけて見やすく
8. 一貫した視覚テクニックを使う
9. 言葉と視覚──材料に選ばせる

アイデアに詰まったら？.........228
10. 努力を続ける
11. ファイルを展開し、手入れして維持する
12. 気を楽にする
13. 自分を許す
14. 否定を否定する
15. 手を使って
16. 言葉で対象を説明
17. パターンを探す
18. 絵のような比喩
19. ディテールを使う
20. なじみ深い世界を変える
21. 新しい角度を探す

グラフィカルな驚きを創り出したいなら.........230

27 チェック[16の法則] 231

1. 縮小プリントでチェック！
2. インパクトレベルをチェック！
3. 色校でパターンをチェック！
4. 仕上がりの形でチェック！
5. 束見本でチェック！
6. ページを広げてチェック！
7. 「裏写り」をチェック！
8. 天地を逆さまにしてチェック！
9. 写真の逆版をチェック！
10. 不用意な言葉をチェック！
11. 見出しをチェック！

落とし穴を探す.................235
12. 本文に埋め込まれた絵
13. 市松模様
14. 色つきの大きな数字
15. クリップアート
16. 隣りどうしの整合性

28 Q&A[16の悩み] 237

1. デザイナーです。どうしたら編集者とうまくやることができますか？ 彼らのことがよくわかりません。
2. 編集者です。どうしたらデザイナーとうまくやることができますか？ いじめられているように感じてしまいます。
3. 編集者です。「デザイン」におびえています。どうしたらよいでしょう？
4. なぜ、いつ、どのようにリ・デザインしますか？ 誰がしますか？
5. 雑誌の個性をどう確立したらよいでしょうか？
6. どのように権威を確立したらよいでしょう？
7. どうしたら特別になれますか？
8. 読者の注意をどのように向けさせますか？
9. どうしたら力強く生き生きとさせられますか？
10. どうしたらスピーディに読めるように作れますか？
11. 材料があまりありません。
12. どうしたら少ない努力でもっとたくさん得られますか？
13. どのように読みやすくしますか？
14. どのように読者を案内しますか？
15. どうすれば若者にアピールできますか？
16. どのようにして醜い広告と戦いますか？

あとがき.................247

チームワーク

このふんぞり返っている人物は、出版の世界に入ったばかりの1年目の私です。これは、勤務していたタイム社の社内ニュースレターに掲載されたイラストです。
タイプライター、くずかごからはみ出している丸めた紙くず、葉巻、机の上の足、人間工学に基づく最新式の椅子……

たしかに最近50年、もっと言えばこの400年、
出版は変化してきました。
技術革新と仕事中手ばなせないタバコによる肺癌への恐怖。
スコッチテープ…レトラセットをこすって紙に写したレタリング……
コピー機の登場。オフセット印刷……そして、マック！
ところで、科学技術は絶えず驚異的に向上しているにもかかわらず、
編集者対デザイナーの反発し合う態度だけは相変わらずです。
今日でもそんな心得違いが根強く残っています。
私たちは、どうすればいいのでしょうか？
個人を好きになり、互いの貢献にプロとして感謝をし、
理解し合えるように互いに努力すべきです。

「編集者」あるいは「デザイナー」として、
できることから始めてください。
大人になりましょう。「文章」とか「絵」とか、
小さな個人的な砦を守るのはやめてください。
お互いにどれくらい依存し合っているかを、
そして、お互いなしでは
存在できないのだということを理解してください。

読者の興味を引き、関心をつなぎとめておきたいなら、
価値を高める努力をしてください。
そして、ブランドとして確固たる個性を確立してください。そのためには
計画される出版物の2つの相容れない要素を融合させなければなりません。

体力　　　対　知力
外観　　　対　内容
デザイン　対　ジャーナリズム
デザイナー　対　編集者

デザイナーは、出版物に売り物として
総合的な特長、魅力、個性があるかどうかを考えます。
編集者は、売り物となるよう、記事でメッセージを伝えようとします。

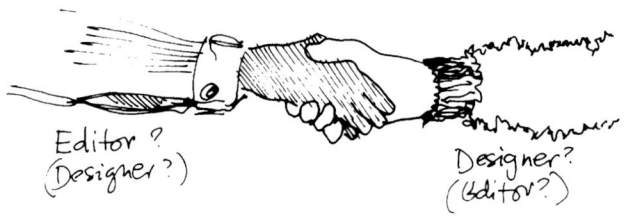

私たちは、パラパラめくるだけの読者に
これはあなたに関係のある内容ですよと
注意を向けさせなければなりません。
そして、それを通して読者を
案内しなければならないのです。出版物の
属性と読者心理の両方を理解して、
利用しなければなりません。

それがこの本の各章が、デザイナー・編集者の立場から、
どう内部連絡するか思い出させることから始まる理由です。
いくつかの要素が様々な対象をカバーし、異なった方法で示されるので、
いくつかは重複（いくつか内容不一致があるかもしれません）しています。
また、この本は以下のように構成されています。

1.　印刷物の物理的な性質と、その影響。(p.15から始まる『雑誌のレイアウト』)
2.　どう読者の好みに合わせるか。(p.21～)
3.　連続したページが厚みのある紙の束＝装置になるという考え方。(p.27～)
4.　印刷して伝えるという、この職業を悩ます実用的な心配。(付録。p.237からのQ＆A)

警告とお断わり：情報伝達を職業とする者には、まちがいの
ない道なんてありません。すべては分析と判断の問題です。
この本に書かれたことはどれも真実です、とか、たった一つの道である、とは主張しません。
本書のすべては、どんな基本的なテクニックだったら編集者とデザイナーチームにとって
有効かを終生見つけようとしてきた結果なのです。

1 雑誌の動的レイアウト［18の法則］

| デザイナーへの
アドバイス | これは、頭の固いデザイナーが、
実際の現場といかに衝突したかという実話です。
数年前、私は、ひじょうに大きな企業の技術文書の改良を頼まれました。
膨大な分野からなるマニュアルです。重さが1トンもあるので、技術者は
ふだん、ミニチュア判をクリップボードにはさんで持っていました。 |

ページはどこでとめていますか？
上端をクリップで。

**必要な部分を見つけるためには、
ページのどこをめくらなければなりませんか？**
下端です。

まず、何を見つける必要がありますか？
項目の見出しです。

それはどこにありますか？
ページ上部のクリップの下にあります。

それを見ることができますか？
いいえ！ タイトルはクリップの下です。
技術者は探しているものを見つけるのに
ページ下の小さなページノンブルを見なければなりません。

**それは変ですね！ ひっくり返して、
最下部にタイトルを動かしたほうがいいのでは？**

でもそれができないんです。
デザイナーはマニュアルに
縛られていて、そのマニュアルには、
"見出しはページの最上部になければならない"とか、
"最上部にあったほうがいい、でないと……"とかなんとか。

教訓：頭の固い専門家にならないでください。

| 編集者への
アドバイス | 出版物と読者の関係を考えましょう。
読者は、どう持つでしょう？
どう見るでしょう？
どこで見るでしょう？
どうやって読み進めるでしょう？ |

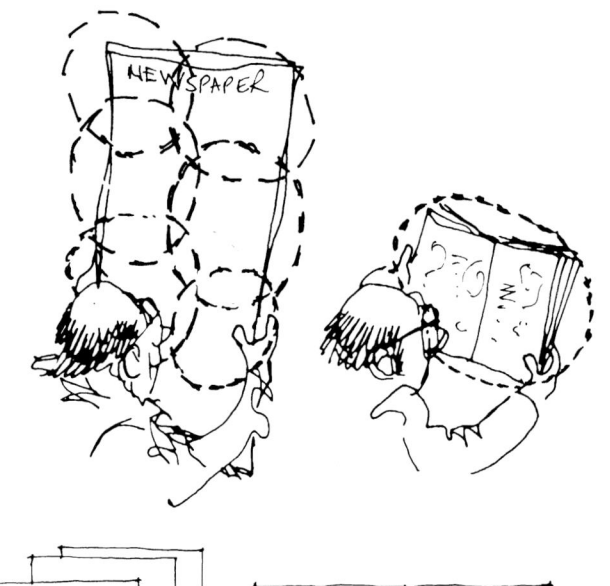

1 | ページの大きさ
ページの大きさは、見方や、持ち方に影響を及ぼします。大判の新聞なら、何回かに分けて見なければなりません。雑誌の見開きなら、ふつうに持てば、誌面全体を1回で見渡せます。もちろん、雑誌を持つ距離は、ページの大きさに微妙に影響されます。しかし、どんな大きさでも、紙面は、縮小された世界なのです。

 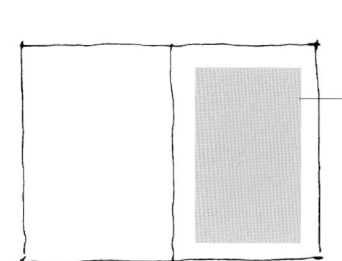

2 | 片ページの考え方
片ページであっても便せんのように単独ではありません。単独に考えがちですが、読者は見開きの半分として受け取ります。

3 | 見開きは、平らではない
見開きページは、壁の絵画やパソコン画面とは違います。平面ではないのです。平面という錯覚は捨てること。つい、陥ってしまう、あぶないわなです（平らな状態で見るのは、デザインボードに貼られて、デザインコンペで展示されるときぐらいです）。

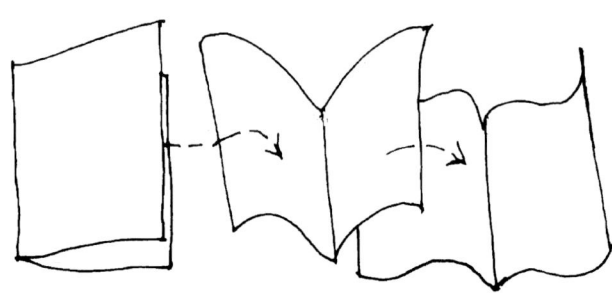

4 | 見開きは、半分に分断される
雑誌は、見開きの中央で綴じられ、くたっとした、曲がる紙で作られています。このため、半分に分かれないように願っても、ノド※のマージン（余白）を無視しようとしても駄目なのです。

※中央綴じ部分

5│表紙にある何かが、好奇心を呼び起こす

読者は表紙の目次にざっと目を通し、記事を見つけます。表紙の写真に引きつけられるかもしれません。次に、ページをパラパラめくりながら、おもしろそうな記事をさがします。興味あるページをみつけるのは、このパラパラの動作からです。

6│三次元で考える

雑誌というものは、へなへなの紙を折りたたみ、綴じたものです。背を持って開くので、ページの内側は、広げないかぎり隠れます。目で見える外側の部分こそ、もっと見たい気にさせる重要な部分です。

7│一番よい材料は、外側に置く

見開きページの左右両端はざっと見たときも、目に飛び込んでくる場所です。ここにこそ、魅力的な写真やイラスト、興味を引く言葉を置くのです。ぜったいに見出しをノドに隠さないでください。

8│一番価値ある場所

見開きページの外側でも、特によく見られる場所があります。左上と右上コーナーです。こここそ、読者を引きつける大切な場所です。

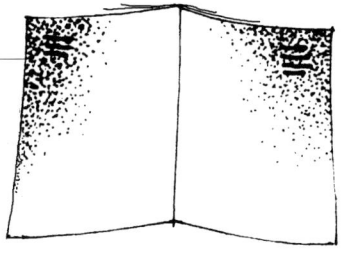

9│一番価値のない場所

最も見られない場所は、地側※のノドに近い部分です。脇役の脚注がここに置かれるのもこれが理由です。

※ページの下側。上側は天。

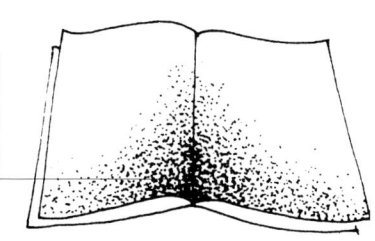

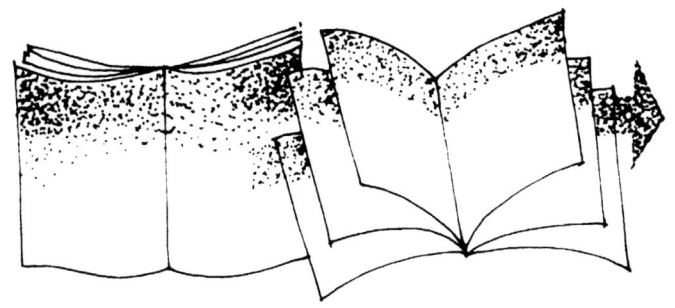

10 | 読者はページの上部に注目する

雑誌のページをめくるとき、読者は上端を見つめて、頭を水平に動かします。その方が、首を上下に動かすよりもより速く、簡単で、疲れないからです。人体の動きに合っているからこそ、横組のほうが縦組より理にかなった組版といえるのです。

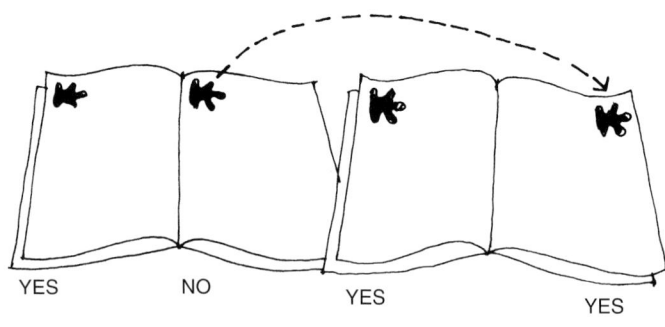

11 | 論理的なページ構成

これは、人々が出版物を見るときの動きに合っています。読者が、どこを読もうか困らないように、ページの上部に水平に見出しを並べてあります。このとき、本文の下に余白ができてもかまいません。読者は下を気にしないからです（気にするのは、きちんと上が整列しているかどうかです）。

12 | 右ページと左ページは、異なったレイアウトに

単独ページで左上に置いたロゴは、右ページの左上にあると、ノドに隠れてしまいます。こんな場合は、右上に動かします。目を引きつけやすいエリアを最大限に生かすためです。目立つし、シグナルとしての役目も果たします。

13 | 右ページは広告主に好まれる

雑誌を手に持ってページをめくるとき、読者は、右ページに集中する傾向があります。左手で雑誌を持ち、右手でページをめくるからです。右ページは止まっているのに、左ページはめくれて動きます。テーブルに置いてページをめくるときは、重い方が平らになります。前半ページを開くと、表紙の方が軽いので浮き上がり曲がります。雑誌の後半ページを開く時は、左の部分は平らな状態で残っていますが、残りの部分は曲がって浮き上がります。縦組では、逆になります。

14 | 編集空間としての左ページ

右ページは広告主の好みですが、残った左ページは編集者やデザイナーのページになります。読者の注目を引きつけるため、くふうをします。たとえば、見出しの最初の単語を興味を引く言葉にしたり、インパクトのある写真で読者を引きつけるのです。

15 | リズミカルな配置は予測を促す

広告の位置が右、左と勝手に割り当てられ、その結果、編集ページが分散させられてしまうと、リズムが生まれません。でも、デザインするページがすべて、左側にありさえすればよいのです。繰り返しで強さが生まれます。

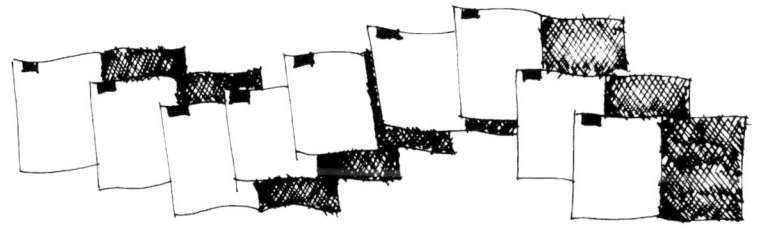

16 | ジャンプしなければならないページ構成はやめる

読者は、記事の途中で数十ページをまたがされると、考えが中断され、集中が切れてしまいます。(もっと悪いのは、ノンブルが小さすぎたり、広告のために取り去られている場合です)。制作側の理由から、記事の後半をジャンプさせるのはやめるべきです(アメリカの雑誌には、このような構成にしたものがあります)。

17 | レイアウトは上から下へ

レイアウトを下から上へ、逆に組み立てるように決めないでください。ページの上部は視線の集まる場所で、ここをしっかりと決めます。見出しの上部を決めたら、そのあと下部の本文へと流してください。地側からテキストを固定してゆき、全体を決めるレイアウトや、アタマをでたらめに下げるレイアウトもやめましょう。

 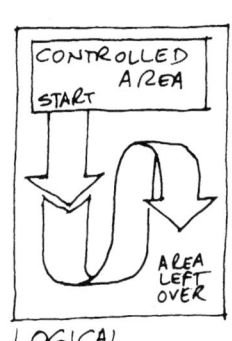

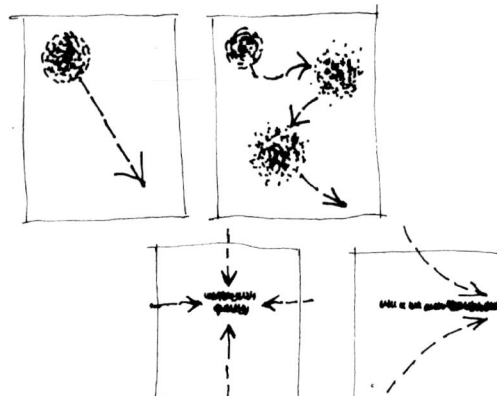

18 | ページの空間での動線

横組の場合、1枚のページを見るとき、読者は左上から、斜め下へと対角線にスキャンします。デザイナーは、要素を置く位置で、ページ空間を操ることができます。

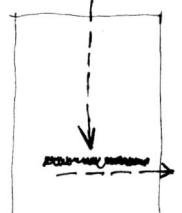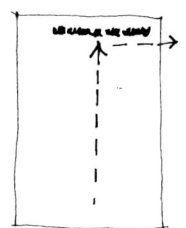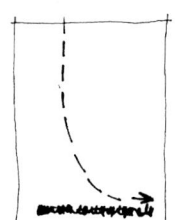

ページ空間でどのような動線タイプがあるでしょう

中心に置かれ、完全にバランスがとれ、単語が皿の上の宝石のように動かない。標準的で静的です。

左から右へ読み込んで視線を右端へ、さらに次のページに導きます。

下に強制し、さらに右に引っ張ります。その行が上にあるよりも力は強くなります。

ページの最上部からさらに外にはずします。視線は上に、そして、右に動きます。

下に配置します。視線を下向きに沈めて、さらに右に向けます。

レイアウトは要素をまとめ、読みやすくすることです。材料をページに無理矢理押し込んで本文を「流し込む」と、レイアウトが「壊れてしまう」ことがあります。見たり読んだりしやすい流れが作れず、スペースを無駄にし、読みにくいバリアができてしまうからです。

before

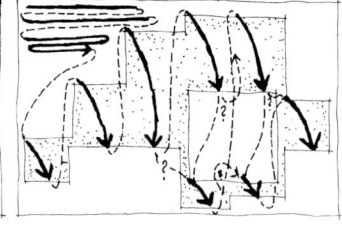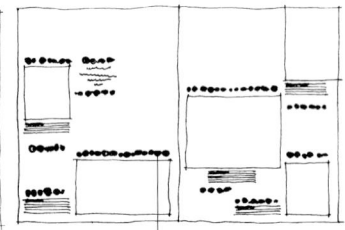

レイアウトがひどく乱雑です…… 読者の目にこのように跳び回ってほしいのですか？……
跳び越さなければならないバリアがたくさんあります。

……簡略化して、テキストを一かたまりにして、段組の先端を並べることで、整理・解決します。これで読者は、デザイナーの意図通りに動いてくれます。最初に絵をチェックし、つぎに、落ち着いて読んでいくのです。

after

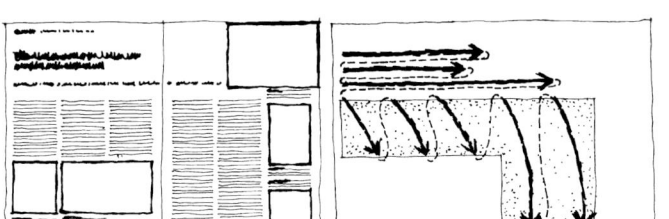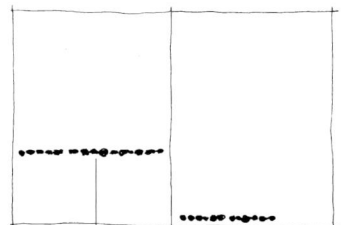

絵は外側の端に移動され、テキストの形は滑らかにシンプルになりました……
跳び越さなければならない面倒なバリアなしで読むことができます……

2 誘導［10の法則］

デザイナーへの
アドバイス

読者は込み入ったことに立ち入りたくありません。
できるだけ読んだり勉強したくもありません。みんな忙しいのですし、
あまりにも多くの印刷物があふれています。読者は
雑誌の定価と、その雑誌から得られる情報や利益を秤にかけて考えます。
「これは本当におもしろいか?」と。
そして、価値のあるものを求めて、ページをめくり始めます。
気になったところがあったら、読み始めますが、
作り手の考えどおりのページから読み始める人はあまりいません。
でも、何かに引きつけられ、あるページを読み始めるのです。

編集者への
アドバイス

雑誌の編集・デザインには、2通りの誘導を用意しておきます。
1. **早い道**。内容が一目でわかるように、重要な部分を小見出しで見せます。
2. **遅い道**。すでに『早い道』で、要旨を理解しています。ここから深層に迫ります。
   ただし、すべてをこと細かに読みたい人はいません。
   拾い読みできるように構成しておきます。
   読まなくてもすむと思えば、心理的に楽です。

あたりさわりのない単純な記事だと飛ばされてしまいます。
あまりおもしろくなさそうに見えると
「後で読もう」と思われます（それが災いの種です）。
その号は「読まなければならないもの」の山のてっぺんに置かれ、
山が崩れそうになったら、全部がゴミ捨て場行きになってしまいます。
だから、初めて記事を見る読者のために、
心理的、知的、視覚的な（すなわち編集）トリックを
駆使しなければならないのです。抗しがたいくらい魅力的であれば、
「今、読まないと損をする」と感じさせることができます。

要するに、大事なのは誘導、
つまり、心理学的な戦略を使うのです。

習慣………読者は何に慣れていますか？
期待………何が普通で、何が異常ですか？
好奇心……読者は何に驚き、何に心を奪われるでしょうか？

そこで、フック（人を引きつける工夫）が必要となります。
落とし穴。わな。そしてディスプレイです。
フックはいろいろな形でできますが（例は以下の数ページに
示します）、最もわかりやすいのは言葉です。
たとえページが「ごちゃごちゃしている」ように見えても、
悪いことではありません。ページを飛ばし読みする人の
手を止め、見つめさせ、耳を傾けさせなければならないのです。
「ディスプレイ」とは魅力的なページで
磁石のように引きつけることです。

ディスプレイを利用する。
見出しには、落ち着いた堂々としたセールスコピーを書くべきです。
フック＝釣り針に、最高に魅力的な餌をつけるためです。
しかし、実際には見出しは（キャプションやリード文なども）
最後に書かれることが多いのです。
もう書く気力も失せ、ライターも編集者も早く仕事を
片づけようとしている時に、面倒な仕事として行われているのです。
編集者が見出しとキャプションを先に書いてしまえば、
ライターはどのようにその内容を書くべきかを理解できます。

うまいディスプレイは、記事が自分の生活にどんな影響を与えるかを、
それとなく示して、どんな役に立つことが書いてあるんだろうとわくわくさせてくれます。
見出しは、最も重要なディスプレイ要素です。
効果的に役立たせるために、すべての見出しには、次の2つを入れます。

1. 動作を表す言葉。
    そうすれば、ライターは行動と結果をつないで考えます。

2. 魔法の言葉YOU。YOUを効果的に入れることによって、
    ライターは話の照準を読者に合わせることができます。

見出しが有効かどうかをテストするために、声に出して読んでみてください。
次に「それでどうした?」と尋ねてください。
答えが「だから?」「価値がない」だとしたら
おもしろ味がないということです。
適切なアイデアを見つけるために見直しが必要で、
見出しを書き直さなければなりません。
駄洒落やどんなに巧妙な言葉遣いを使っても、
アイデア不足だとタイトルは活気のないものになります。
読者の興味に訴えられないと、雑誌は読まれずに残ります。
そんな雑誌を発行する必要がありますか?

雑誌や本、ニュースレター、ムックなどは、すべて編集物です。広告ではありません。
しかし、読者は、編集ページと広告の両方を同じように見て、反応します。

ここに、うまい広告例があります。1ページ広告の基本です。
読者は1、2、3、4を論理的な順序で引きつけられていきます。

1 絵は注意を引きつけ、
好奇心を煽ります。
誰もが自分のイメージで
読み取ります。読者には
それぞれ、自分の歴史、興味、
言葉があります。ビジュアルの
裏に隠された意図やアイデアを、
各自が自分なりの言葉で
理解します。

3 本文は具体的な情報を
伝える
本文は、疑い深い読者が行動に
うつしたくなるほどおもしろく、
魅惑的にします。

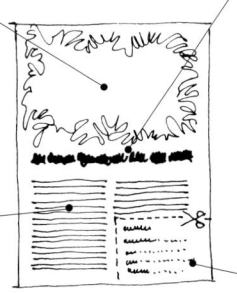

2 見出しはアイデアを目立たせます…
見出しは、さらに(本文をじっくり読んで)
読者がもっと知りたくなるような
内容があることを約束します。
見出しは、すべてを言うことができるくらい
長い必要があります。
新聞の大見出しは短くて、ニュースの内容が
すばやくわかるように文字数を制限しています。
最高の言いまわしを
見つけることができないのなら、
より多くの言葉を費やしてください。

4 右下に無料見本送付のための
資料請求書き込みクーポン
読者参加(そもそもの目的が何かという)の、
最新バージョンのウェブアドレス(URL)を
のせます。

1｜イメージは、感情と好奇心で読者を引きつける

画像を理解のきっかけとなるように使います。意味をはっきりさせたいときだけ、グラフィカルに誇張します。

2｜長い説明は図化したグラフ（インフォグラフィックス）にする

イメージは感情と好奇心を呼びおこします。視覚的なグラフにすることで、同じことができます。テキストの中から、重要なところを図のようなグラフにすれば、理解しやすくなります。言葉をイメージに変え、メリハリのある編集をします。

3｜見出しの上に絵を置く

イメージと文章は対になって情報を伝えます。読者を引きつけるために、見出しをキャプションのように考えて、絵を上に置いてください（右側の例）。絵が何に関するものかが分かれば、読者は自然に本文に引き込まれます。

4｜キャプションなしで絵を置いてはいけない

キャプションは、見つけやすいところに置いておきます。それは、絵の下です。興味あるキャプションに誘われたら、好奇心を抱いた読者は、本文を読み始めます。

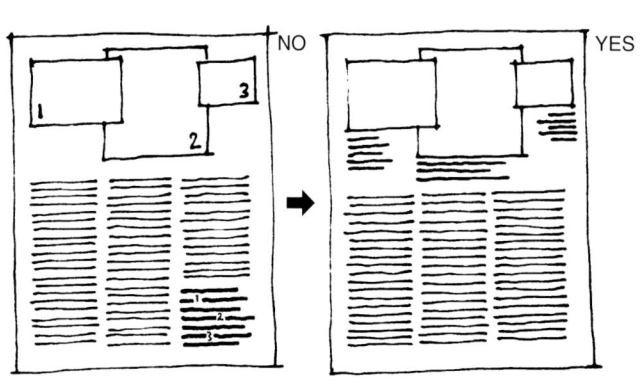

5｜どこにあるかキャプションを探させてはいけない

写真とキャプションをはなすと、キャプションを探すわずらわしさが出てきます。私たちのサービスは、そうさせないようにすることです。ページを見て、すばやく明快に理解できることが重要です。きちんと見えるからといって、キャプションを別の場所にまとめないでください。

6 | あらゆるページには、心地よい導入ポイントが必要

心地よい導入ポイント、それは言葉であり、絵であり、図表かもしれません。無関心な読者に、このページにはどんな記事があるか、見つけさせるように、印象づけなければなりません。

7 | 短い要素の固まりは、長い文章より引きつける

読者は短いもの、楽なものを求めます。短いパーツは長いものほど力がありません。幅の短いサイドバーは、補助的な内容を示し、記事に厚みをもたせます。それぞれに見出しをつけ、絵と共に囲んでください。ここに火山噴火の記事ページがあります。囲み記事では「いつ」「どこで」などの内容をカバーしています。

↑サイドバー（説明）↑

8 | スピードは大切

飛ばし読みする人は、見出し、リード、小見出しから内容の要点を理解します。ですから、小見出しは本文の一部を明確にまとめたものでなければならず、要約に終わってはだめです。目立つようにし、長めに情報を盛り込みます（少ししか関心がない読者でも大体の内容を理解できます）。

9 | 出版物を参考資料として役立つように変える

住所、スケジュール、日付などの、長期に役立つ情報が載っていれば、デザインした雑誌が本棚に置かれる時間も長くなるというものです。

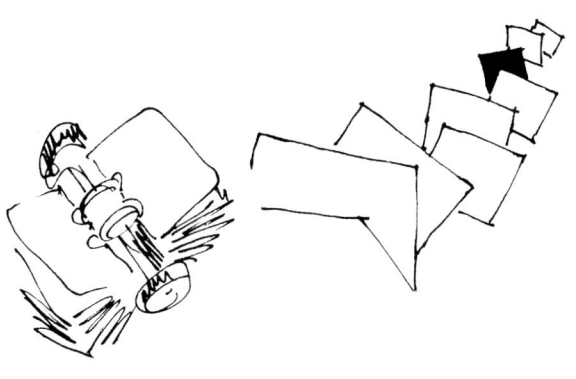

10 読者は理解してくれるはずだと決めてかからないで

読者をばかにしてはいけません。こちらが知ってほしいことを知らないだけなのです（読むまでは）。ですから、読む人の気持ちになって読んでください。作る側にしてみれば自分で書いたわけですから目的をわかっていますが、それが実際に表現できているでしょうか？ できたものは、理解してほしいことが、ちゃんと見た目でも表されていますか？

交通局の役人がこんな看板を作ってしまいました。自分で読んだはずはありません。いつも読みもせずにOKを出すので、これも読みませんでした（驚くにはあたりません）。この看板、実際はどう読めるのでしょうか。

NO DUMPING VIOLATORS WILL BE PROSECUTED

ゴミ捨て禁止
違反者は処罰されます

NO DUMPING! VIOLATORS WILL BE PROSECUTED. ゴミ捨て禁止！ 違反者は処罰されます。	目的はもちろん人々がポイ捨てするのを注意することです。
NO DUMPING-VIOLATORS WILL BE PROSECUTED ゴミ捨て違反者は、 誰も処罰されません	読み方は一通りではありません。正反対の意味で解釈することもできます。
NO! (Don't you dare!) DUMPINGVIOLATORS WILL BE PROSECUTED ダメです！（やめなさい!） ゴミ捨て違反者は処罰されます	少し伸ばすと、このように読むことができます。
NO DUMPING VIOLATORS WILL BE PROSECUTED (as opposed to something else). ゴミ捨て違反者については誰も 処罰されません。（ほかのことはともかく）	または、別の表現に置きかえてしまうかもしれません。

口に出して読んだとき、どんな風に聞こえるかで、解釈が違ってきます。話し言葉では、わかりやすくするためにイントネーション（上げ下げの調子）やポーズ（間）を使います。書き言葉にも、それと同じ働きをするものがあります。
1. 句読点。視覚的手がかりとして機能するように発明されました。
2. 考えをそれぞれの行の終わりで改行していく方法。
書かれたとおりに、声に出してコピーを読みます。読者になって聞きましょう。そして修正します。

3 スペースの連続性［8の法則］

紙…バックグラウンド…空所…スペース… 印刷領域… 余白…この下の部分

デザイナーへの
アドバイス

スペースは、貴重で、すばらしく、価値のあるものです。
すべての出版物にあり、無限の収容能力をもっています。
本や雑誌、ニュースレター、新聞、ウェブページを作るとき、
物理的にも重要な部分です。

実際は、わずかな予約購読者しか
あなたが作る出版物を欲しがらなかったとしても、
その読者たちは皆、中に書かれた情報を必要としています。
早くはっきり知りたいのです。
できれば簡単に、面倒なことをせずに情報にアクセスしたいのです。
そこで、スペースの出番です。
その領域を前向きに活用し、
ただの「余白」として無駄にすべきではありません。
それは、巧妙なトリックを仕掛けるということでもありません。
スペースは積極的に、創意をつくして使う原材料なのです。

スペースは静的ではなく流動的で
柔軟で活動的です。左から右、
さらに裏ページにまで流れます。
この指が何を指しているか
知りたいですか？
次に進むために
ページをめくってください。

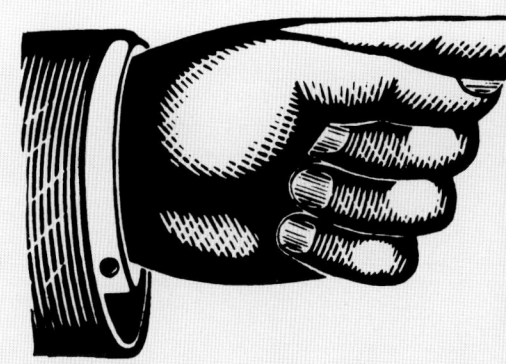

右下にバッキンガム宮殿衛兵が
じっと動かずに立っています。
ページをパラパラやって生き生きと動き出す様子を見てください。
すばらしいと思いませんか？
連続したスペースと時間を結びつけると、そんなこともできるんですから。
出版物を作ることは映画を監督しているようなものなのです。

1｜言葉と表現方法の関係
指先が裏ページを指していたので、まんまとページをめくりましたね。また、前ページの言葉も、好奇心を刺激しました。言葉と視覚は調和して働き、互いを強めあい、1ページ見たら別のページも見たくなるように導かなくてはなりません。

DON'T WASTE THE SPACE

2 | 1枚のページの表裏の関係

文字が「透けて」見えませんか？（トリックです。上の単語は黒20%の濃度で印刷されています）。一瞬、次のページか、その次のページの言葉が「透けて見えている」と思うかもしれません。前ページから後ろページへのつらなるスペースです。

DON'T WASTE THE SPACE

3 | ノドを挟んだページの関係
上の文字は向かい合ったページの真っ黒な文字が、本が閉じたときにキスし合い、擦れてついたように見えませんか？　見開きページはバラバラに独立して存在しているわけではありません。各ページはノドでリンクし、つながっている見開きの半分なのです。

DON'T WASTE THE SPACE

4 | 何も書いていないページの広さと
  | 文字の大きさの関係

ギョッとさせるために、予想外に大きなものを使った例です。広大な海のような空間（白いスペース）に浮かぶすごく小さな文字。または、小さな独房に無理やり押し込まれた巨大な文字。

DON'T VASTE THE SPACE

3—スペースの連続性[8の法則]

白いスペースはただの空白ではありません。
役に立つ空間です。広大な空だと
思わせることだってできます。
白いスペースがなければこの表現は
できなかったでしょう。

5｜水平と垂直の関係
ほとんどのページが縦
位置なので、それがあ
たりまえだと思い込ん
でいませんか?……

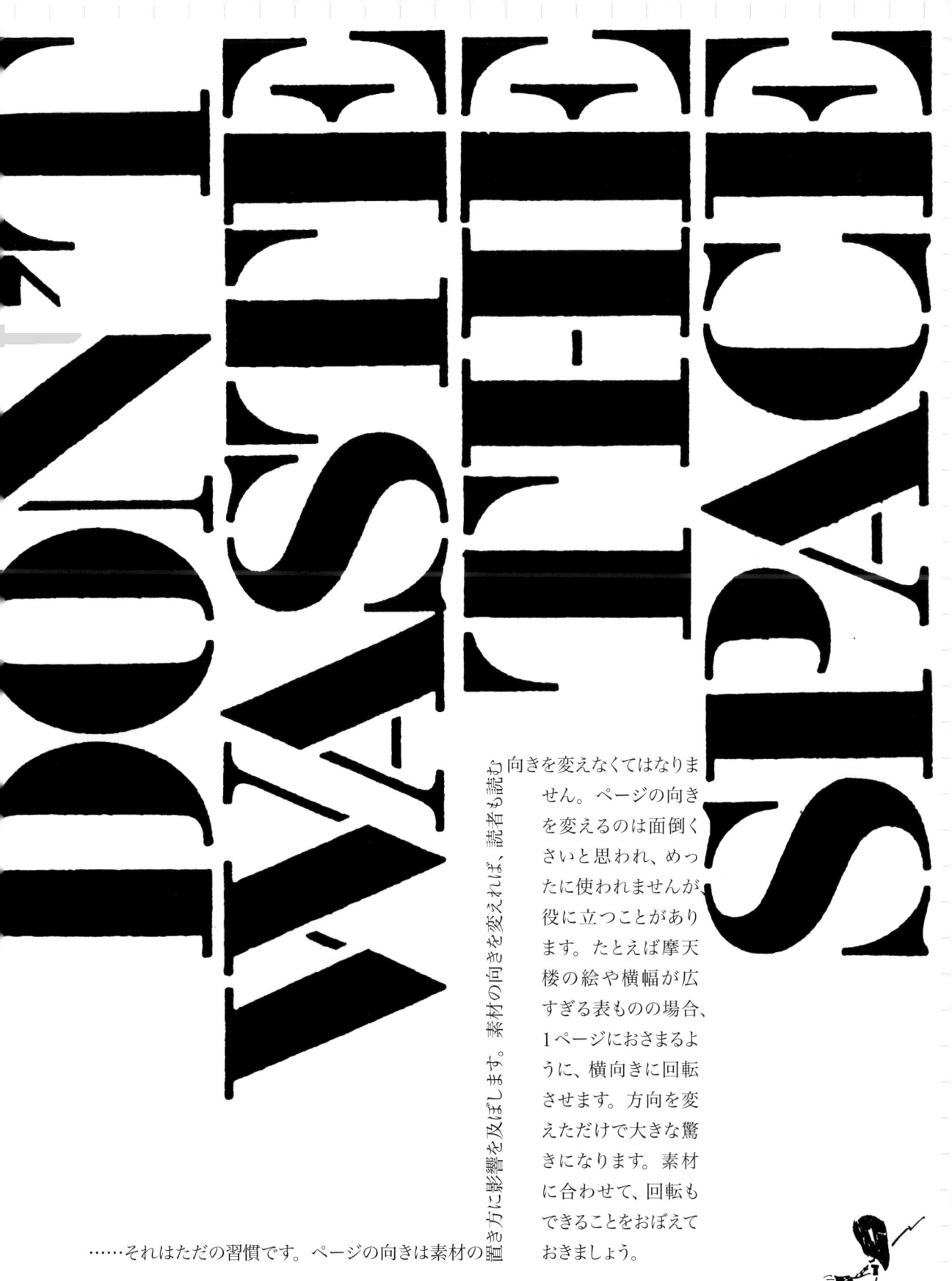

DO NOT WASTE THE PATS

向きを変えなくてはなりません。ページの向きを変えるのは面倒くさいと思われ、めったに使われませんが役に立つことがあります。たとえば摩天楼の絵や横幅が広すぎる表ものの場合、1ページにおさまるように、横向きに回転させます。方向を変えただけで大きな驚きになります。素材に合わせて、回転もできることをおぼえておきましょう。

……それはただの習慣です。ページの向きは素材の置き方に影響を及ぼします。素材の向きを変えれば、読者も読む

3―スペースの連続性［8の法則］

刊行物の制作に直面し、判断に自信がないと感じたことはありませんか？　その訓練を受けていないことに関して、決定をしようとしていませんか？　みんな同じです。世の中には同じように突然そんな立場になったライター、編集者、校正者、デザイナー、制作部長が何千人もいるのです。勇気を持って！　思ったほど難しくありません。

　まず最初に考えなければならない問題は、見た目に好ましい書体、写真やイラスト、色やレイアウトです。それこそあなたが管理しなければならない仕事ですよね。たしかにそうですが、ちょっと待ってください。本末を転倒していますよ。肝心な部分を忘れていませんか？　印刷です。忘れていたでしょう。でも気を楽にしてください。みんなそうなんですから。

　「忘れていた」は言いすぎだとしても「当然のことだと思っていた」というところでしょう。意識しないのが普通です。印刷は物質なしで存在することができないのです。印刷と紙は陰と陽に似ています。だからこそ、すばらしい印刷物を作り出すためには、その紙の特性を考慮に入れなければならないというわけです。紙は何もせずに印刷されるのを待つだけの控え目な面ではありません。情報伝達の積極的な当事者として使われなければならないのです。

　一歩進めて考えれば、紙は単に制作物が作られるシートではありません。さらに重要なのは、紙には印刷のためのスペースがあるということです。印刷を計画・編集・デザインする際に、スペース、そして情報の容器として紙という両方の要素を考慮に入れるのはきわめて重大なことです。

　さて、印刷して言葉を伝えるためにはまず、紙の上の小さい黒いマーク（文字）に変えなければならないという基本的な認識を確認しておきましょう。言葉をいったんこうした視覚シンボルに変えたら、利用可能なスペースの中で理にかなったまとまりごとに配置します。それがつまり、ページをデザイン、レイアウトするということです。デザイン・レイアウトする材料にはそれぞれ物理的な特性があります。言葉、文字、紙、スペースはどれも情報伝達の重要部分で、執筆・編集の物理的、視覚的な一面です。どれも単独では存在していません。

　印刷でのより速い情報伝達の実現は難しくないといいましたが、簡単だとはいいませんでした。もちろん、伝統的なパターンに従うこともできます。ソフトウェアに付随しているテンプレートの多くがそれに基づいています。結果が多少退屈に見えてもいいなら、利点があります。100万回以上も見たことがあるので読者はすぐ理解できるのです。見る側の期待と習慣を利用して、伝えたいことに説得力をもたせ読者に解釈しやすくします。発言者（作家／エディタ／デザイナー）とリスナー（読者）は発想が同じである必要があります。話し言葉は、単調で眠気を催す場合も、逆にわくわくさえするほど魅力的な場合もあります。同じように、言葉をビジュアルにした場合、平凡にも刺激的にもなりえるのです。

　自由な発想で取り組んでください。実際にページで見ることを「聞くこと」だと思ってください。そうすれば、仕事の複雑さと同時に目指すべき方向も見えてきます。まあまあうまくやりたいなら、伝統的な通常のやり方に従えばいいでしょう。鮮やかにやるには自信と洞察が必要です。多くが明らかになってきますし、身についてきます。様々に洞察したことは相互に関連しあっているので、うまく使いこなすためには、すべてを理解する必要があります。背景を意識して、活用すること。スペースを理解して、コントロールすることが必要なのです。

　1見開き以上あれば、みんな2回ページを調べます。1回目はただすばやくめくります。掘り出し物を探し、研究に要する努力と時間、量と内容を測るスキャンです。2回目は実際に落ち着いて注意を向けて読みます。

　最初にざっと見たときに、その本が役に立つかどうか、本の価値を伝えられるかどうかがきわめて重要です。だから勉強したくなるように作るのです。いったん、実際に読み始めれば、情報が引き継ぎます。魅力がひとりでに語り、記事がそれ自体を売り込みます。どれくらい役立つかわかるポイントまで読者を連れていくのが最初の挑戦です。ここが本の物理的な属性（特にスペース）が機能する時です。うまく使われているときだけスペースは目立ちます。気前よくぜいたくに使われていると豊かな価値のオーラが加わります。内容はページを飛び出し、読者の胸にまっすぐ飛び込んでいくでしょう。本文がページにいっぱいに満たされると、このように、せっかくの大判を相殺してしまいます。

> **6｜スペースと重さと軽さの関係**
> スペースに多くの文字を押し込むと、誰も読んでくれません。これは、1ページに押し込んだ例ですが、読者の心は重くなります。少しでよいので、右ページのような空きスペースが必要です。

刊行物の制作に直面し、判断に自信がないと感じたことはありませんか？ その訓練を受けていないことに関して、決定をしようとしていませんか？ みんな同じです。世の中には同じように突然そんな立場になったライター、編集者、校正者、デザイナー、制作部長が何千人もいるのです。勇気を持って！ 思ったほど難しくありません。

まず最初に考えなければならない問題は、見た目に好ましい書体、写真やイラスト、色やレイアウトです。それこそあなたが管理しなければならない仕事ですよね。たしかにそうですが、ちょっと待ってください。本末を転倒していますよ。肝心な部分を忘れていませんか？ 印刷です。忘れていたでしょう。でも気を楽にしてください。みんなそうなんですから。

「忘れていた」は言いすぎとしても「当然のことだと思っていた」というところでしょう。意識しないのが普通です。印刷は物質なしで存在することができないのです。印刷と紙は陰と陽に似ています。だからこそ、すばらしい印刷物を作り出すためには、その紙の特性を考慮に入れなければならないというわけです。紙は何もせずに印刷されるのを待つだけの控え目な面ではありません。情報伝達の積極的な当事者として使われなければならないのです。

一歩進めて考えれば、紙は単に制作物が作られるシートではありません。さらに重要なのは、紙には印刷のためのスペースがあるということです。印刷を計画・編集・デザインする際に、スペース、そして情報の容器として紙という両方の要素を考慮に入れるのはきわめて重大なことです。

さて、印刷して言葉を伝えるためにはまず、紙の上の小さい黒いマーク（文字）に変えなければならないという基本的な認識を確認しておきましょう。言葉をいったんこうした視覚シンボルに変えたら、利用可能なスペースの中で理にかなったまとまりごとに配置します。それがつまり、ページをデザイン、レイアウトするということです。デザイン・レイアウトする材料にはそれぞれ物理的な特性があります。言葉、文字、紙、スペースはどれも情報伝達の重要部分で、執筆・編集の物理的、視覚的な一面です。どれも単独では存在していません。

印刷でのより速い情報伝達の実現は難しくないといいましたが、簡単だとはいいませんでした。もちろん、伝統的なパターンに従うこともできます。ソフトウェアに付随しているテンプレートの多くがそれに基づいています。結果が多少退屈に見えてもいいなら、利点があります。100万回以上も見たことがあるので読者はすぐ理解できるのです。見る側の期待と習慣を利用して、伝えたいことに説得力をもたせ読者に解釈しやすくします。発言者（作家／エディタ／デザイナー）とリスナー（読者）は発想が同じである必要があります。話し言葉は、単調で眠気を催す場合も、逆にわくわくさえするほど魅力的な場合もあります。同じように、言葉をビジュアルにした場合、平凡にも刺激的にもなりえるのです。

自由な発想で取り組んでください。実際にページで見ることを「聞くこと」だと思ってください。そうすれば、仕事の複雑さと同時に目指すべき方向も見えてきます。まあまあうまくやりたいなら、伝統的な通常のやり方に従えばいいでしょう。鮮やかにやるには自信と洞察が必要です。多くが明らかになってきますし、身についてきます。様々に洞察したことは相互に関連しあっているので、うまく使いこなすためには、すべてを理解する必要があります。背景を意識して、活用すること。スペースを理解して、コントロールすることが必要なのです。

1見開き以上あれば、みんな2回ページを調べます。1回目はただすばやくめくります。掘り出し物を探し、研究に要する努力と時間、量と内容を測るスキャンです。2回目は実際に落ち着いて注意を向けて読みます。

最初にざっと見たときに、その本が役に立つかどうか、本の価値を伝えられるかどうかがきわめて重要です。だから勉強したくなるように作るのです。いったん、実際に読み始めれば、情報が引き継ぎます。魅力がひとりでに語り、記事がそれ自体を売り込みます。どれくらい役立つかわかるポイントまで読者を連れていくのが最初の挑戦です。ここが本の物理的な属性（特にスペース）が機能する時です。うまく使われているときだけスペースは目立ちます。気前よくぜいたくに使われていると豊かな価値のオーラが加わります。内容はページを飛び出し、読者の胸にまっすぐ飛び込んでいくでしょう。この文字サイズは、快適な白いフレームに縁取られ、より小さく、したがって、マージンがあるので左ページより文字が小さくても読みやすく、読者に好まれます。

7 | 見開きページから見開きページへの展開

見開きの形は、ノドでくっついた2つの別々のページより、水平で、より大きく、広く、見応えがあります。各ページを個別のものと思わないこと。それぞれのページは、流れるように連続したスペースの中での一対なのです。

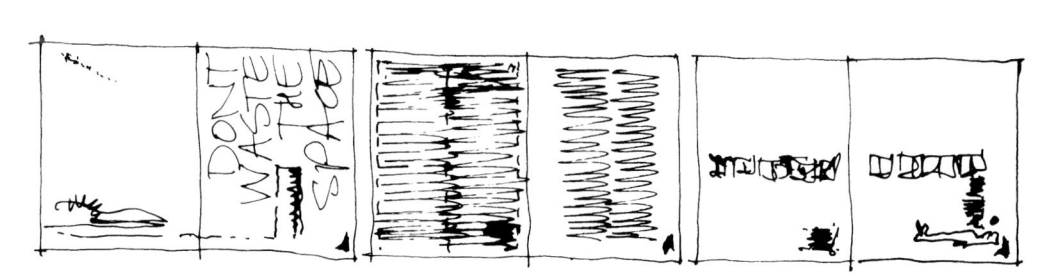

この図解は、ここまでの
13ページを並べてみました。
出版物の印象を次から次へと
つなげていくために、計画的に
配置をしていくことが
大切だということを
知ってもらうためです。
効果は相乗的に蓄積されていき、
個々のパートを合わせたよりも
もっと大きく
もっと強力なものになっています。
水平に考えてください。

この考えは
さらにp.42-43でも考察します。

3—スペースの連続性［8の法則］

このページは、わざと空白のまま残しました。

8 | 繋がりを中断

出版物では、たった1ページでも印刷していないページがあると、それは腹立たしいものです。でも不快感は忘れましょう。音楽のことを考えてみてください。音楽の中で音のない瞬間（休息）があると、意識が中断され、逆に注意が喚起されます。同じように、空白もうまく使うと同じ効果があります。切り離し、意識を高揚します。

4 パレード［30の法則］

デザイナーへのアドバイス

1ページだけで成り立つのは、ダイレクトメールに同封するペラ広告だけです。
1ページで考えるのはやめてください。ページは、パレードのように
通り過ぎていき、次々に起こる一連の出来事のようなものだと考えましょう。
あらゆる雑誌を手に取り、ページをめくって調べ、
この感覚を意識するようにしてください。できたものをチェックするには、
レイアウトのコピーをとり、壁に左から右へ（縦組の場合は右から左へ）と
ページ順に貼り、全体の流れを少し離れて見てみるのです。

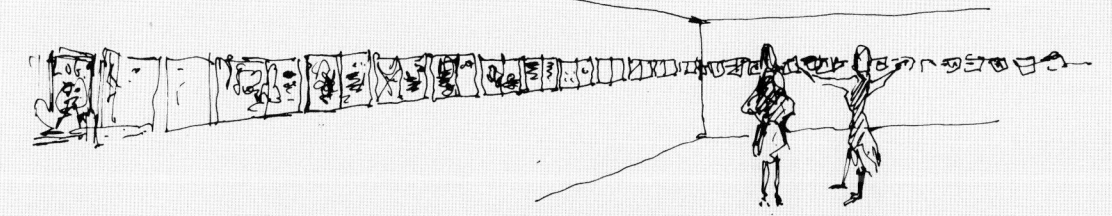

出版物は、「進行／停止」のフィルムを作っているようなものです。
しかし、読者それぞれが自分の読みたいように読むところが、フィルムより
よい点です。前方にスキップしたり、逆行したり、また止まって熟考したりできます。
パラパラめくる速さは、読者の興味のおもむくまま、自在です。
私たち作り手は、読者が正しい方向に向かうよう手助けします。
雑誌の編集とは収集であり、全体は部分の合計よりすばらしいものになっています。
だから一つ一つバラバラの要素を組み立てることに執着せず、空間を通る
連続した流れを創造しなければならないのです。小説のページはこれを
必要としません。しかし、ほかの印刷物はすべてこの流れを必要としています。
横組のスペースは、左から右へ読む方向に流れます。ノドをまたぎ
裏ページにまで続きます。たとえ動かないスクリーンやコピーで見たとしても、
決して静的ではありません。この絵の中にある動きを活用すれば、
流れを鮮明に伝えることができます。
こうして、生き生きとした出版物を作るのです。

編集者へのアドバイス

さらにおもしろいのは、ページの反応は、
たった今見たものの記憶と、
次に続く興味とによるということです。
しっかりした「編集者／デザイナー」は、
この「スペース」と「時間の連続」を利用し、
コントロールして、驚きや感情の起伏を作り出します。

流れの演出パターン7

これはp.27-39に示したレイアウトの流れです。考え方は、これから述べる「**スペース／時間の連続**」の例に似ています。形は異なりますが、共通した特徴があります。…動き… 変化… 発展…

1 パレードの行進のように
隊列はゆっくり近づき、音楽が鳴り響き、通り過ぎ、すべてが見えなくなります。パレードが通り過ぎていく間、あなたは立って見ています。隊長は隊列にメリハリや驚きを指示しています。この流れの演出は「歩調」です。

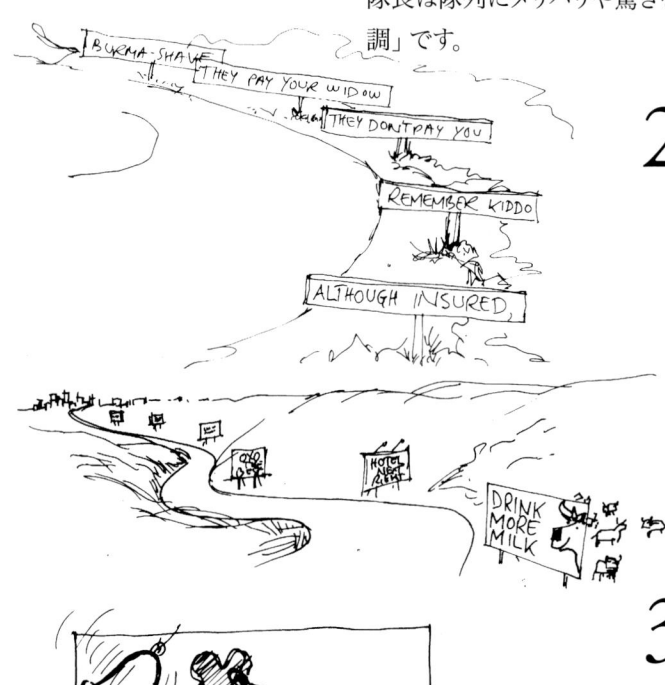

2 道路に並ぶ掲示板を読むように
車で走り過ぎながら見ています。掲示板はただ立って待っているだけです。かつて、車でゆっくり走ると、独特なリズムで看板が並んでいる場所がありました。いまやどの看板も、すばやく通り過ぎるドライバーに即、印象を与えるために、カミソリのように研ぎすまされています。

3 プレゼンテーションのように
ベルやホイッスルを鳴らし、あなたの気持ちをとらえ、つかみ、説得し、クライマックスに向かうという演出です。次々と迫力ある演出が続きます。

4 建物の中を移動するように

建物の中を進んでいきます。門から入り、ホール、廊下など進みながら空間の感じが変わっていきます。イラストはポイントを説明するために誇張してあります。

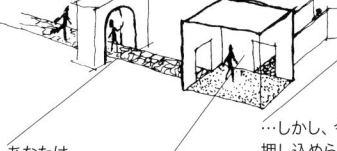

あなたは凱旋門を通って歩きながら、特別な感じを持ちます…

…快適な歓迎スペースを通り…

…しかし、今、長い廊下に押し込められました。曲がっているのでどれくらい長いかわかりません。閉じ込められて…

…少し階段を登ったら高い塔に出たので、気持ちは上向きです…

…バルコニーに出ました。頭が天井の近くにあります。宙に浮かんで、巨大な教会堂を見下ろしています。

…そこからは靴箱の中に入り込みます。天井が低いのでのたくりながら進み…

…外に出たくて仕方ありません。やっと開けてきましたが、屋根で覆われているので、安全だと感じられます。

5 バレエ振り付けのように

振り付け師は、音楽に合わせ、動きを考えます。限られたスペースと決められたリズムの中で、ダンサーの動きは流れるようにデザインを描きます。

6 映画の流れのように

画像と言葉が、感情を作り出します。すべてが想像で、監督がこれを操ります。

7 ウェブのようなリンク

ウェブページは、互いに繋がっています。ウェブ・デザイナーはページがどんな系列にでも確実に繋がっていくようにくふうします。スペースは横に動くのではなく、ページにしたがって垂直に下がっていきます。横向きにしてみると、同じく水平であることがわかります。

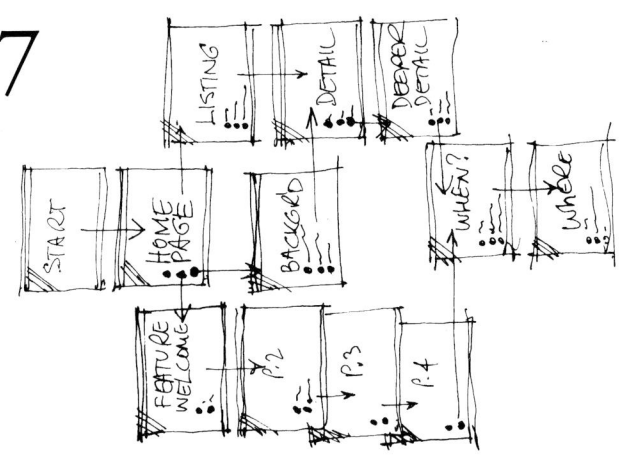

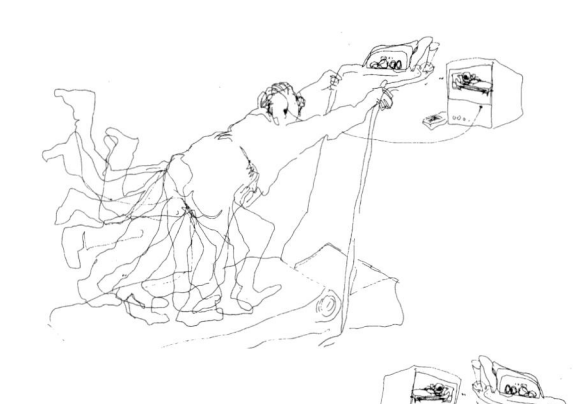

1 | 左から右への動きは、右から左への動きより速く、自然に流れる

左から右へ読むのは、子供のころからの習慣にすぎません。左から右へ走っているトレーニングマシンのほうが速く走れます。（現実では、そんなことはありません。ただ、印刷されるとそんなふうに見えるのです）。縦組では右から左への動きとなります。

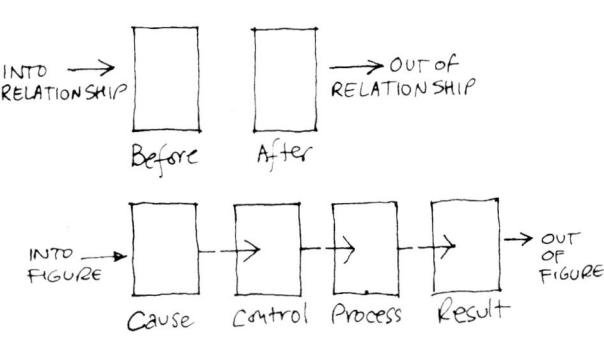

2 | 左から右への流れはおもしろくて、役に立つコンセプト

発展させれば、
　　進行…
　　変化…
　　開発…
などを表せます。そうすると、編集の意味が明らかになります。小さい長方形で理論の流れを表し、それを詳細にしていきます。最終的にはフルサイズのページに広げます。

3 | きちんと配列すれば番号は不要

隣との空きを狭くすれば、流れは速くなります。密着させると、ユニット間の流れはさらに滑らかになります。

4 | オーバーラップの手法

重ねると、さらに滑らかで、すばやくなります。二番目を一番目に重ねる。これを繰り返します。ユニットを折り曲げて、一本のリボン状にまとめることもできます。

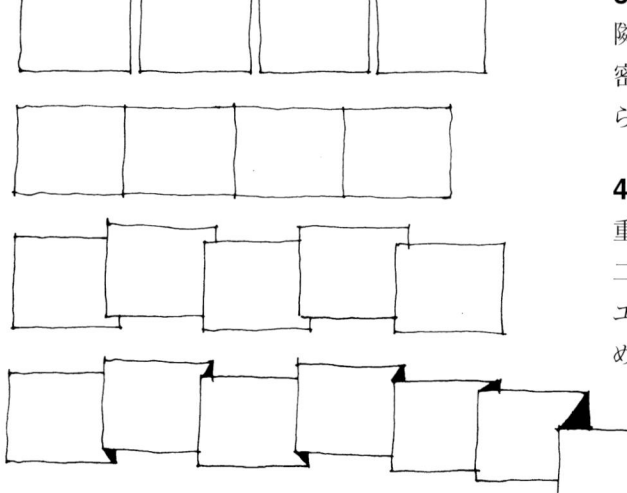

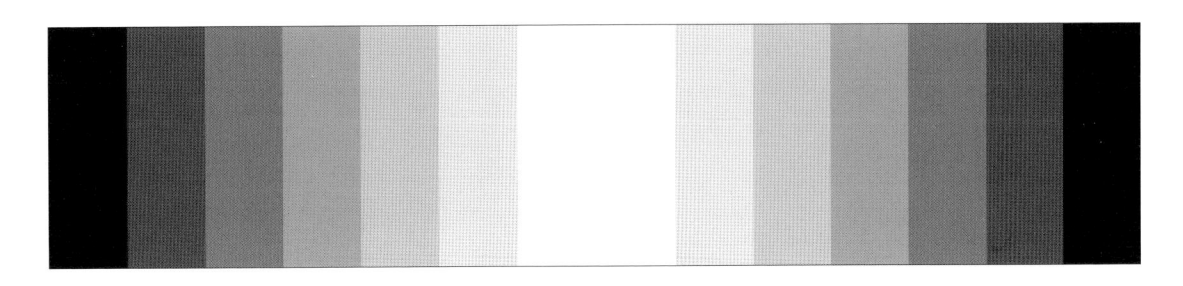

5 ｜色調の変化
色彩や黒の濃淡で「進行」を表せます。最も暗い部分は最も接近して見えます。

6 ｜形の変化
長方形に矢を加えます。指し示す部分は重ねたり、上や下にして強調することができます。矢を箱の形にしても使えます。

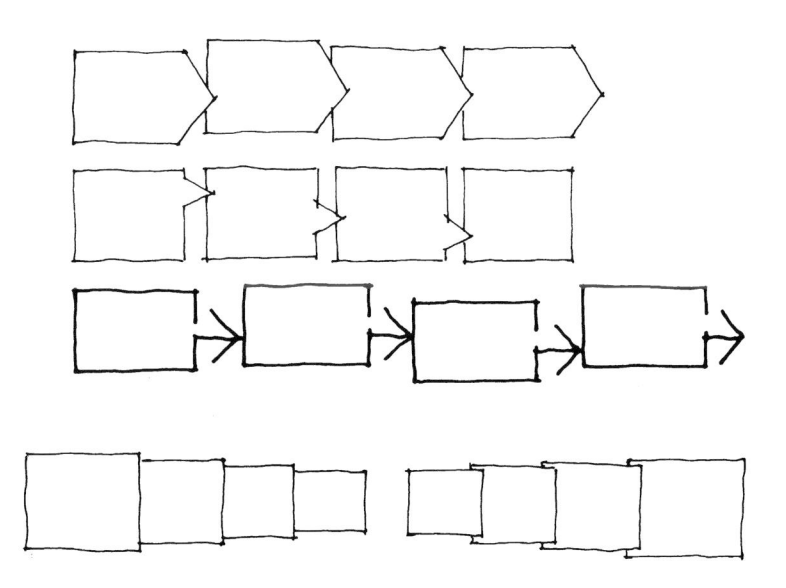

7 ｜サイズの変化
収縮、成長、劣化、改良を暗示させます。特に重ねる必要はありませんが、そうすればおもしろい表現になります。

8 ｜繰り返しの割合を変化
矢印を使うと、加速したり、減速したりできます。長方形の幅を増加、減少させても、表現できます。

9 ｜上向きや下向きの変化で、向上、下落を示す
繰り返す割合を変化させれば、発展・衰退、希望や災いが表せます。

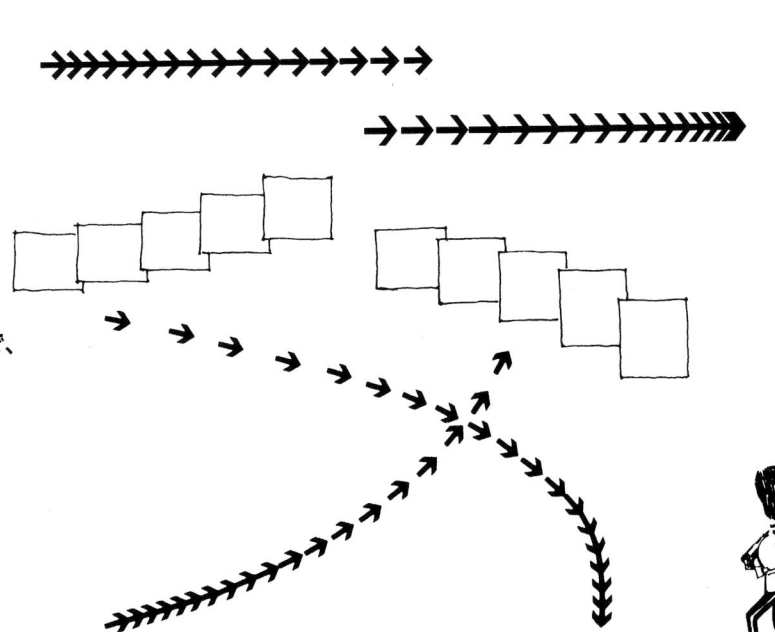

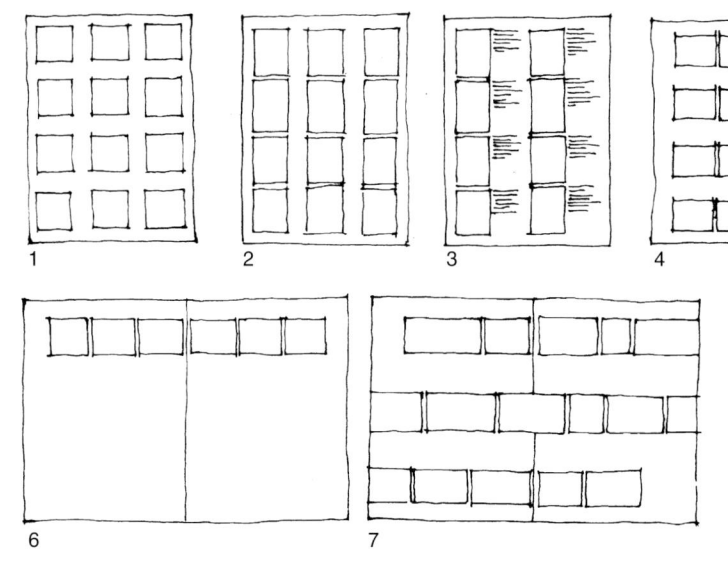

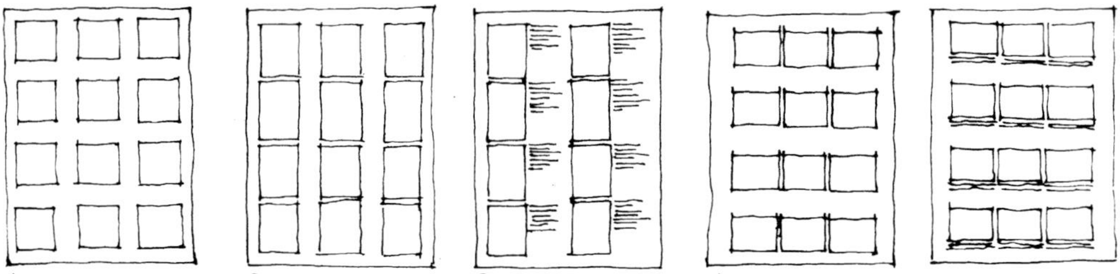

10 | 絵の配置で左から右への流れを示す

1では、縦と横の間隔が等しいので、流れの手がかりはありません。2では、形と間隔が下方向への流れを作り出します。3では、キャプションが各絵に添付されています。4では、明らかに左から右への連続です。5では、キャプションは各ステップを説明しています。6では、水平な列が連続しています。近接させれば、ノドをまたぎ、つながります。7は、不均等な細長いコマをつなげたレイアウトです。裁ち切りを使って、ページ全体に流れを作ることもできます。

11 | 裏側への続きを利用する

もっとおもしろい出版物を作ることができます。なのに、このテクニックはめったに使われていません。なぜならページは独立していて静的だと思われているからです。1つのページにあるものを、裏ページにまで続けます。連続…あるいは驚き！（この考え方はとても大事なので、大きい図にしました）

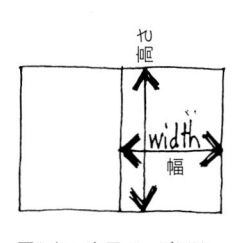

平らな二次元ページには… 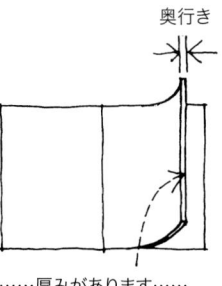 ……厚みがあります…… 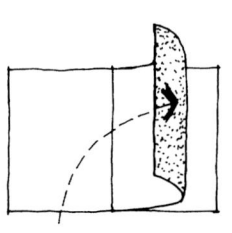 ……そして、裏側もあるのです。

12 | 見開きページが続き、出来事が連続して起こる

ページは、単独に存在しているのではなく、グループの文脈としてあるのです。出来事の流れをつかむには、パラパラと手を動かすため時間がかかります。この動作で前から後ろへなのか、後ろから前へなのかわかります。

13 | 読者の記憶

あるページを見るとき、読者は、その前のページまでに見たものを覚えています（少なくとも、それによって影響されています）…

… 次のページに何がくるか知りたいと思っています（少なくとも、そのようにしむけることができます）…

…だから、たぶん、制作物というものは、相互関係の概念を劇的に表現する、ひとつながりの「透明な空間」なのだと考えるべきです。

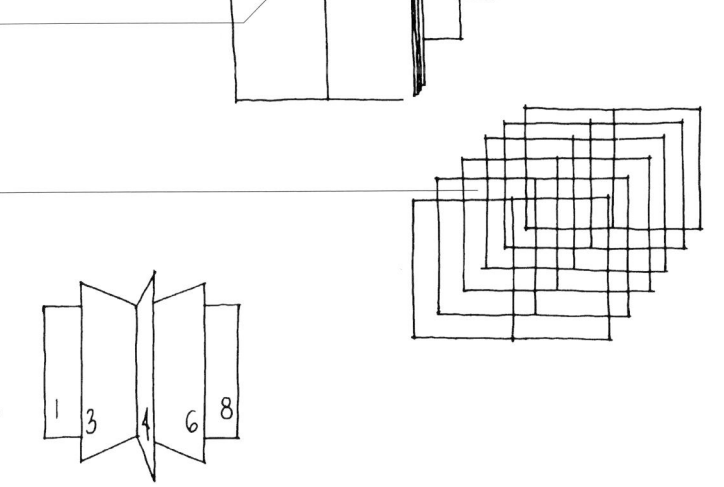

14 | 読者は、ページが組み立てられたものを見る

モニター画面上でレイアウトするときは、平らな独立した1ページあるいは、見開きとして見ています。しかし、仕上がりは、折り重ねられて繋がった、アコーディオンのようなスペースになると想像しなければなりません。

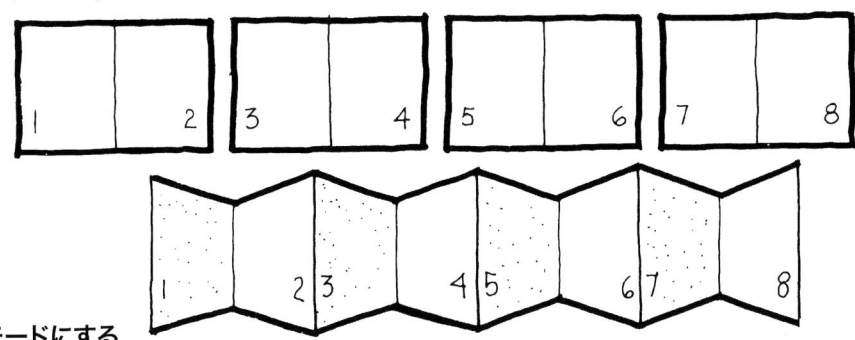

15 | 考え方を流れモードにする

モニター画面上にミニチュアのドキュメントを表示しますが、実際には、紙の印刷物だということをいつも忘れないこと。ミニコンテを使って出版物を考えます（p.51、p.232を見てください）。

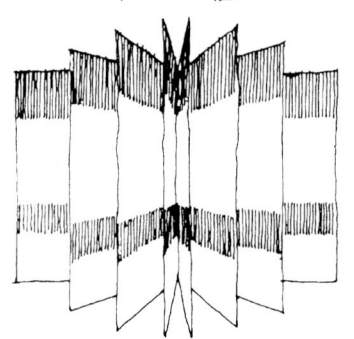

16 ページはパレードの兵隊の縦ユニットの連続

ページの大きさは常に一定なので、垂直を強調するのは無意味です。途中で見開きを入れることで、縦ユニットの単調な連続を破ってください。すると、すべてのページが生きてきます。ページごと、見開きごとに考えるのではなく、話全体の流れで考えてください（『広がり』p.79〜参照）。意図的にパターンを変えて、調子を変化させる、ということです。

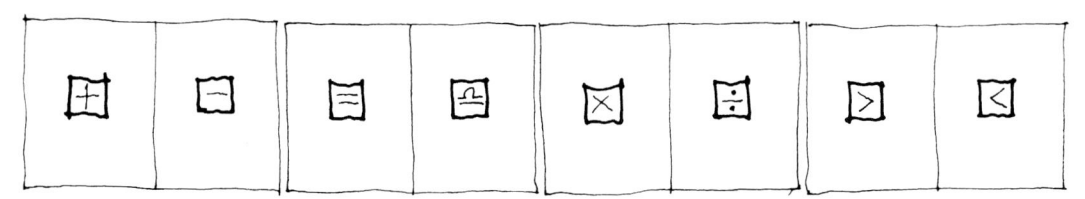

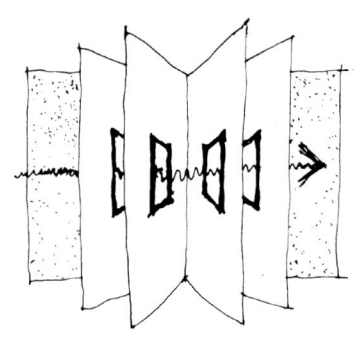

17 パターンの繰り返しは退屈させる

すべてのページが異なっていると、ごちゃごちゃでうるさい印象を与えます。パターンは強さとアイデンティティを作り出します。ただし、パターンの繰り返しは退屈です。それぞれの記事に合わせた適切なフォーマットを考えてください。それらを（『段組とグリッド』p.55〜参照）組み合わせて響き合わせてください。

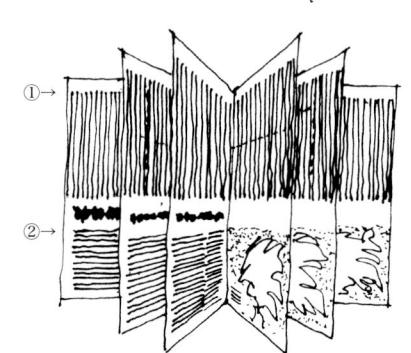

18 「魔法の線」に沿ってアタマを揃え、スペースを決める

絵の上端のライン①は、「魔法の線」で揃えやすく、最も目立ちます。②の領域の上のラインも重要です。ここを揃えれば、本文スペースがはっきり決まり、読みやすくなります。

19 | ページを漫画のコマのように考える

コマからコマ、印象から印象で構成していきます。進行を考え、
繋がりを作り出し、ストーリーの流れを作りましょう。

簡単な4ページの記事の場合、どうしたらうまく流れを作れるでしょう。

各ページは、おのおの縦ユニットです。前の記事の終わり―トップページ―本文―解説図グループ―本文―独立したコラム。
4ページの記事はどこにあるのでしょう？（他の記事の中にうもれてしまっています）

解説図グループを分解してください。ページの上部に図を広げて、本文を少し削り（申し訳ありません）、
段組の先端を並べると、4ページは統一されます。

さらに、コラムを前に移動し、見開きで始め、見開きで終わるようにすると、より強い構成になります。

20 | 3Dで考える

おもしろい内容をページの上部にまたがるように見せます。水平
に配列（これがとても大事）し、横方向にスムーズな流れを作ります。
こうすれば、その号の中でその記事を重要に扱うことができます。

21 | テキストと絵、どちらから始めるか？

見開きで始めると、片ページで起こすより強い構成になります。また、どんな出版物を作るかによって、テキストと絵のどちらで始めるかが変わってきます。この記事は、『ベンジャミン・フランクリンは国鳥として白頭鷲より七面鳥の方がいいと考えていた』という内容だと仮定します。

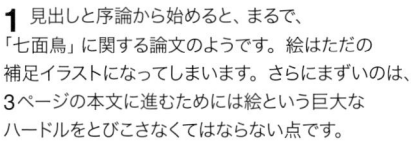

1 見出しと序論から始めると、まるで、「七面鳥」に関する論文のようです。絵はただの補足イラストになってしまいます。さらにまずいのは、3ページの本文に進むためには絵という巨大なハードルをとびこさなくてはならない点です。

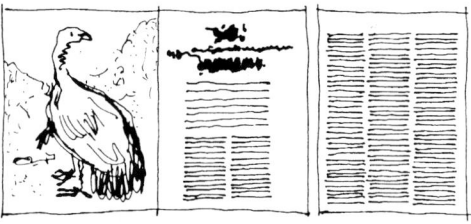

2 絵を1ページ目に置き、左から右への視線移動をうながします。本文より絵が先に目に入るので、理にかなっています。絵にとっては1ページ目が最高の場所で、タイトルはそれを讃美する説明文として置かれています。本文は途切れることなくスムーズに、裏ページに流れます。1番目よりはるかによい解決策です。

3 鷲のページが加わると、やりにくくなります。記事は強いイメージで始まり、強いイメージで終わります。本文はスムーズに裏ページに流れます。悪い解決策ではありません。

4 これはセオリー通り始まり、本文を中断します。絵は背中合わせになっているためはでに比較することはできません。最悪な流れです。しかし「バラエティー」をもたせるためによく使われます。「最初に絵を右に置いたら、次の見開きでは左に置こう」という具合でうんざりです。

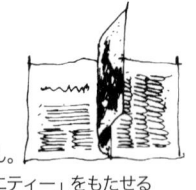

5 これは最も効果的に雑誌の流れを利用しています。2羽の鳥が最も劇的な比較で続けて見られますが、記事はまだ退屈な本文から始まっています。しかしながら、終わりはうまくいきます。

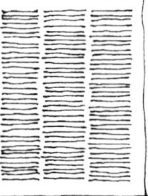

6 この案では好奇心をそそる絵から始まって、また次の見開きでは左に絵を置き、ワン・ツー・パンチでパワーを鳴り響かせます。七面鳥とワシ。しかし、テキストは分かれますから、終わりは弱くなります。正しくもないし、理想的でもありませんが、私はこれに投票します。記事を強いものにしていて、その号のためになります。

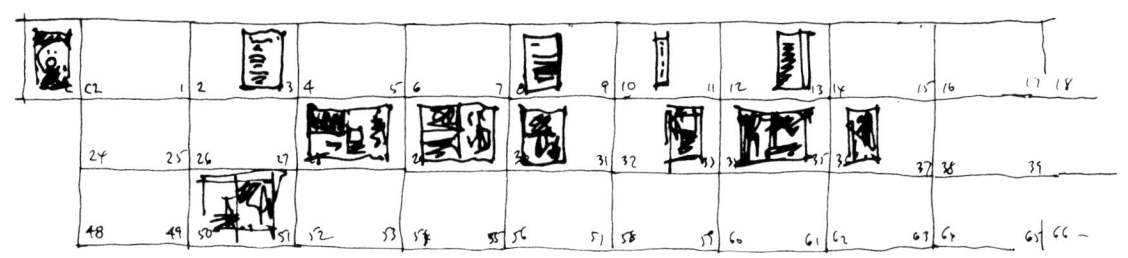

22 ┃レイアウトのプリントを並べる

ラフレイアウトを40％に縮小します。パターンが見分けられるくらいの大きさです。細部は小さくてわかりません。ページ以外の広告などは白にします。これを、できるだけ広い壁を使って、左から右へ順番に並べて、ピンで止めてください。水平な流れで考えましょう。

レイアウトプランのミニチュアは出版物の制作過程の柱になります。台割ページとしてだけでなく、進捗状況も見ることができます。遅れも。（出版元や広告を作る人たちのようにページを縦に考えないでください。彼らには横への繋がりは必要ないのです）。

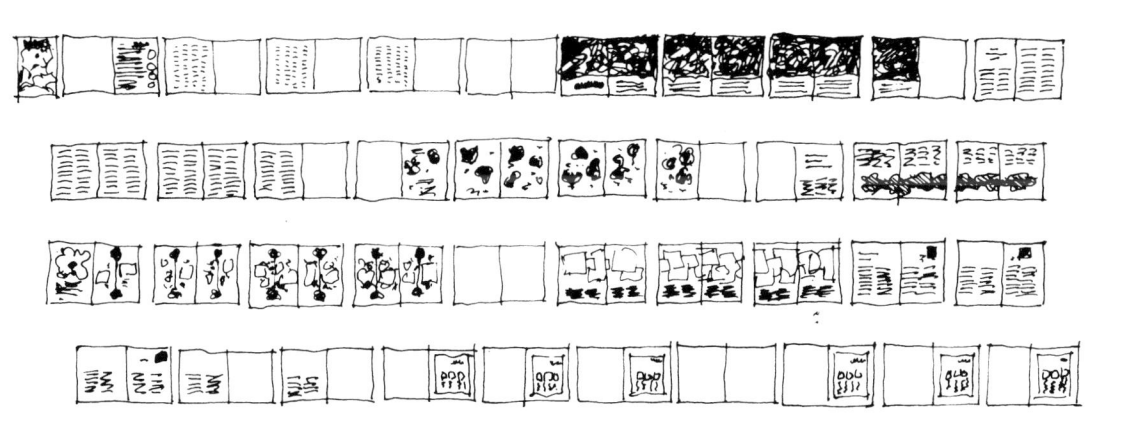

23 ┃雑誌をおもしろくする「ペース」の利用

レイアウトが完成したら、レイアウトを壁に貼って見ます。記事が互いにうまく繋がっているか、研究してください。記事が繋がり、かつメリハリが効くように、「速さ」（基本的に絵）と「遅さ」（基本的に文章）を入れ替えます。完全に見た目での比較です。この作業は記事が完成する前にはできません。

興奮インデックスを図にしてください。興味がある度合いで＋10〜−10の点をつけ、各ページに割り当ててください。そして、メリハリが効いていなければ入れ替えます。（『チェック』p.231〜参照）

24 ┃人によっては、後ろから逆に調べる

そのような人の意見は、無視します。出版物で万人を満足させるのは不可能です。ただし、「表3」（裏表紙の裏面）の反対ページ、つまり記事の最終ページにはおもしろいものを置いて、「始め」を後ろにも作っておきましょう。

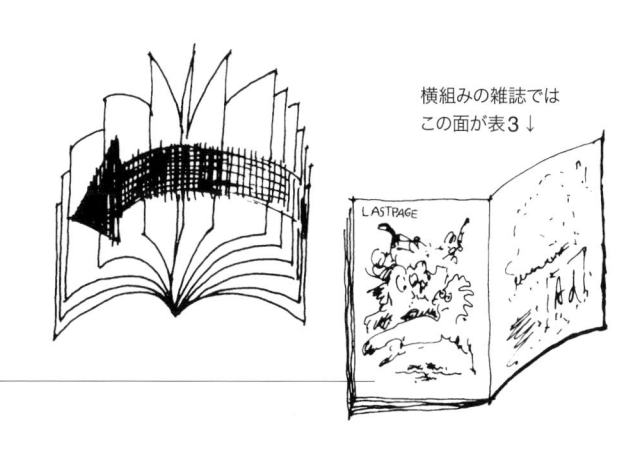

横組みの雑誌ではこの面が表3↓

出版物の前半部分の右ページに連続して置かれた広告。注意を引くためにそれぞれのデザインはまったく異なります。
左側は記事のためにあけてあります。

意欲的な編集者やデザイナーは、広告と同じ新しい製品レポートであるかのように、
左ページをできるだけ異なる（バラエティーを出す）デザインにしようとします。

広告といっしょにすると、パターンのない記事は、広告に溶け込んで、区別できなくなってしまいます。

そこで、記事はパターン（はっきりしたフォーマットを持っている）を持たせ、それを繰り返すことで、広告に対抗します。
両方の利益のためです。

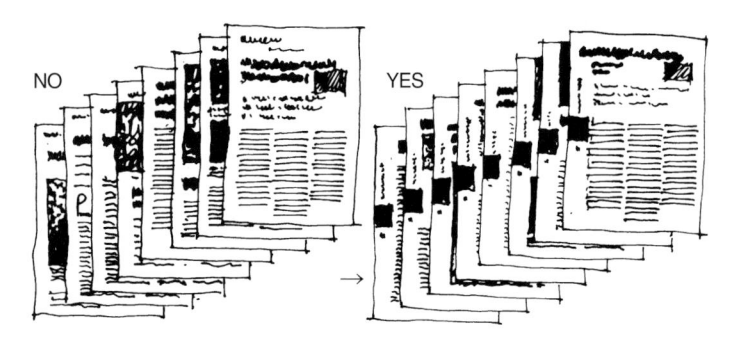

NO　　　　　　　　　YES

リズムを整えたければ、左端に　　　強い視覚的なマークでページを繋いでください。
要素を置くにかぎります。　　　　　マークのデザインは何でも結構。－サイズ、色、
それが最も目につく領域なので　　　形、アイコン、タイポグラフィー、指示、策略…
安定すれば安定するほど、　　　　　何でも好きなものを使ってください。
強力な繋がりが生まれます。　　　　重要なのは、繰り返しと配置です。
上の例では困ります。　　　　　　（『シグナル』p.203〜参照）

25｜広告の中に点在するページ

数ページにわたる特集記事は、3D感覚で考える必要もあります。編集ページのスペースには、カッチリしたパターンの反復が大切になります。広告が孤立するほど、編集の空間が際立ち、認識しやすくなるからです。編集記事を中断するほど、多くの広告があるならば、記事ページには、はっきりしたフォーマットが必要になります。

26 | 大きい記事は2つか3つしかいらない

1冊の雑誌には、大きい記事が2、3本入ります。残りはクールで静かな記事にしましょう。出版物は、個々の部分より全体のまとまりが重要です。全体のために、ある要素を犠牲にすることも必要です。いつも大事なのは全体だと考えてください。

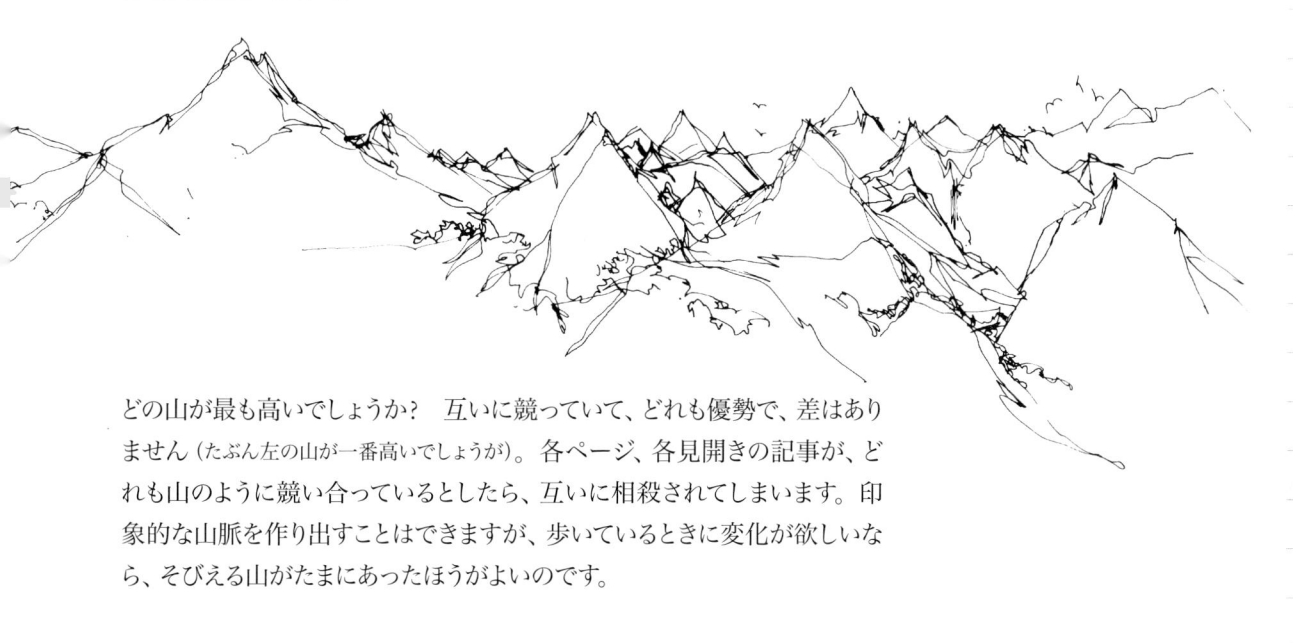

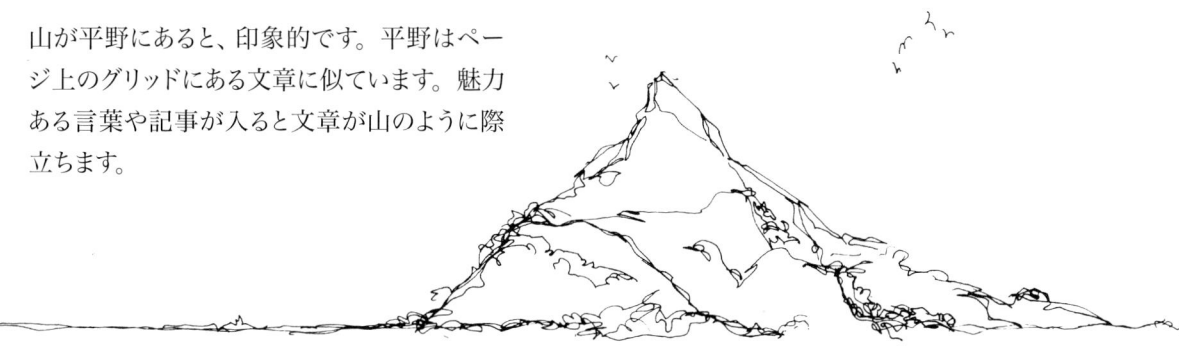

どの山が最も高いでしょうか？ 互いに競っていて、どれも優勢で、差はありません（たぶん左の山が一番高いでしょうが）。各ページ、各見開きの記事が、どれも山のように競い合っているとしたら、互いに相殺されてしまいます。印象的な山脈を作り出すことはできますが、歩いているときに変化が欲しいなら、そびえる山がたまにあったほうがよいのです。

山が平野にあると、印象的です。平野はページ上のグリッドにある文章に似ています。魅力ある言葉や記事が入ると文章が山のように際立ちます。

27 | 最も効果を生む場所に驚きを組み込む

驚きが最も際立つように、静かなページを先に置き、配列を変えて読者をそこまで誘導しましょう。

ポートレイトモード　風景モード　逆風景モード

Verso　Recto

折り込み

折り込み（片観音）

半ページ折り込みページ

二重折り込みページ
（両観音開き）

28 | スペースはページの長方形に基づいて作られる

雑誌のページは、通常、垂直（ポートレイト・モード）で使われます。天地逆にしたものを、逆ポートレートと呼びます。また、右ページをRectos（ラテン語で正しい）、そして左をVersos（ラテン語で後方、「逆」といった意味）と呼びます。

29 | 横向き風景フォーマット

ページを横向きにするのは面倒です。絶対に横向きに載せたほうがいい素材でないかぎり、1ページ横向きフォーマットを使いません。横にしたというデザインの外見は同じですが、その効果は完全に異なっています。（p.35参照）

30 | 折り込み

折り込みは、大きいので、大きさや形状を解決してくれるように思えますが、お金がかかります。縦観音開きは摩天楼に合います。しかし、製本のときこのページの頭をカットしないように作らなければなりません。写真を横にしてノドをまたいだほうが得です。編集上意味があり、印象的なビジュアルの場合のみ、折り込みページへの出費を検討してください。

5 段組とグリッド［17の法則］

デザイナーへのアドバイス

「**印**刷物」（マルチ・ページ）やウェブ・デザインの本質は基本パターンの
リズミカルな繰り返しです。それはできたものに個性的なビジュアルを
印象づけます。そうした作り方のおかげで、読者は基本的な構成を理解し、
秩序を感じ、その印刷物を購入するかどうかの判断さえします。

広告がなければ、本や出版物のページ構成やデザインは難しくありませんが、
広告が入ると、雑誌ページの構成は制限されます。広告を入れるためには
ごく普通の段組幅が不可欠です。その結果、ほとんどの雑誌の構造が
どれも似たりよったりで交換可能に見えます。
ですから、見た目ではっきりと違いを出さなければなりません。

規格統一のマイナス面は、独創的な分析的思考を
しなくなってしまう、という点です。
素材が規格におさまれば、
オリジナルなものを発明することをやめて、
適当な解決策に頼るほうが、はるかに楽になります。
私たちは、それらが古いボトルであるかのように
「段組にものを注ぎ込むこと」を考えます。
その結果、編集者とデザイナーの創造性は鈍くなり、
出版社は危険なことはしなくなり、
読者を退屈させることになってしまいます。

理想的な解決策は、一つのことにぶつかったら、
標準的なフォーマットにとらわれず、抵抗することです。
そして、各記事を別々の異なったユニットとして扱ってください。
代わりに、書体、サイズ、スペースで一貫性を保てば、
その出版物は統一性のあるものとしてまとまったものとなるでしょう。

編集者へのアドバイス

各記事の内容をビジュアルに反映し、
本文を補強するようなものが編み出せたら、
その出版物はバラエティ豊かなものに仕上がります。
1つ1つの記事の内容はさらに効果的に伝わるはずです。

厳格さと自由さの両方には、それぞれ利点があります。
両方を利用して、調和させてみましょう。

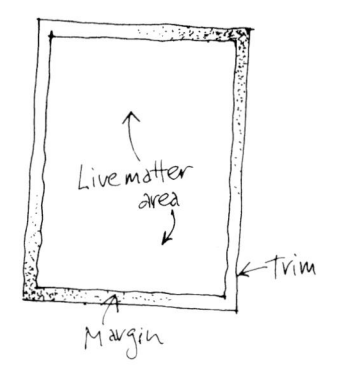

1 | ページの版面はテキストが印刷される領域

版面はおよそ1/2インチ (15.7ミリ) 前後の余白で縁どられています。版面は写真や文章が置かれる領域です。版面内に印刷しておけば大切なものを切り落とされたりすることはありません。(もちろん画像を余白にはみ出させてもかまいません。写真やイラストを紙面からはみ出させ、裁ち切ることを英語で「ブリード＝出血する」と言います)

2 | 版面を等しい段組に分割する

シンプルな段組はよく「型」として使われます。見た目もいたって標準的です。

3 | なぜ段組を小分けにするのか

段組には、大きなスペースを数学的に小分けにするだけではない、もっと重要な意味があります。段組の形は編集の意図を活かすためにあるもので、段組幅は必要に応じて変えてもよいのです。

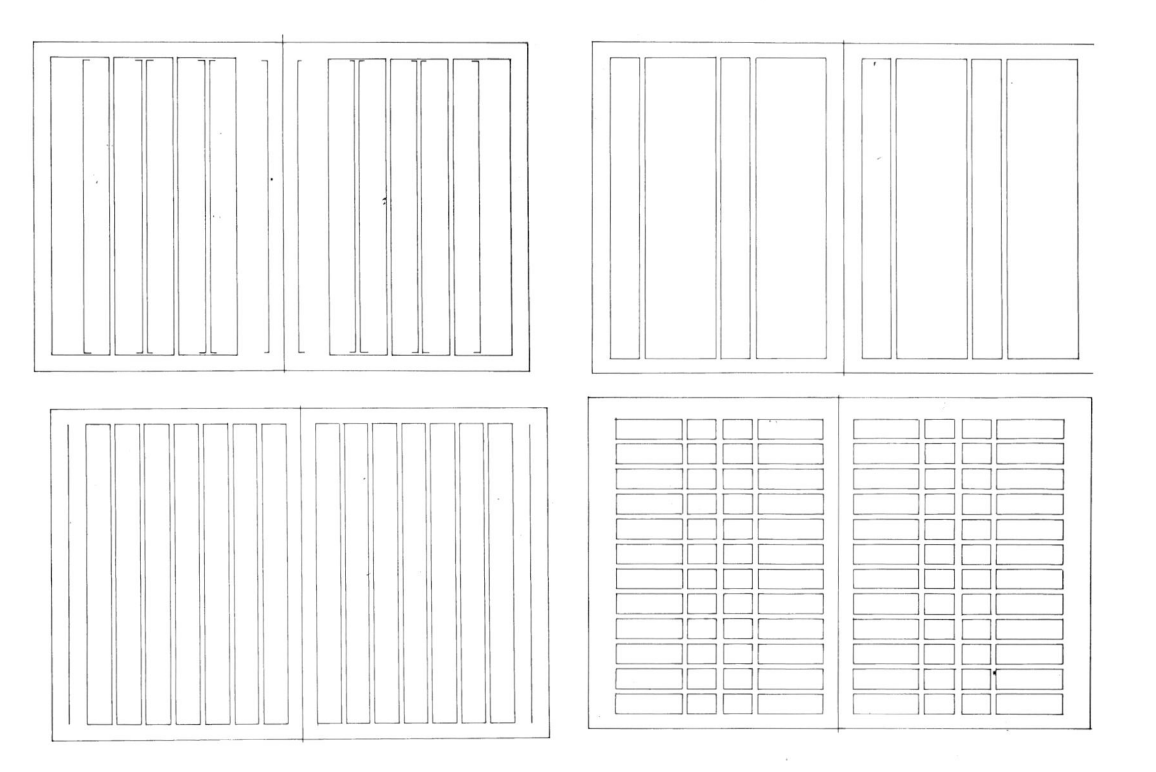

4 | 様々な文字サイズと段組の幅

文字サイズと段組の幅をうまく使うと、体裁を見ただけで内容の重要さを理解できます。文字が大きいと、読者は重要だと思い、小さいとそれほどでもないと判断します。広い段組の大きな文字は公式発表、狭い段組の小さな文字は非公式の話に適しています。(p.111参照)

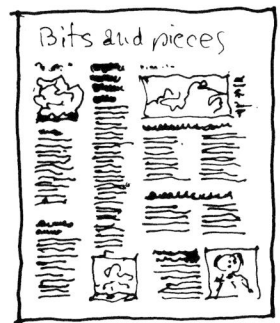

5 | 様々な幅の段組を組み合わせてもよい

内容的にもデザイン的にも問題がなければ、いろいろな幅の段組を組み合わせてもよいのです。テーマの強弱で、それぞれの段組の幅が決まってきます。

6 | 文字サイズと段組幅の決定

それはテキストの内容の重要度で、まず決まります。段組幅は版面をただ数学的に小分けしたものではありません。文字のサイズは、行の長さ(すなわち、段組幅)と行間の間隔と連動しています。文字が大きければ大きいほど、設定される段組幅はより広くします。行が長い時は、より広い行間が必要です。また、段間もより広くなります。(p.111参照)

12級ヒラギノ明朝体3、行送り18歯　組幅78ミリ　箱組

大きく示すことが価値あることと編集者に信じられているので、この文字は下の組より大きくなっています。大きな文字は小さな文字の行より当然長く、行間の余分なスペースのおかげで立派に見えます。

逆に、この小さな文字は情報、ニュース、指示が脚注ほど小さく設定されていませんが、上の例の大声の宣言とは明確に異なります。上の大きい文字のほうは視点や意見をいかにも尊大そうに、演説口調で話しています。タイポグラフィーの構造と外観(サイズ、段組幅、行間)を一見しただけでほとんどの読者は何も考えずに理解できるという印象を受けます。ひじょうに大事な特質なので、浪費してはなりません。

9級ヒラギノ明朝体3、行送り13.5歯
組幅25ミリ　左揃え右なりゆき

7 | 段組幅は、テキストの中身に合わせる

例えば、化学方程式は、それが1行で収まるような広い段組が必要です。数学の方程式も同じです。反対に、新聞記事は速く読めるように段組幅を狭くします。変化を少なくし、水平方向の目の運びをしやすくしています。

The heat-transfer coefficient, U_F, for the fouled exchanger becomes:

$$U_F = 247{,}500/A(24.7) \simeq 10{,}020/A$$

Hence, the ratio $U_F/U = (10{,}020/A)/(21{,}429/A)$, or $U_F \simeq (1/2)U$.

To understand how fouling comes about, let us calculate U empirically from the following equation:

$$\frac{1}{U} = \frac{1}{h_o} + r_o + r_w + r_i\left(\frac{A_o}{A_i}\right) + \frac{1}{h_i}\left(\frac{A_o}{A_i}\right) \qquad (4)$$

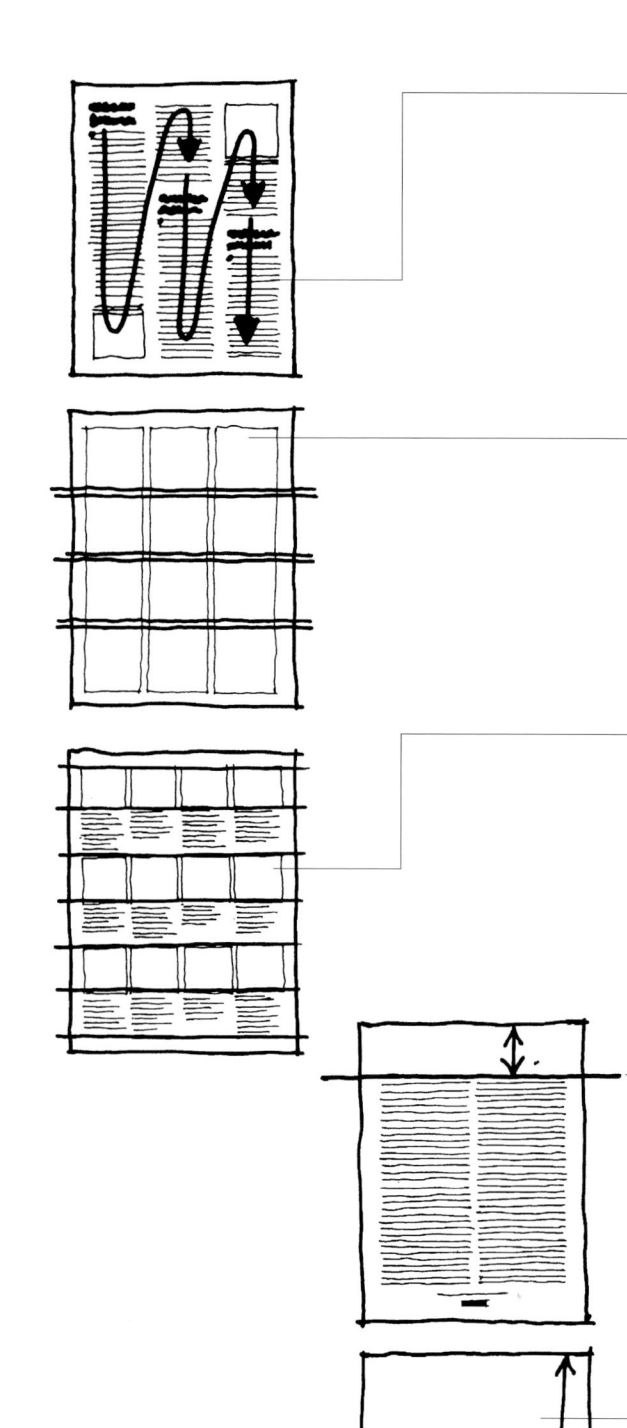

8 | テキストの流し込み

段組にテキストを流し込むときは、左上から始まって、右下へ続きます。たとえコーナーに絵があっても、文字の流れは同じです。その絵は絵とはわかりますが、段組の幅と同じなので、文字と写真の区別が弱まり、しかも全体が埋まっているので重く感じられます。

9 | グリッド

横組の場合、まず、版面スペースが縦(すなわち「段組」)に分割されます。次に水平な層(または列)に再構築される、グリッドが作られます。

10 | 任意に幾何学的に分割しない

なぜなら、パターンの融通がきかないからです。少しくらいのバリエーションなら、と許容していくと、グリッドの狙いがそこなわれていきます。簡単なカタログならよいのですが、ほとんどの材料は、このようなきっちりした形や領域には収まりません。

11 | グリッドを成功させる秘訣

外側のラインを何本かと、規格化した配置をしっかり決めることです。魔法の線で要素を整列させるのです。最も役立つのは、ページの本文領域の上端です。ヘッドマージンの幅はひじょうに目立つ特性です。

12 | 扉ページのグリッド

ページ上部の余白を深く「下げ」ると、章の始まりを知らせる合図のページとして役に立ちます。ただし、下げ幅は慎重に決める必要があります。

13 | ページスペースを水平ブロックに分割する

読者は一見して3つの別々の情報部分があると理解します。

14 | スペースは不可欠

このページには記事が2つあります。ぎっしりと詰めて組んでいます。新聞は、かつてそのように組まれ、スペースを空けて記事同士を切り離すことはほとんどしませんでした。上下に分けるのは簡単です。何行かを削れば、間にスペースが作れます。それだけで、2つの要素がはっきりし、引き立ちます。

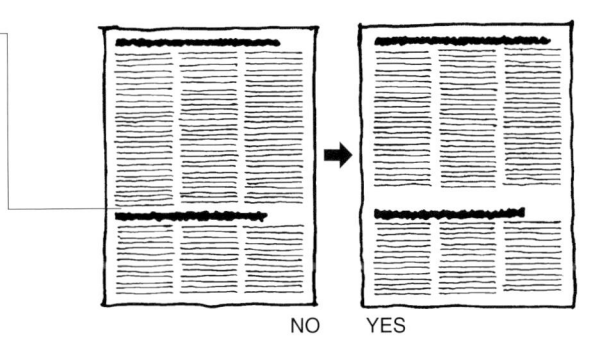

NO　　YES

15 | 左右に要素を分離する

横組の場合、ページは段組に細分化され、版面にびっちり文字が入っている場合には、段組構造が強すぎて、動かしようがありません。しかし、段組の行が不足しているなら(すなわち、「無駄」なスペースがある場合)、記事と記事を切り離すことができます。余分なスペースと、左右の余白スペースも加え使います。その結果、2つの記事がはっきり分けられました。ラフスケッチでは、重点を分かりやすくするために誇張してあります。余白は、4.9～9ミリ(1、2パイカ)程度で十分です。

16 | 余白スペースの利用法

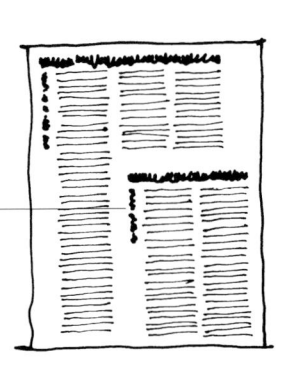

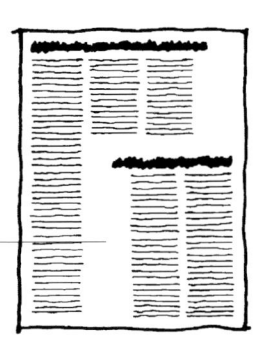

広い段間を利用して、コーナー名やテーマの見出しなどを縦に配置してもよいでしょう。

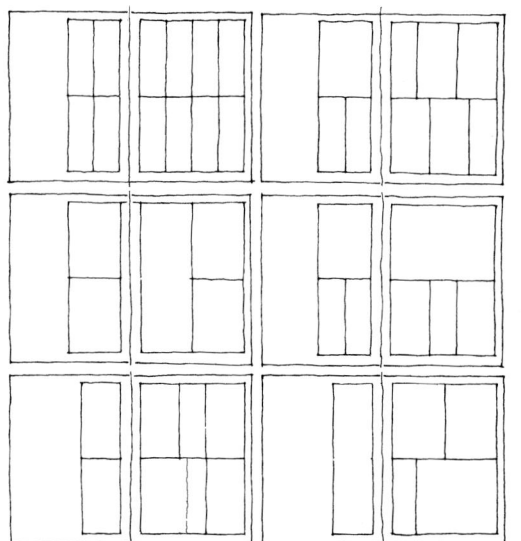

17 | 段組のバリエーション

グリッドは拘束服ではありません。役立つツールであるべきです。制作するとき、基本的なグリッドで構成するとよいのです。それぞれの用途に合わせて使いましょう。

グリッドはどんな形、
どんなサイズでもかまいません。
これは見開きの3/4だけを
使用した例。
こんなに簡単なグリッドで、
様々なレイアウトが
すばやく作れるのです。

1段組

利用可能なスペースがすべて使われ、手紙のようです。ページは重たく感じられます。行が長すぎるため、気前よく行間をとらないと、文字が読みにくくなります。その結果、1つの材料しか入れられません。

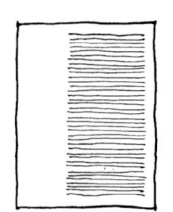

この組幅の狭い段組は、1行が短いため、はるかに読みやすくなります。文字を少し小さくすれば、左ページのバージョンと同じくらい多くの単語を入れることができます。センターではなく右寄せしたダイナミックな印象になっています。

段組をセンターに置きます。古くさいが、重々しく「荘厳」に見えます。

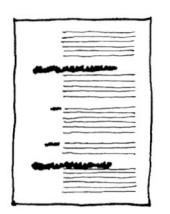

スペースから見出しを飛び出させることで、注意を引きつけます。「ハンギングインデント」にし、左の「無駄な」スペースを使うことで内容のスキャンが楽にできます。

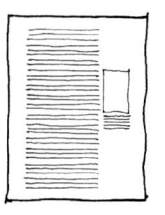

左から右に読むので、左の材料が右より重要だと見わけられます。主文の右の余白に狭い段組で、二次的な事柄（注釈、コメント、プロフィール、小さい絵、小さな写真、相互参照など）を入れます。

中心にやや狭い段組を置いて、左のハンギングインデントと右の傍注の空間を作ります。ごちゃごちゃして見えるかもしれませんが、動的です。傍注をつけるのが簡単です。

2段組

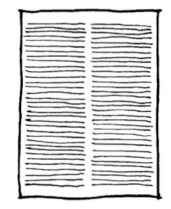

最大にスペースを使用したもの。2つの段組に多くの情報を押し込みすぎると、無味乾燥で気をそそりません。テキストのほかに見出しなどが必要です。

最大よりほんの少し狭く設定された2段組で、見出しの周りに空白スペースを作ります。

見出しの文字の「色」（太さ）を変えるとよいでしょう。箱組と頭揃え右なりゆき組の組み合わせで設定し、本文と区別します。

左や右に掛かる見出しをマージンまではみ出させます。見出しと本文を結びつけるために、版面までアンダーラインを引きます。

2つの狭い段組をセンターに配置しました。余白スペースをドラマチックに使います。

2つのひじょうに狭い段組をオフセンターに置きます。できた余白スペースを活用して意外なデザインができます。

3段組

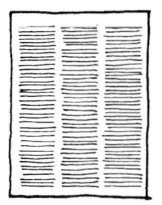

3段組のこの組版は標準的で、ありふれた組。使いやすいが退屈で、革新的なアレンジがしにくいものです。

読みやすくするために左揃え右なりゆきに組みます（単語と単語の間は標準的な文字スペースを保ちます）。ページをきちんと見せるために、段を仕切る縦線を入れました。

最大よりわずかに狭い三段組。節約してできたスペースは、罫線、装飾的な外観、カタログラベル、ノンブルなどに使います。

4段組

4段組では文字サイズはより小さくなります。1つの段組を空けると、3段組より劇的な結果を生み、少ないスペースで3段組と同じ効果が出せます。

隣接している2つの段組を合わせて1段とし、リード的なより大きい文字の組を入れると重要な内容を強調することができます。

4段組は、多くのレイアウト変化が可能です。メリハリがあって、しかもきちんとした感じを保てます。文字サイズと画像をガラッと変えて強調したり、バラエティをつけたりできます。

5段組

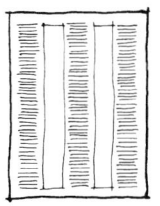

5段組は、とても狭い組なので、小さな文字を使わなければなりません。しかし、このレイアウトでは隣接している段組2つまたは3つを組み合わせて、独創的な段組が作れます。

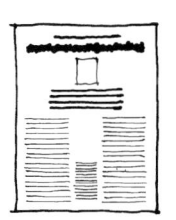

この幾何学的なレイアウトは、2つの外側の段組を合わせて、中程度の大きさの文字を入れました。真ん中の1段組の小さい文字と区別するためです。リード文は真ん中の3段分の巾を使っています。

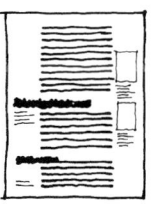

段組を結合すると、予期せぬ変化が生まれます。簡単な例として、中央の3段を合わせ大きな文字組にし、外側の小さなサイドバーとコントラストをつけます。

7段組

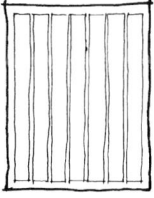

7段組1段では文字には狭すぎますが、段組を結合することを考えていけば、使いこなしやすい柔軟なツールです。

左の2つの段組は、それぞれ7段の内の2段を結合したもの。そして、第3の段組は残っている3つを結合しました。段組が広ければ広いほど、文字の大きさも、より大きくします。

ひじょうに重要な声明を発表するので左側の4つの段組を、1つの広い組に結合しました。1つの段を空けて小さい顔写真とプロフィールを入れます。右端の組は、7段組の2つを結合して、普通サイズの文字で組みます。

柔軟性に関する例（7段組のページ）

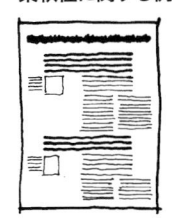

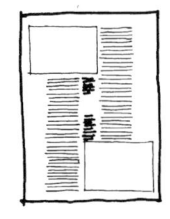

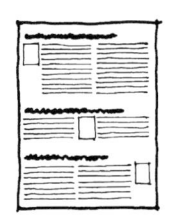

上の6ページのプランは、レイアウトの柔軟性を示しています。アレンジが無限にあることが重要なのではありません。重要なのはさまざまな表現が可能になるということです。記事の中身を表現し、明確にするために、柔軟性を活かしましょう。

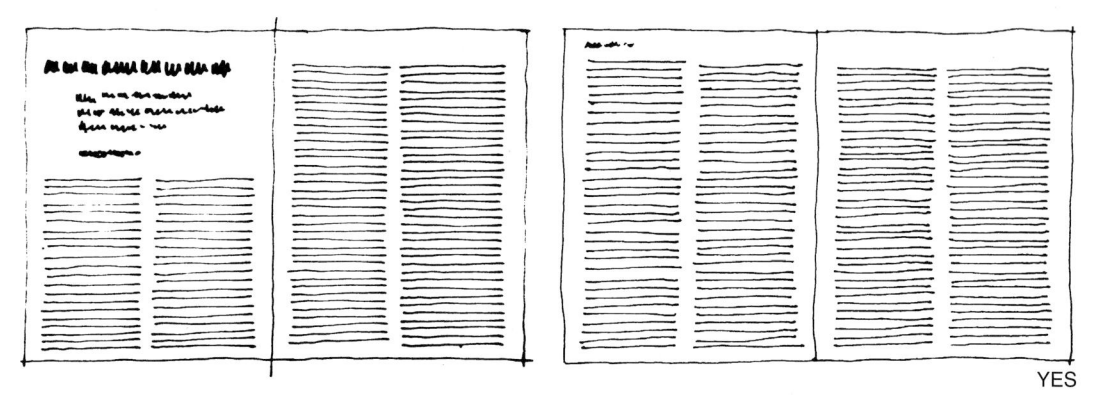

1：読みやすさ このレイアウトはとても読みやすそうに見えます。定期購読者で、すでにテーマが
わかっていて、キャッチーな見出しが刺激的で、著名な筆者なら、
読んでみようと思うでしょう。しかし、読んでいない人の気を変えさせることは
できそうにもありません……いいんです。誰もが好きになってくれるものではありません。
すべてが刺激的にはならないし、刺激的になるべきでもありません。
にせの興奮はすぐに見破られ、出版物の信頼性が失われます。

ストーリーの構成を引き立てる
フォーマットの見本10

もし記事をもっと生き生きとさせたいのなら、まず本文のフォーマットを
ぶち壊しましょう。本文書体が整っているのなら、うまくまとまるでしょう。

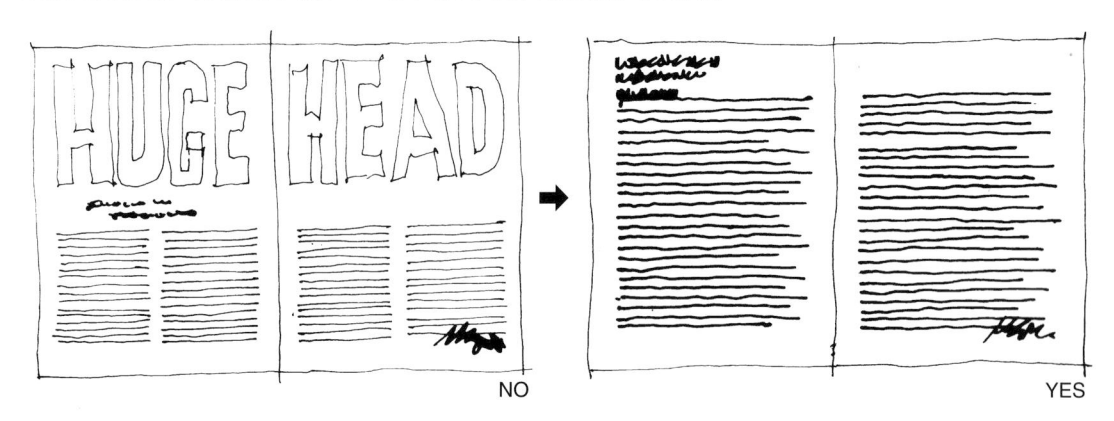

2：刺激的な　　［悪い例］読者をつかむにはふつう、見出しで読みたいと思わせようとします。
メッセージ　　主題が重要なら、見出しに大声で悲鳴を上げさせようとするでしょう。
　　　　　　　　そうすると、メッセージは本文の中で弱いものになってしまいます。

　　　　　　　　［よい例］メッセージの重要さをより劇的に浮かび上がらせたいのなら、メッセージが
　　　　　　　　含まれている、本文のほうをページのメインにします。本文に叫ばせるのです。
　　　　　　　　見出しは、話題をはっきり示すだけにします。今日では多くの見出しが
　　　　　　　　とにかく大きすぎるので、その大きさが本来の価値を失ってしまっています。

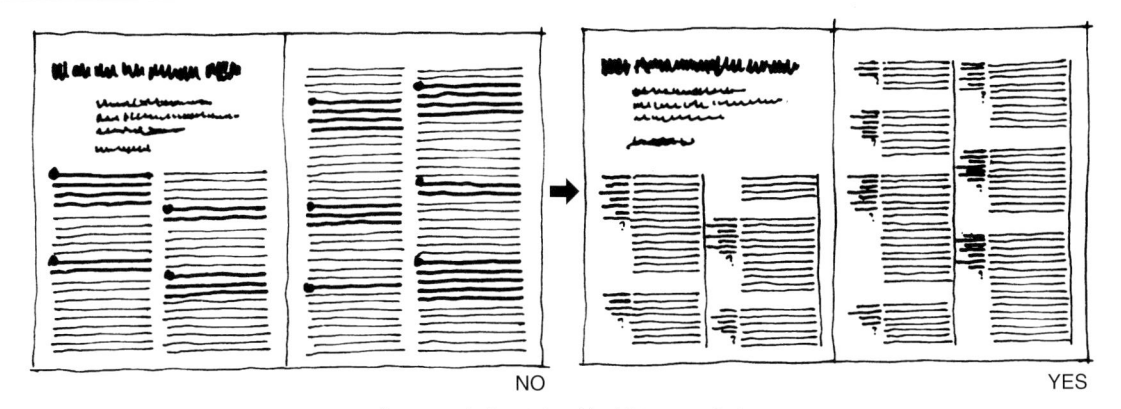

3:Q&A方式 ［悪い例］見た感じでは本文が同じ形で流れています。
これでもうまくスムースに読めます。しかし、単純な1つの本文ではなく、
質問と答えで一組になっている構成です。読者は興味ある質問を探して、
飛ばし読みしてしまったりします。細かい断片でできていると、
なかなか始めから終わりまで1つずつ読んでいってくれる読者はいません。

［よい例］これをリアレンジしたのが右の例です。
質問を今までの本文組から取り出します。質問は短いので、組幅をより狭くして、
2人の友人が並んで話すようにしています。これで驚くほど見やすくなりました。
また、おもしろい質問を見つけるためにさっと目を通すこともできます。

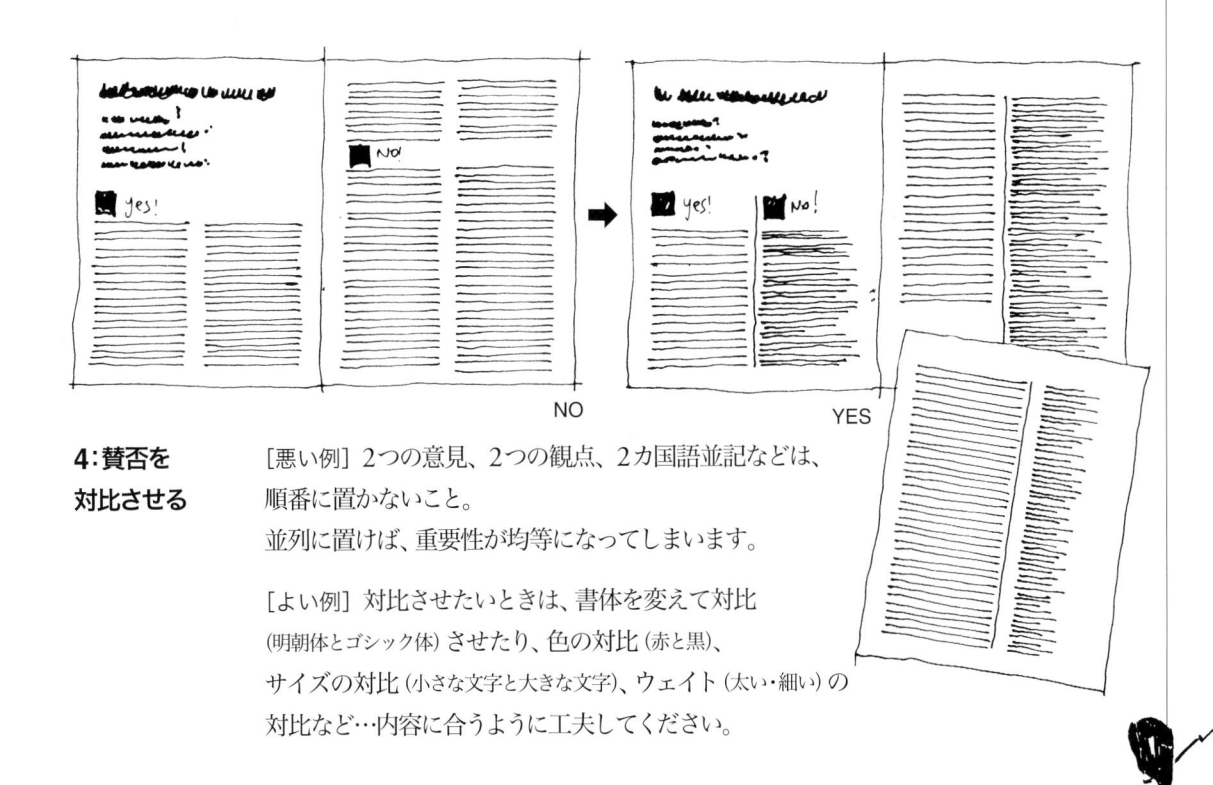

4:賛否を対比させる ［悪い例］2つの意見、2つの観点、2カ国語並記などは、
順番に置かないこと。
並列に置けば、重要性が均等になってしまいます。

［よい例］対比させたいときは、書体を変えて対比
(明朝体とゴシック体)させたり、色の対比(赤と黒)、
サイズの対比(小さな文字と大きな文字)、ウェイト(太い・細い)の
対比など…内容に合うように工夫してください。

NO　　　　　　　　　　　　　　　　　　　　　　　　YES

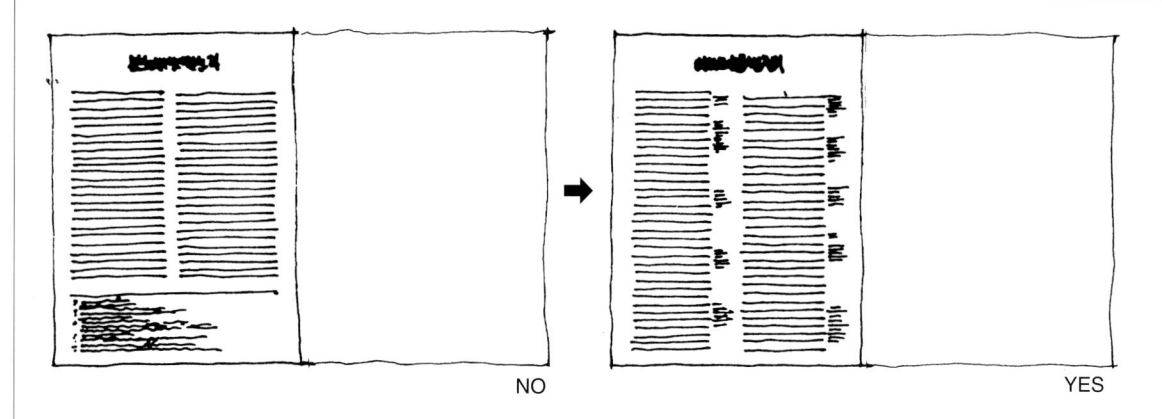

5：コメントのある　[悪い例] 脚注やクロスレファレンス（相互参照）は、通常、下に置きます。
テキスト　　　　ふつうはマークで脚注や相互参照があることを示します。ただ、いちいち
すべての脚注と本文を対応させるのは煩わしいものです。聖書でよく
見られるような小さい文字にして、本文の横に流したらどうでしょう？

[よい例] 形式を変えてみると、学術的で、好奇心をそそるように見えるでしょう。
こうすれば、多くの人が小さい文字で書かれた脚注を読み始めます。
小さくて可愛いからです。こうした珍しい処理は好奇心を喚起します。
こうすれば、本文も小説を流し込んだように見えません。

YES

6：引用文のある　3ページの討論会の報告を想像してください。参加者の顔写真とそれぞれの
テキスト　　　　興味深いコメントもあります。顔写真とコメントを挿入して本文全体を破綻させる
代わりに、テキストにジャーナリスティックな重要性と知的な品位を与えてください。
本文は、シンプルに簡潔に流します。
討論会の写真を大きく入れ、記事に重要性を持たせてください。

顔写真とコメントは、最もよく見える上段に配置します。ページの上にまたがって、
会議の流れを見せるようにします。なぜか読者は小さなパーツが好きで、
そこに掘り出し物がないかと探して見てしまうものなのです。

7: サイドバーのあるテキスト

補助的な話題をサイドバーに抜き出すことで、重要で大きな4ページの記事をうまく改良することができます。そうすると本文も短く見え、各コラムにおもしろい見出しをつけて読者の関心を引くこともできます。しかし、パーツがバラバラでまとまりがないようにも見えます。

解決法。スペースを2つに分け、上に主な話の要旨を大きくて印象的な絵と、スムースで読みやすいテキストにします。2つの領域を細い罫で分け、下は対照的に、様々な断片的情報をもっと小さく、控えめに、形式張らない形で入れます。2段は別々のトーンで情報を伝えるというわけです。

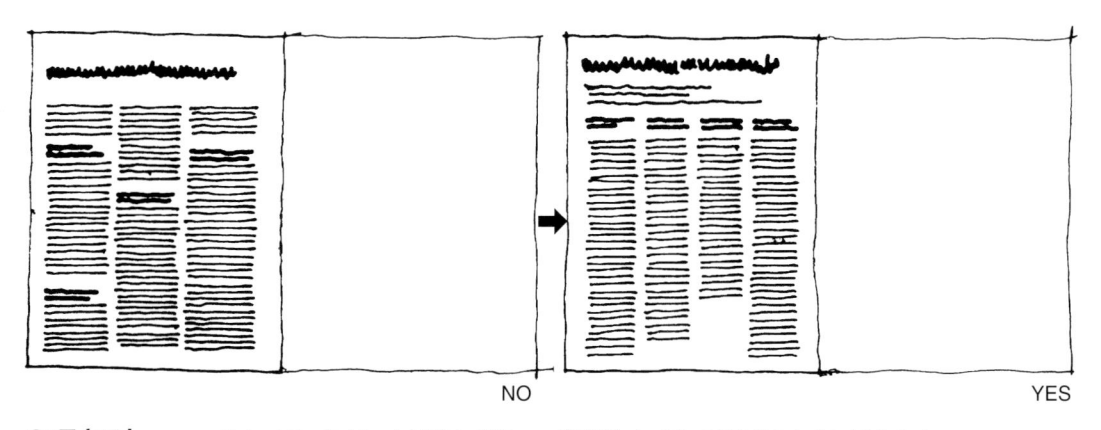

8: テキスト集団ごとに並べる

[悪い例] 本文に小見出しが入って細切れにされた記事のように見えます。(新聞では必要があるなしにかかわらず小見出しや中見出しが6インチごとに並んでいます)。さらによく見ると、その小見出しは短い関連項目の上に「かさ」のようにのっているだけのようです。縦にずるずる続けたレイアウトでは、ざっと目を通すこともできないし、どの部分に何が書いてあるかも特定できず、どこを読むかも選べません。

[よい例] リードを立てて共通点を説明して、水平にメニュー表示すれば、何の記事かが一目瞭然にわかります。実は1つの話を分割したものではなく、互いに関連した4つの別々の項目なのです。まず最初にどれを読むかを選ぶのが、ずっと簡単になり、内容の理解しやすさからも理にかなっています。

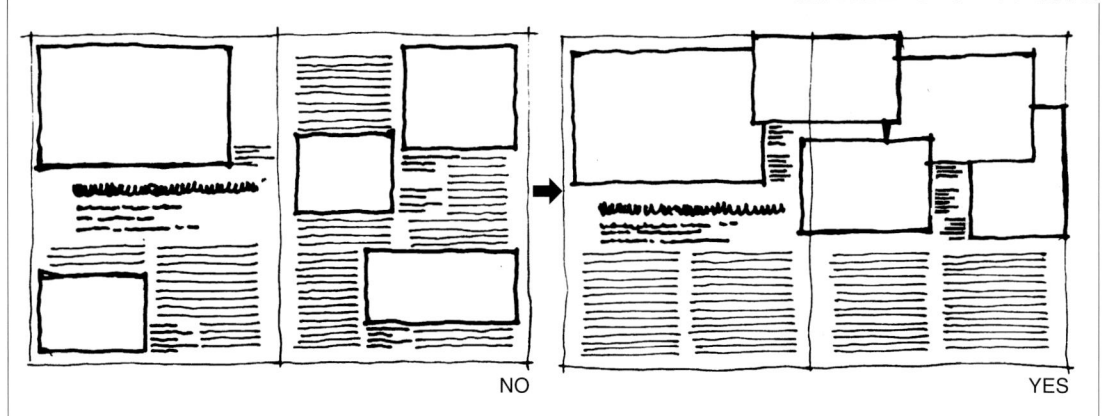

ストーリーの構成を引き立てるフォーマットの見本10

NO　　　　　　　　　　　　　　　　　　　YES

9：本文と絵（画像）　[悪い例] 左の例では、頻繁に本文は「絵」に侵入され、
バックに追いやられています。絵は本文よりいつも強力ですが、
本文には情報が含まれています。本文が「中断」するのではなく、
「短く」見えるようにし、本文を大事に守らなければなりません。

[よい例] スペースに材料ごとにまとめます。絵を意味のあるように並べ、
本文とは離して置いてください。そうすれば好奇心を喚起して、
注意を引きつけるという、本来の機能を果たすことができます。
本文が大切な要素として扱われることによって、権威と威厳を発揮します。
本文は切り刻んだり、隠したりせず、しっかりと表示するべきものなのです。

ほんとうにうまくいっているなら、YES

10：ランダム・レイアウト　異なる長方形を情報ユニットにして、グリッドのしばりを忘れてページを組みます。
4ページのレイアウトの各ユニットはばらばらのもので、それぞれが違うものだと
区別できるように構成しています。確かに、おもしろそうなページに
できるかもしれません。しかし、ひじょうに難しいことです。
グリッドに素材を入れていく作業より、はるかに難しく、また、時間がかかります。
上手に構成するには、編集とレイアウトとを兼ねるという、
高度な技能が要求されます。
不可欠なのは、十分な時間と忍耐です。

6 マージン［14の法則］

マージンは紙面の使われていない縁の細長い部分で、版面を囲む領域です。
版面をできるだけ広くとり、マージンの幅を最小にしたいと考えがちです。
しかし、マージンを意識的に利用すれば、出版物の価値を
高めることができます。

デザイナーへのアドバイス

マージンはちらっと立ち読みする人やパラパラ流し読みする人に、
まったく気づかれてはいませんが、たいへん大きな働きをしています。
マージンの安定した規則性は、安らぎと親密感を作り出します。また、
マージンは額縁のように出版物の内容を豊かにし、支え、飾る働きもします。

何かを見る時、周囲を見ることが、そのものが何か認識するための
重大な手がかりになります。意識的ではありませんが、
人が知覚するときには自然にそうする、ということです。

これは何ですか？

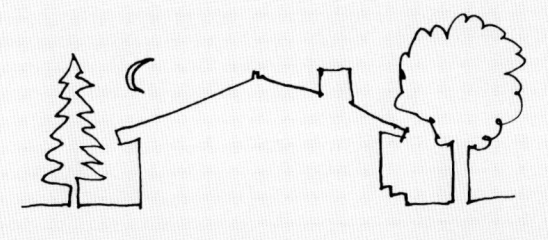

明らかに、これは……わかりますね

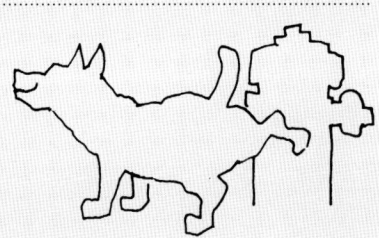

犬だって周りを見ていますね……

編集者へのアドバイス

ページものの場合、繰り返しがあるので、この形の認識が効果的な
ツールになります。部分を全体に結びつけるからです。
逆説的に言えば、その安定を壊すことで、驚きをプラスすることができます。
マージンを使って、予想された縁どりのパターンをわざと中断して
好奇心をくすぐり、読者をその記事に引き入れるのです。

天のマージン

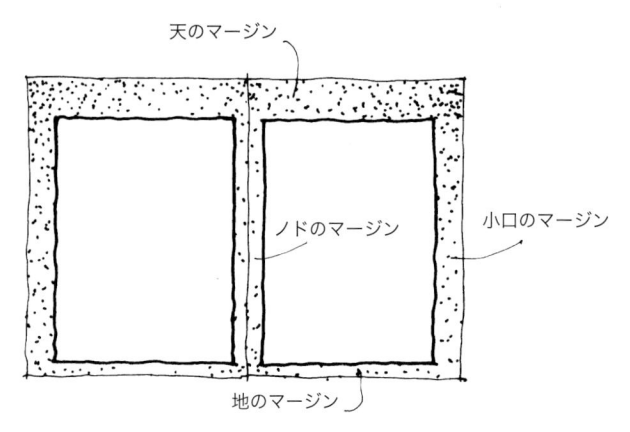

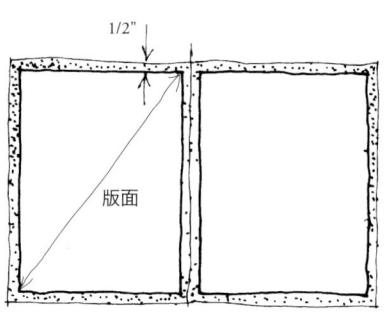

ノドのマージン

小口のマージン

地のマージン

1/2"

版面

1 | マージンの幅
マージンの幅は、決められているわけではありません。また、幅の広さはすべて同じ必要はありません。製本するときに、文字が絶対に切り落とされないようにするためのものです。

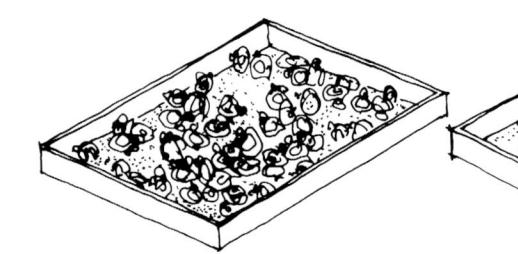

2 | 広いマージン幅
縁どりをたっぷりとると、中身に権威が加わり、価値、オーラ、ぜいたく感などが醸し出されます。ベルベット張りのケースに、1つだけ特別展示されたダイヤモンドの指輪のように。ぽつんと離れて存在しているものは、その他たくさんの中にうもれたものより、とても重要(高価)に見えます。

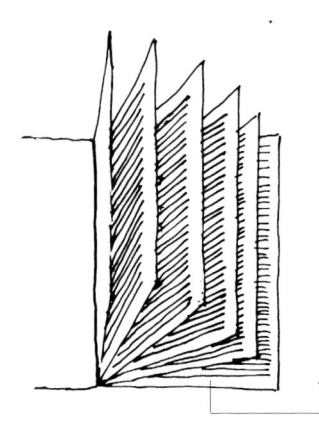

3 | マージンの規則性
一定になっている縁どりのページをパラパラとめくると、外側のマージンがパターンになっていきます。通常、広告は周囲のマージンがとても不規則です。雑誌全体で本文のマージンに規則性があれば、広告と区別がつき、本文であることがすぐにわかります。

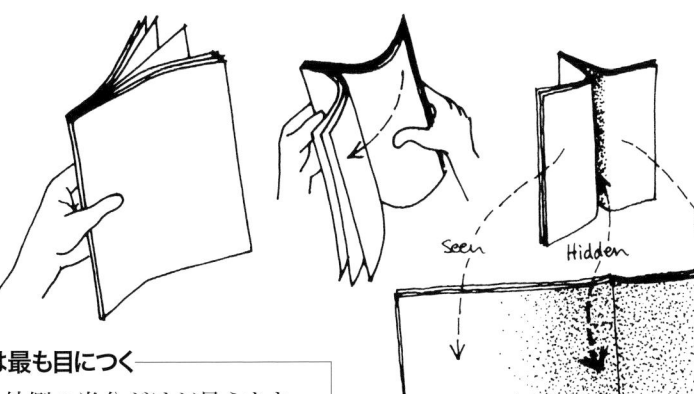

4 | ページ「外側」部分は最も目につく

背を手で握って開くと、外側の半分だけが見えます。それをできるだけ利用します。外側がまず、目に飛び込んでくるので、そこに一番よいものを置いてください。読者を引きつける、イラスト、キャッチ（何かおもしろい文章）、小さなパーツをページの外側部分に置きます。

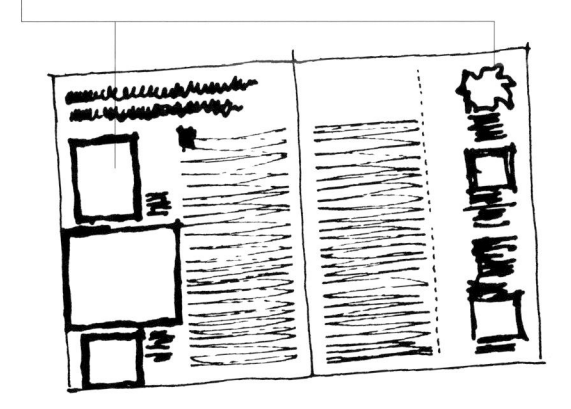

5 | 製本とノド幅の関係

製本の仕方がノドの幅に影響します。読者が扱いやすいように簡単にしてください。分厚い単行物の場合、ノドを標準より広い空きにして、本を開いたとき文字が隠れないようにします。中綴じや、無線綴じでは狭いノドでもだいじょうぶです。しかし、平綴じは、3つ穴式のビス止め製本やスパイラル製本同様、広めのノドが必要です。

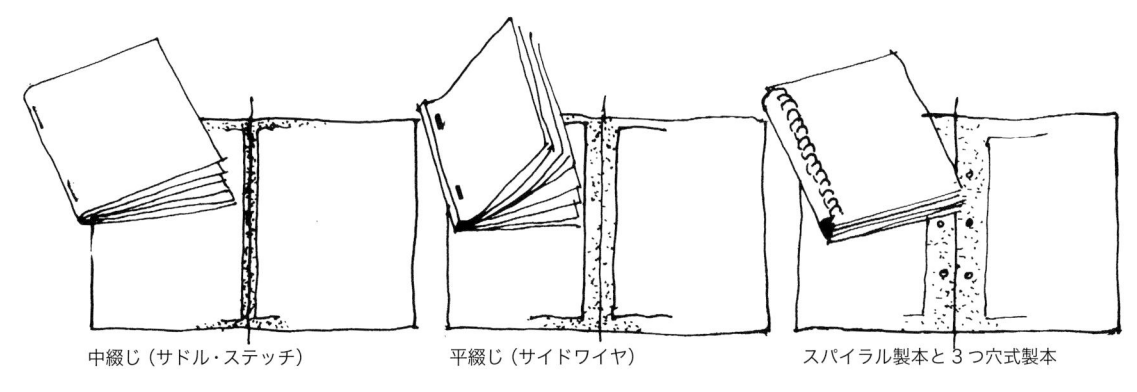

中綴じ（サドル・ステッチ）　　平綴じ（サイドワイヤ）　　スパイラル製本と3つ穴式製本

6 | 裁ち切りで広く見せる

写真を裁ち切りにすると、イメージがページを越えて外に広がっていくような感じが得られます。ページに印刷されている部分は、全体の一部だと認識されます。裁ち切りは読者の想像の中でページを拡大し、絵のインパクトを強めます。製品写真を裁ち切りで使ってはいけません。背景には何もないからです。この手法は、風景など、広がりが意味を持つ画像に使います。上は空に続き、下は地面に伸び、右、左は水平線に続くのですから。

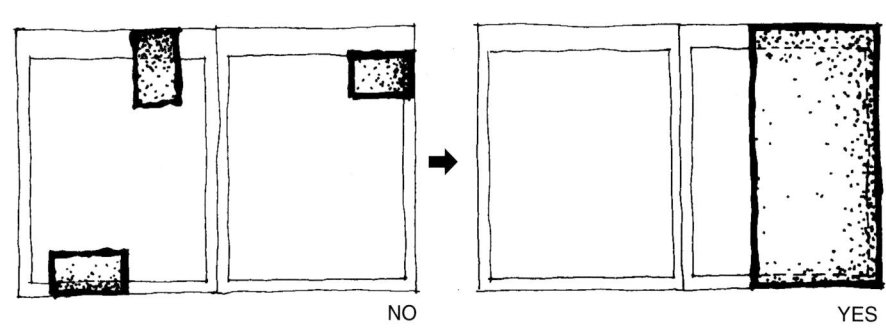

NO　　　　　　　　　　　　YES

7 | 大胆な裁ち切りで、注意を引く

マージンの一部を裁ち切りで壊してみます。マージンの連続パターンが、一部なくなります。画像に価値があれば、パターンを壊してもかまいません。裁ち切りにするときは、小さくせず、大胆に裁ち切ってください。

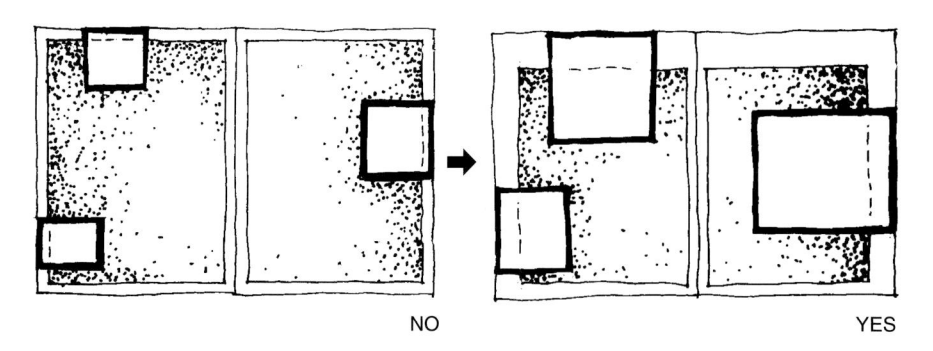

NO　　　　　　　　　　　　YES

8 | 効果的な裁ち切り

小さい絵で狭いマージンを断ち切らないでください。誰も気づかないところで特別な妙技を披露しても効果が出ません。効果を上げるには、大きい絵で広いマージンをまたぐことです。

9 ページの上のマージンを、十分広くとる

ページレイアウトでは、文章が上まできていればいるほど、憂鬱で攻撃的に見えます。ページの上のたっぷりしたマージン（「深い沈下」）は、出版物に軽くて伸びやかな感じを与えます。また、ページ上部の広いマージンは、シグナルを入れるにも便利です。広ければ広いほど、シグナルが目立ちます。

10 調和のとれたマージンを決定する方法

1. 対角線を描く。
2. 外のマージンをちょうどよいと思うところに決める。
3. 対角線と2.の線のぶつかった下が地のマージンです。
4. ノドのマージンは小口側のマージン幅の半分にします。
5. 4.の線と対角線がぶつかった位置が、天のマージンの位置です。
例を2つ図示しました。

11 帯状の広い領域を余分に残す

左右の帯状の広い領域は、著者の顔写真や略歴、引用、脚注、出典、参考文献、位置表示など、付属資料のスペースとします。（本にメモをした、昔の「学者のためのマージン」のように）

12 見出しをフレームから外に飛び出させる

劇的な部分に目は引きつけられます。右のグラフでは、目はグラフから突き出た線を見てしまいます。この、トリックを利用して、見出しをフレームから飛び出させるのです。

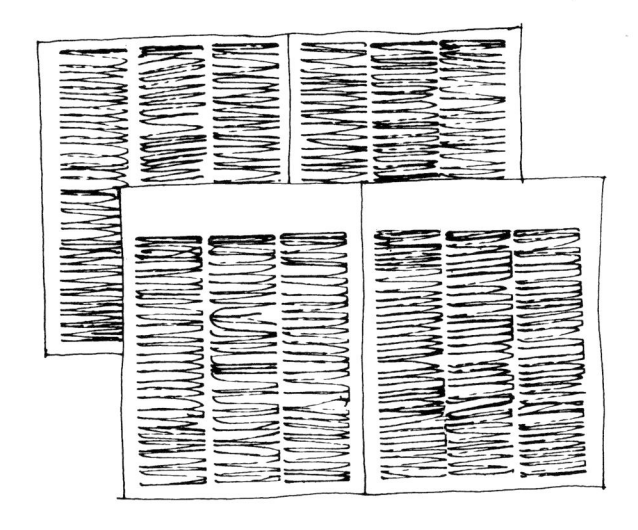

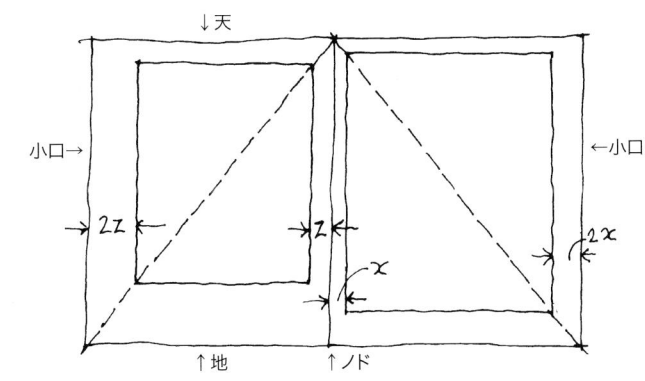

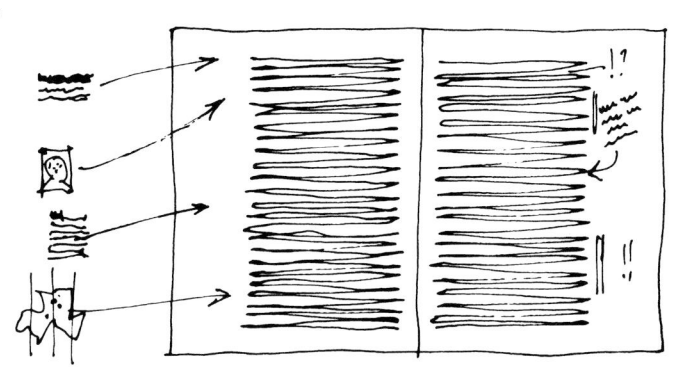

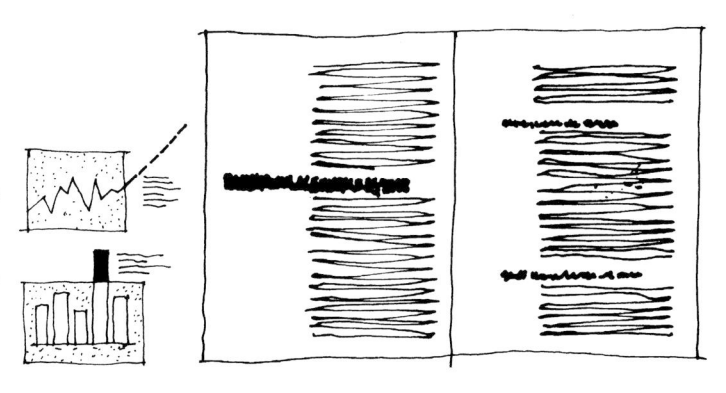

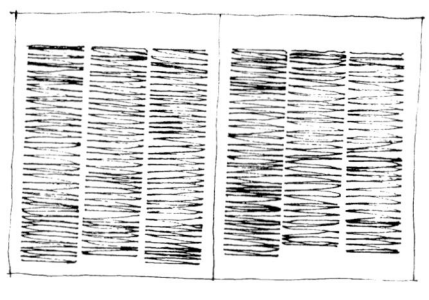

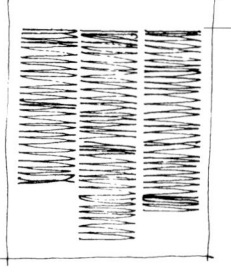

13 | 段落の揃え方

段組上はきっちり揃えてコントラストをつけてください。洗たく物がぶら下がる物干し綱として、本文ブロックの先頭のラインを考えてください。組幅先端が正確に並んでいれば、不揃いの段組下部がかえって生き生きします。行数の長さの違いは、わざとそうしたとわかるくらい強くします。1行か2行の違いでは不揃いに見え、6行ほどなら、意図的に不揃いにしたとわかります。

先端と下部の両方を不揃いにすると、まったく違う効果が生まれます。これはこれで有効なパターンです。

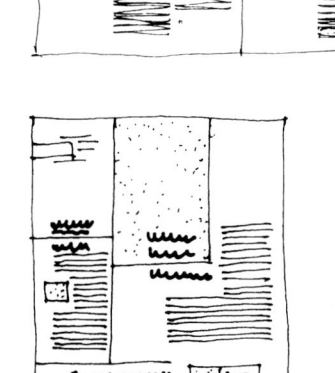

14 | コントロールされたマージンの代案：マージンを無視する

絵や文章のユニット（まとまり）をページ全体にランダムに配置して、周囲の余白は残りの空きスペースに流し込めばよいのです。各ユニットは別々の情報ゾーンになります。金属活字のため、ページ割付が必然的に決まっていたころと違い、今ではページ構成が自由にできるので、このテクニックはとてもポピュラーになりました。段組フォーマットの制限から逃げるのは、慎重にそれを行うならいいことです。しかし、見た目ほど簡単ではありません。マージンのおかげで編集ページだと認識できるのに、それをやめるのは、編集スペースが広告に似てくる危険があります。よく考えてよし悪しを決めてください。

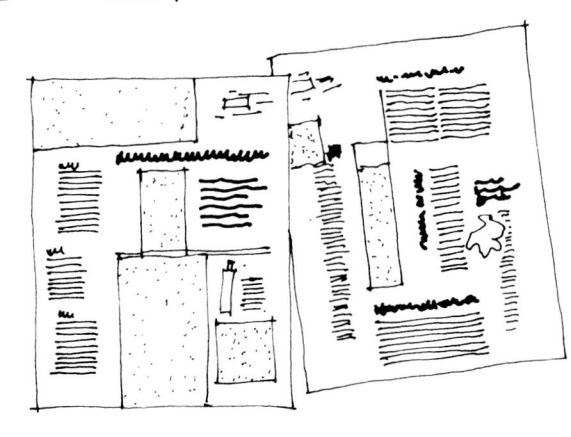

7 スペーシング［18の法則］

スペース（空白の領域）を、無駄だとか、何もないところと考えないでください。
大切であり、力を秘めたものなのです。陰と陽のように、
印刷部分は空白部分なしには存在できません。スペースは大切なものです。

デザイナーへのアドバイス

ス ペースはいつもそこにあります。白く空虚な帯状の領域として
置かれているのではなく、はっきりとした目的のために
有効に使われるのを待っているのです。
いくらでも融通のきく道具でありながら、コストは紙代しかかかりません。
考えを伝えるための役に立つパートナーですから、
目立つように、かつ効果的に使ってください。

このスペースは働いています。

上のデザイナーへのアドバイスと、

下の編集者へのアドバイスとの

間を明確に分離してくれます。

確かに必要以上に広すぎます。

しかし、大袈裟な例なので、

許してください。

もっと狭くても、

適当なスペースをあけるだけで

4つの考えを区別してくれます。

下のリスト番号順に

見ていってください。

編集者へのアドバイス

読 者に対する最大のサービスは、読者のために、
よく考えることです。要するに——読者が必要とする情報を
的確にまとめることです。つまり、

1. 読者が関心をもつテーマに集中する。
2. 編集では、心を奪う要素（文字や写真）を選び出す。
3. デザインがそれを引き立てる。
4. スペースを使い情報を整理し、組織化する。

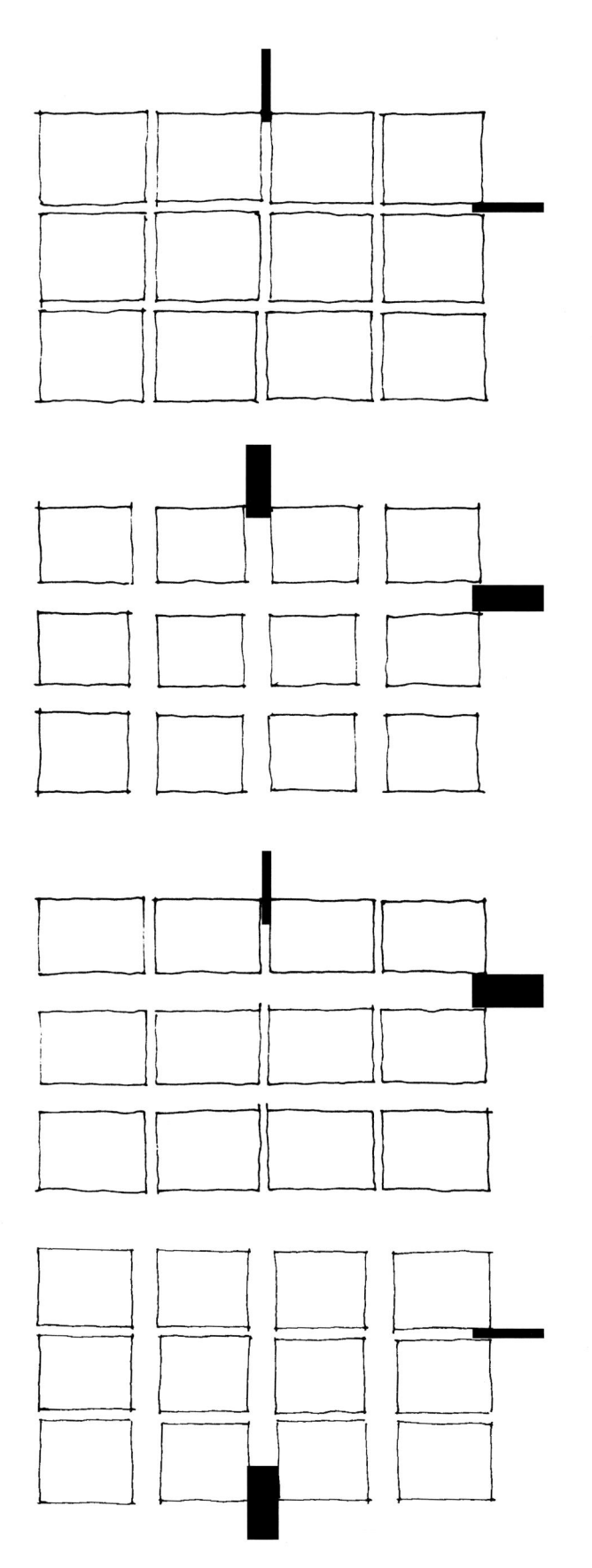

1 | 均一の狭い空きスペーシング

12個のユニットが等間隔に並んでいます。グループ全体では、1つの大きな長方形のブロックに見えます。ユニットに繋がりがあるとすると、どのような順に見ていきますか。縦に3個の列と見て、左から右へと見ますか？ それとも行として上から下にと見ますか？ 等間隔に並んでいるので、何の手がかりもありません。（並んでいる写真の内容を見なくては、どう続くのか判断ができません。）

2 | 均一の広い空きスペーシング

スペース間隔を広げました。繋がりを表す材料が見えてきましたか？ 何もありませんね。間隔をより広くし、ゆるい固まりにしたために、ユニットは小さくせざるをえませんでした。それでも、まだ全体が長方形のブロックに見えます。

3 | 均等でないスペーシング

パッと見ただけで、次のことがわかります。上の例の場合、4つずつ横に繋がった固まりが3つあって、左から右への繋がりを感じます。下の例の場合、3つの縦に繋がる固まりが4つあると感じ、下への繋がりを感じ、上から下へ読むでしょう。

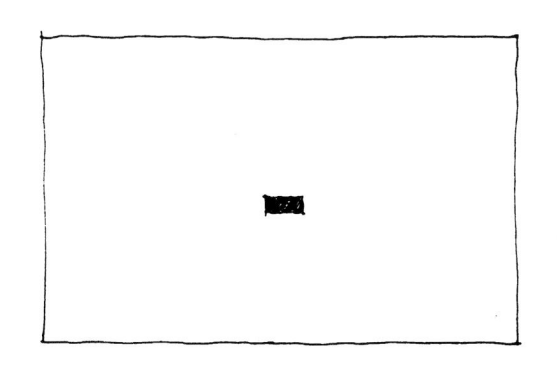

4 | スペースの中でのたった1つの存在は価値を生む

たった1つだけ輝くように置かれたものは重要なものだと感じます。なぜなら、ライバルはすべて、フレームの外に追いやられているからです。周りの領域がより広く、そのものがより小さく、コントラストが劇的であればあるほど、大きくて偉大な存在に見えるのです。

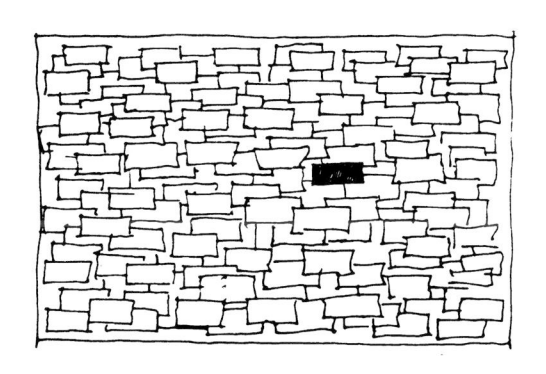

5 | ゴミゴミした状態はユニットの価値を減らす

ここでは個々のユニットに、特に価値があるわけではありません。いったいいくつあるんだろうと思うだけです。数が多く、密集しているために、ユニットのすべてが一般的で重要でないように感じられます。しかし、重要でないものも膨大な数が集まれば、印象的な固まりとして感じられるのです。

6 | 無作為の配置

ユニットの間隔は幾何学的に並行だったり、厳密にまっすぐである必要はありません。ユニット全体がだいたい同じ形のものなら、不規則な関係でも、その効果は揃えて並べたものと同じようになります。ユニットが踊っていても、3つの縦に繋がる固まりが、4つあるように見えます。

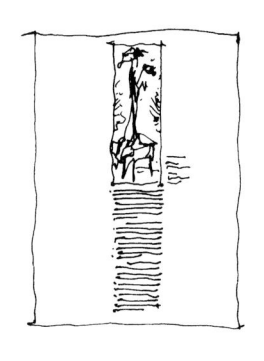

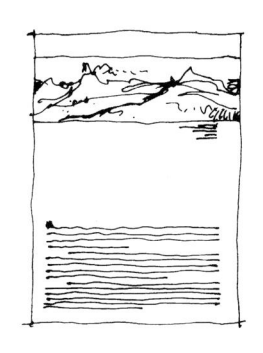

7 | ユニットの縦長か横長のコントラストを活かす

どちらのユニットもページ構成に不可欠です。縦長と横長の写真をうまく使うと、関心、バラエティー、驚きが生まれます。ページ構成では、どちらがよいということではありません。ユニットの形は絵の材料（キリンや風景）、意味、目的によって選びます。細く縦長の写真には、それに合わせて組幅を細く、横長の写真には、組幅は広くとります。

8 | 狭いスペースはものがくっつき、広いスペースは離れる

結合・分離をはっきりさせるためにスペースをうまく使い分けましょう。関連する情報は近づけて、視覚的に結びつけてください。関係ない要素は、それぞれの間を切り離し、空間を広くとってください。

9 | 接近は関係があることを表す

左の段組では、絵は上と下の本文の途中に浮かんでいます。スペースが同じなので絵はどちらにも属しません。真ん中の段組では、絵は、上の文（たとえば、後記）の終わりに属します。右の例では、絵は下の文に属しているとわかります。（まず絵が注意を引きつけるので、絵を「考えの出発点」に置き、3つのうちどれが最も役立つかを考えます）

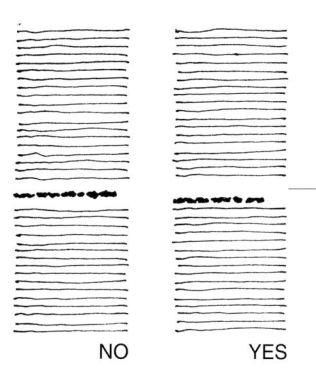

10 | 小見出しの上の空間を広くとる

小見出しの上を広くし、下の空間を狭くすれば、下の文に属します。もし上の段落と下の段落の真ん中に置くと、小見出しは中立です。小見出しの役目は、下の文に読者を引き込むことです。下に寄せて、次の文章の書き出し近くに置きましょう。

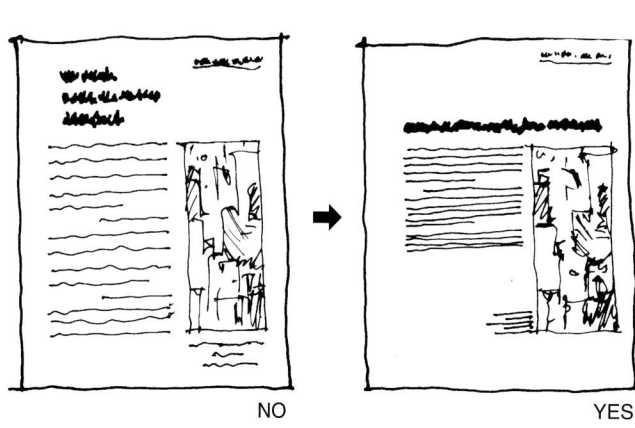

11 | 要素をまとめ空間をつくりだす

文字組と絵を引き立てるために、空間を大きいブロックにまとめてみてください。そのためには、ページを構成する要素をまとめるのです。そうすると、役立っていなかったバラバラな空間が、意味をもってきます。

12 | 見出しは頭揃えで

こうすれば、見出しの右側に余白が生まれます。見出しの黒は、余白のスペースと対比されることで、際立ちます。見出しをセンターに置くと、貴重な余白は左右にわずかなスペースしかできません。

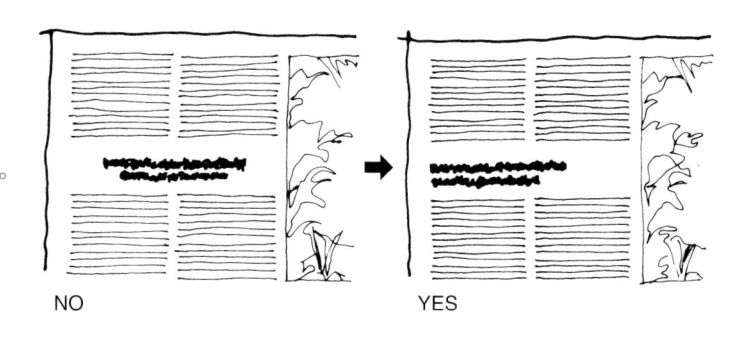

NO　　　　　　　　　　YES

13 | 小見出しまわりのスペース

左揃え右なりゆき組の本文組では、見出しは、左右のセンターに置いてはいけません。この本文組では、右側がかじられたかのように不揃いになります。不安定であり、空白スペースがだらしなく見えます（そして、垂直ラインさえ確定することができません）。

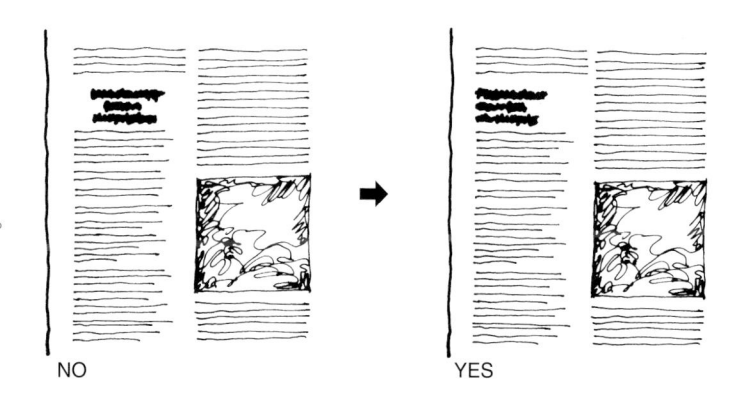

NO　　　　　　　　　　YES

14 | キャプションまわりのスペース

組写真のキャプションは頭揃え尻なりゆき組とします。キャプションを絵の全幅に広げずに、短い行を積み重ねてください。軽やかなキャプションとかっちり組まれた本文を組み合わせてください。軽やかなキャプションの行末に、空気が吹き込み、ページが軽くなります。明と暗、素材（文字と写真）と余白のバランスを活かしたものになっています。

15 | うれしくないスペース

おかしてはならないと教えられた「閉じたスペース」について。一旦、規則を忘れてください。ユニットとユニットをうまく分けるるものとして積極的に使われるスペースのかけらが「閉じ込められています」。本文と本文の間の境界だからです。もしバリアが必要なら、閉じ込められたスペースかどうかに関係なく、前向きに考えてもよいかもしれません。

これが閉じ込められたスペースです。ここに目が行ってしまいます。こういう使い方は避けましょう。

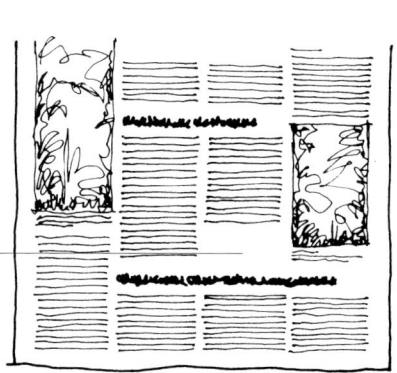

16 | スペースを使って重要さを強調する

重要なものの周りを白地で囲むとき、多くのスペースは必要ありません。ほかの要素と切り離して見られるよう空間をちょっとだけあけます。コツは、ほかの段間を狭くしておき、それより広く開けることです。

17 | 明確なマージンの効果

コントラストを強くしたいなら、素材を囲むスペースをはっきりとわかるようにします。スペースの周辺はあやふやにしないこと。視覚的なインパクトを持たせるために、スペースのエッジは一直線にし、角は直角にします。

18 | 読者を案内するようにレイアウトする

いくつもの記事を載せるときは、読者が楽に読めるように構成する必要があります。ユニットの間隔がすべて一定ですと、どの記事も個性がなく、目立ちません。読みたくなるページにはなっていません。

ところが、ユニットの間隔を変えると、情報の固まりがはっきりとしてきます。要素ごとに大きな固まりに分かれます。すると、読者は何が何に属するかをすぐに理解できます。さらに、読む時間の見当もつきます。

小さく区切られた部分は最も多く読まれます。なぜなら、読者は楽をしたいので、まず最初に短い文章を読むからです。短い文章の周りに間隔をあけると、そこが浮き立ちます。

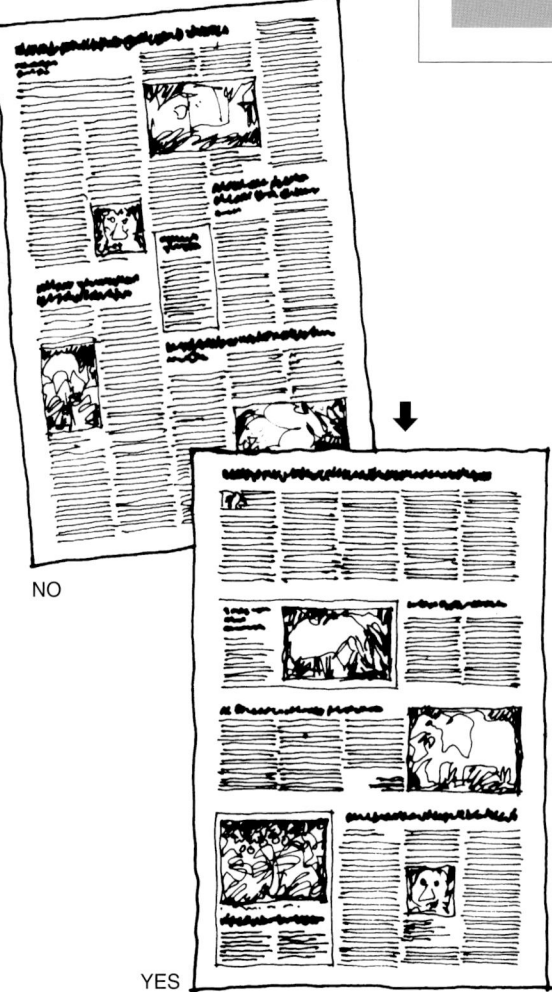

NO

YES

8　広がり［21の法則］

ページは、壁に掛けてある絵画のように単独で存在しているわけではありません。
ページは、雑誌の連載の1つとして前号とつながっていたり、または、
ひとまとまりの記事として連続して続いているものの1ページであったりします。
出版物はページを集めたものですが、全体を通して見てみると、
ページを合わせたものより、もっとすばらしい別のものに生まれ変わっています。
よい雑誌とは、そういうものです。

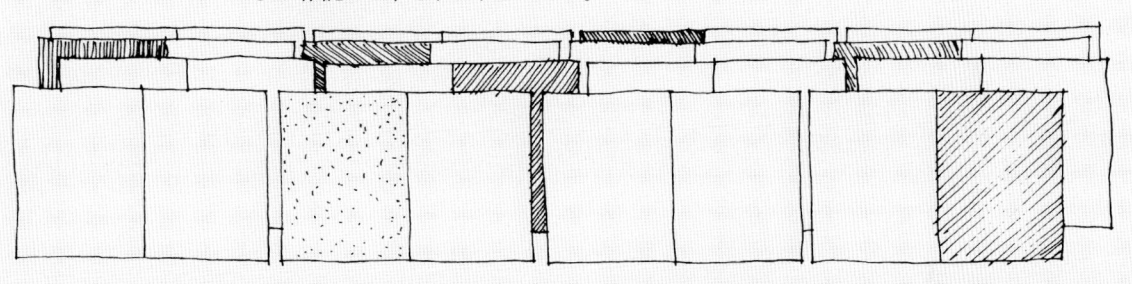

デザイナーへのアドバイス

単ページごとに縦長にレイアウトされた、単調な繰り返しはやめる。
ページのレイアウトに拡大や縮小といった変化を組み込み、
ページの流れに節を作る。単ページごとに縦長にレイアウトされたものを
壊すため、大きな絵をノドにまたがせ、横への広がりを作る。
これらの変化が、本や雑誌をおもしろくしてくれることでしょう。

ウェブ・デザインでは、レイアウト画面は横長になります。
スクロールして画面を見るので、
画面の繋がりは垂直です。雑誌では、画面は縦長で、
繋がりは水平になります。ページの繋がりかたが、
水平・垂直のどちらであっても、これから示す原則は
同じです。ページ数の多さを活かすために、
全体にいろいろな工夫をしなければなりません。

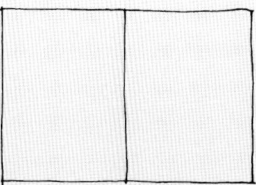

編集者へのアドバイス

重要な要素は、より大きく目立つように扱い、
注意を引かせる。見開きページで考え、
横への広がりを作る。材料は水平に並べ、
ポイントを強調して、記事を生き生きとさせる。
強いイメージを読者に与えられれば、
深い記憶として残すことができます。

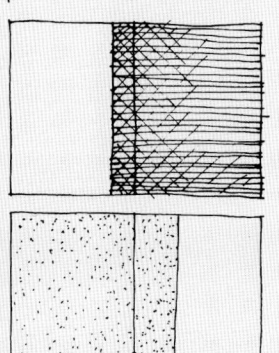

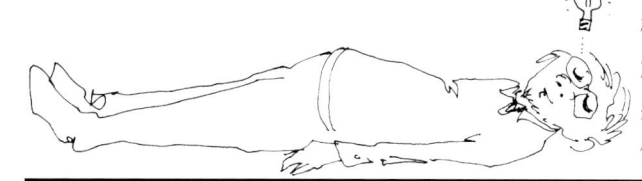

以下のページに、
横への広がりを作り出すテクニックを集めました。
解決方法は、それぞれ違っていますが、
共通していることは、「水平」を考えることです。
優先順序は特にありません。

横への広がりを感じさせるレイアウトの例は、
たくさんあります。それらの記事はすべて違った
材料（写真や絵、文章）でできていて、
違った目的があり、同じ条件のものはありません。
強調しなければならない度合いも誌面の比率も
異なるので、ルールも作れません。だからこそ、
本や雑誌づくりは楽しいのです。左は、コントラストの
章のレイアウトです。横への広がりを感じさせる
レイアウトの例としてのせてみました。

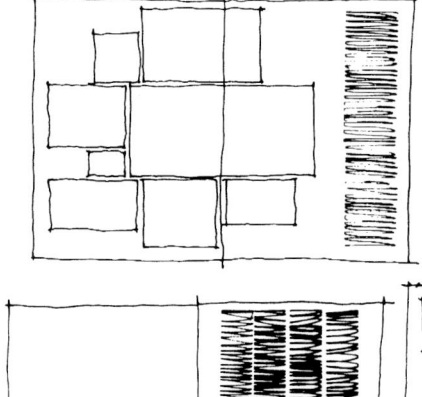

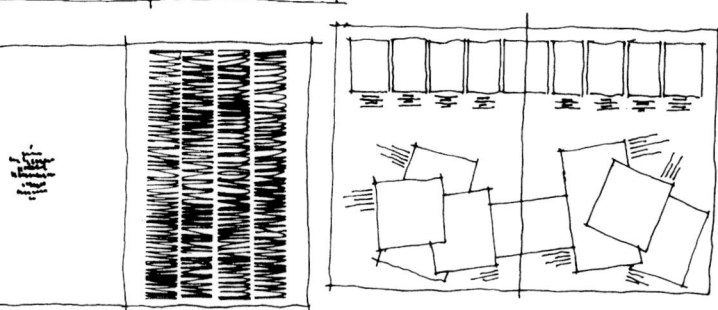

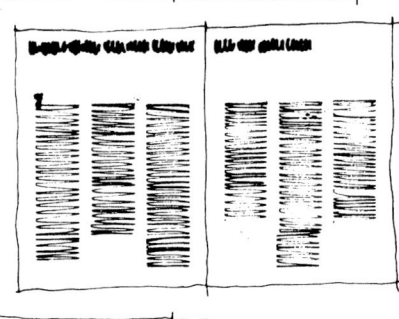

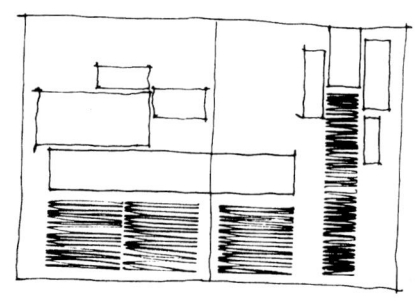

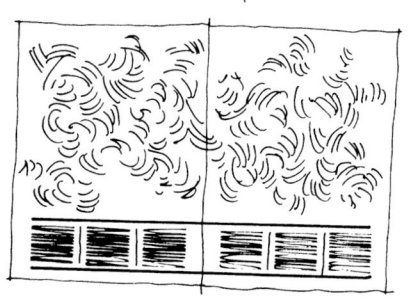

1 | 顔写真を並べるときは、目の高さで水平に揃える

顔写真（絵の絵）の形が揃わなくても、人物の全員の目の高さは揃えてください。これにより、水平が感じられます。水平は人間の感覚に訴える重要なものです。印刷されたページでも無意識に水平を感じます。安らぎ、正確さ、広がりを表現するために、「水平」を意識して使いましょう。

2 | 見開きページを左右対称にデザインする

左右のページを、鏡に映ったようにデザインしてください。右の例のような場合、写真（左ページ）と文章（右ページ）は小さくし、バックの空白が活きるようにします。写真と文章の作り出す形は、対称の関係になっていることが、わかるように、正方形などの単純な形します。形が同じだとわかるなら、形になるものやバックの色をいつも同じにする必要はありません。右の例のように写真（絵）と文章、バックを白と黒のように"対"にすることで、繋がりに勢いが出ます。

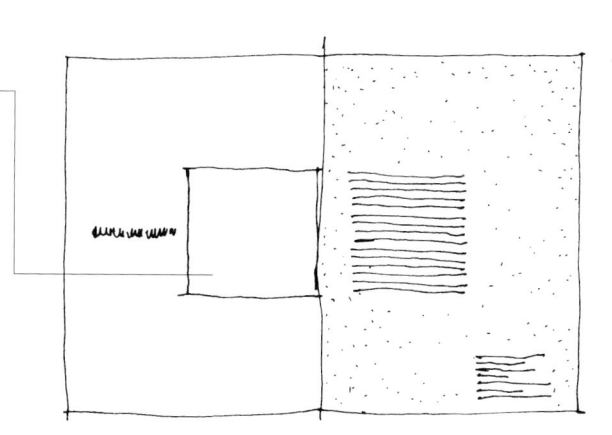

3 | 同じような形を見開きページで連続させる

写真や文章で組まれた形を同じにして、ノドをまたがせてデザインしてください。形が同じとわかるので、いつも整然と置かなくてもよいのです（例では、画像スペースが上下に踊っていますが、揃えて置くと退屈なものになったでしょう）。写真など形の中の絵柄どうしが関連あるものなら、水平に連続して置いた意味がよりはっきりします。例えば、背の高いポット、全身の肖像画、キリンの写真が並んでいれば、高さが関係していることがわかり、水平に並べたことで、さらに意図が明確になります。

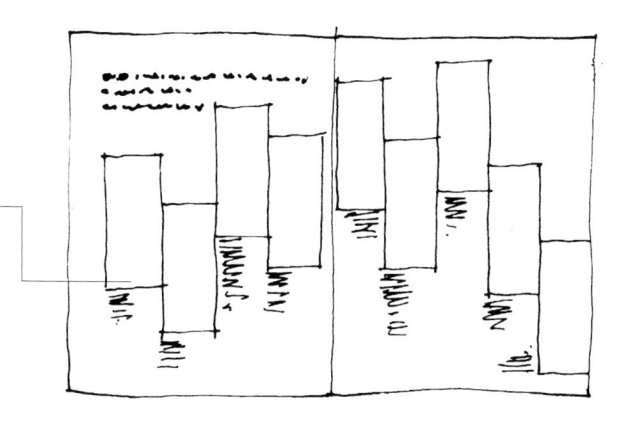

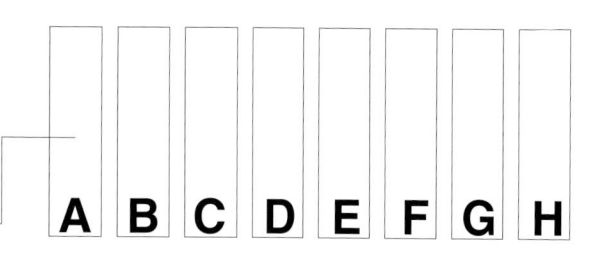

4 | 全面裁ち切りの写真を使う

全面裁ち切りの写真を使うと、見開きページからあふれ出て広がっていくように感じられ、迫力があります。さらに、小さいものが映った写真を全面写真の上に置けば、絵柄の対比によるギャップが生まれ、衝撃が加わります。

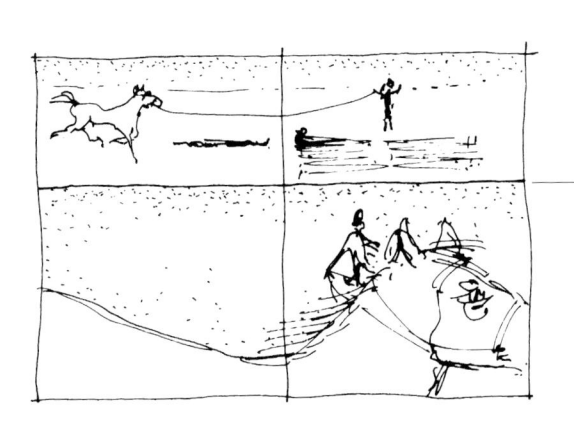

5 | ワイドな写真を上下に置く

見開きページにまたがるワイドな2点の写真を上下に置けば、超ワイドなパノラマは2倍以上力強くなります。相乗効果のある写真なら、ストーリーが読みとれ、魅力的なものになります。この場合、上の写真は馬を調教する遠景、下は超クローズアップです。

6 | 色帯やイラストを帯状に入れる

色帯を大胆に使い、見開きページの上下に入れてみます。これで、水平な流れが作り出せます。さらに、イラストを装飾帯風に上に置けば、コントラストが生まれます。ドーナツのように本文の真ん中に空いた四角い穴は、水平な流れにコントラストの遊びを加え、誌面を生き生きさせています。

7 | 水平なラインを引く

左右いっぱいに引いた水平なラインは、横への広さを表現するもっとも簡単で基本的なテクニックです。

8 | 見開きページの絵柄を同じ色で揃える

同じ色が使われていれば、読者は見た瞬間、それらをリンクして考えます。片方に赤いハート、対抗ページに赤いロブスターがあれば、筋が通っているかどうかには関係なく、同じ赤ということで、お互いの繋がりを暗示することになります。同色にしたときの感覚に訴える力をうまく使って、横への広がりを感じさせてください。この色の周りに、繋がりを迷わせるような他の色がないほうが、効果が上がります。

9 | 左から右へ誘導する

横書きでは、文字を左から右へ読みます。習慣により身についた左から右への流れには、有無を言わせぬ力があります。これを利用するのです。例のように順番がついていれば、直感的に情報の配置がわかります。読者は、順番に左から右へ読み、そのことで水平方向の広がりを感じるのです。

10 | 見開きの左右に白地を出す

見開きページが広く見えるように、見開きの左右に白地を出してください。人物写真切り抜きを大胆に見開きいっぱいに使い、バックの左右に白が出るようにすれば、余白は単なる白ではなく、有効な背景に変わります。文章を入れるなら、効果を損なわないように、絵の縁の近くに重ねて置きます。

11 | 片面を全面写真、対向に小さな写真を組み合わせる

片面を全面写真、対向ページに小さな写真を置くと、広さのインパクトを出すことができます。この場合、2枚の写真の内容に関連が必要です。左の例では、雨のシーンと傘で、意味的に繋がります。このとき、1ページずつに分けてしまってはいけません。右側の例のように写真がノドをまたぐことで広がりが生まれます。

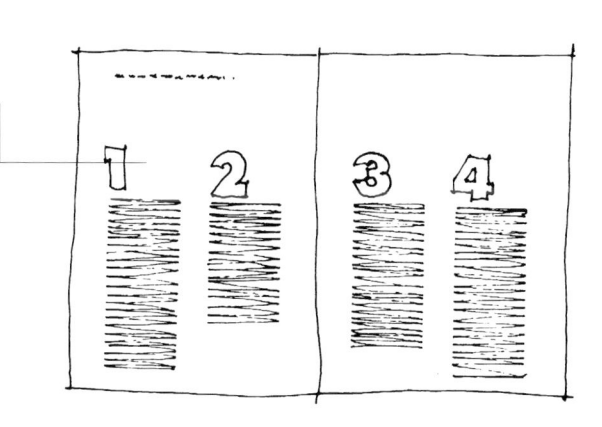

12 | 全面写真を2つに分けて使う

全面写真を縦に2つに切り離し、片方を右に寄せて間隔を開け、写真の間に文章を置きます。1つの写真が切り離されることで、左右の広がりが生まれます。

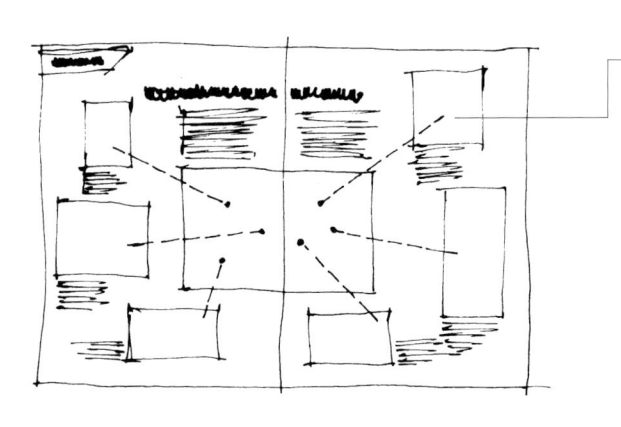

13 | 写真から要素を引き出し説明し、広がりを作り出す

センターに、あまり大きくない写真を置きます。周りに、要素説明するために引かれた引き出し線と各キャプションを置きます。写真と引き出し線、各キャプションのレイアウトに一体感が出せれば、中央から広がる1つのまとまった大きなものとして見せることができます。

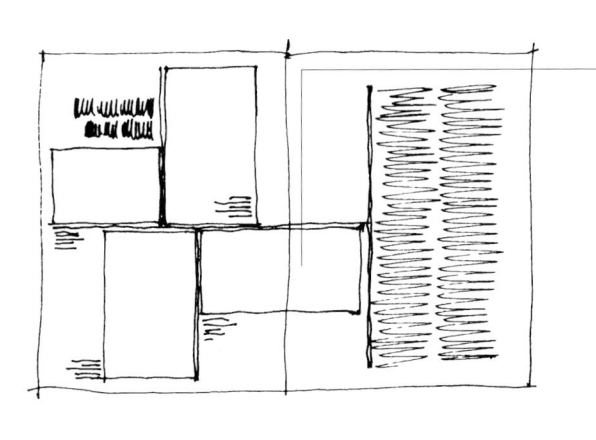

14 | 1枚の写真（絵）の一部をノドにまたがせる

左の例のように何枚かの写真があり、これらが1つのまとまりとなっているなら、その1枚の写真をノドにまたがせます。例では写真が風車の羽根のようにまとまっていることがわかります。またがせることで、見開きにまとまりができます。写真のまとまりには、余白が生かされています。

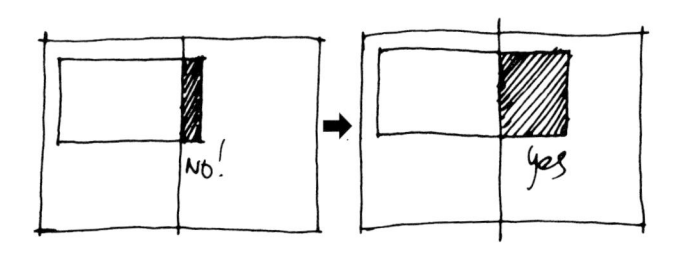

15 | 写真要素をノドにまたがせる

1枚の写真の場合です。見てわかるくらいに、大胆にノドをまたがせます。少しぐらいでは、効果はありません。またがせないよりは、ましですが。

16 | 2つの画像で見開きページに流れを作る

人物の顔（表情）や手（動作）には、言いたいことがはっきり表れています。左の例の場合、夫は妻の尻にしかれていることは間違いありません。このように写真は雄弁です。

しかし、この例では、写真の繋がりが、右上（妻）から左下（夫）と流れています。これでは、横組の左から右への流れに逆らっていて、効果が弱まります。

こうすれば、写真は、左上から右下へと繋がり、左から右への流れに合います。このように写真を置けるかどうかは、目線の向きによります。

17 | 目線の向きを生かす

人は、他の人が何を見ているか気になります。ですから、写真の人物が見ている方向に自然と目を向けるのです。それが絵の場合でも同じです。見開きの反対側から互いに睨みあっている写真なら、目線どうしが引き合って、2枚のページは読者の心の中で、1枚になります。

18 | 右ページに置いた、外向き目線の効果

横組ページで、人物写真を右ページの小口に置き、目線は外を向いたものにすると、目線につられて、読者の興味は次のページに向かい、思わず次のページを開きます。ふつう、読者は見開きの中を見ようとしますが、こうすることで次の見開きへと誘導できるのです。縦組の場合は、この逆になります。

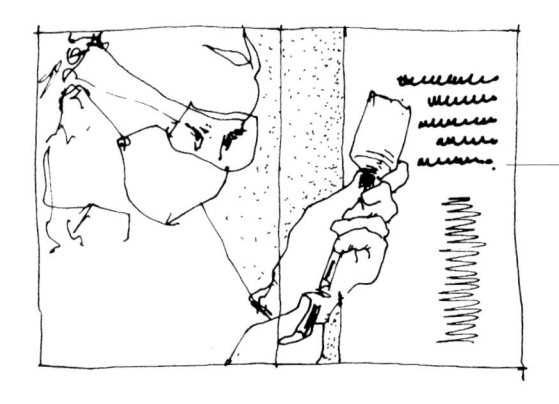

19 | 目線の行き先に焦点を集める

左の例の写真では、医者が見つめている先に、薬のびんがあります。ここに焦点をあてます。薬のびんから右側を切り抜きにして、左側の写真から飛び出させます。薬を持つ手も写真から白地にあふれ出しています。あふれ出した写真に見出しが食い込み、写真と文章の絶妙な繋がりが作り出されています。

20 | 写真（絵）と文字の連携プレー

左の例の子どもの写真は横を見ています。目線の先には、見出しがあり、「見て(Look)」と書かれています。見ている写真と、「見て」という文字による呼びかけが連携して、見開きページを繋いでいます。このページを開いた読者は、内容についてはすぐにはわかりません。ですから、写真、見出しともに、シンプルに表現してください。これで、「なんだろう、見てみよう」と本文を読み始めます。

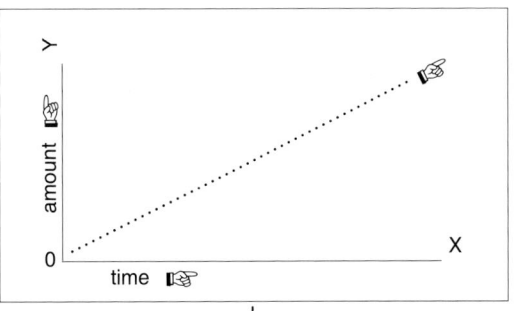

21 | 写真を棒グラフのようにデザインする

写真をグラフのように置くと、左から右への流れは、時間が経つにつれての状態の変化を表せます。花は、左から右へと時間がたつにしたがって上に伸びてゆき、花を咲かせます。水平の広がりは、ここでは時間の広がりとなっています。

9 大きさ［14の法則］

デザイナーへの
アドバイス

大きな文字は叫び声のようです。やかましい叫びは、聞いている人にとても重要そうだと思わせます。したがって、印刷物においても、大きいものは何でも（特に文字）、重要に違いないと読者に思わせます。価値を暗示するこうした手法は、決して安易に使ってはいけません。かえってインパクトが弱くなってしまったり、出版物が安っぽくならないように注意して、強調したいときの最後の手段として使います。

Scream!
悲鳴

Whisper
ささやき

文字のサイズを声の大きさの度合い
（すなわち重要度）として使うとしたら、
このScreamの悲鳴はどのくらいのうるささで、
Whisperのささやきはどのくらいの弱々しさか、
想像してみてください。太い書体で、真っ黒に
印刷すれば、Screamという単語は
さらにやかましく「響くでしょう」。しかし、
この見本の目的は**サイズ**を比較することなので、
ページを圧倒しすぎないように細く薄くしてあります。

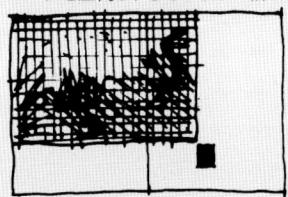

絵のサイズ処理も、同じことです。
大きければ大きいほど、
その題材は重要だと思われ、
小さければ小さいほど、メインの絵に
対する補助的なものになります。

編集者への
アドバイス

「**大**きさ」は記事に影響し、要点を理解させるのにたいへん役立ちます。しかし、大きくするこの手法は、大事なことのために取っておいてください。
大きくすることが、強調する唯一の方法ではありません。
別の側面から考えてください。注意を向けさせようと、ただただ対象を大きくするのではなく、むしろ周りを小さくすることを考えてください。

1｜大きさの手がかり

雑誌や本やウェブページのすべてが、何らかの文脈の中で見られています。切り離されてぽつんとそれだけがあるとしたら、大きさの手がかりは、ページ自体を背景として理解されます。「大きさ」の手がかりは、なじみ深いものや近くにあるものなどとの比較でわかります。ページにインパクトを与えるために、その関係をうまく使ってください。要素の大きさは、関係によって変わります。

このボールはどれくらいの大きさですか？
比較する「基準」がまったくありませんから、これだけでは、どんなサイズかわかりません。

手と比べれば、
それは灰色のゴルフボールです。

オットセイと比べれば、
それはビーチボールです。

太陽と比べれば、
それは地球です。

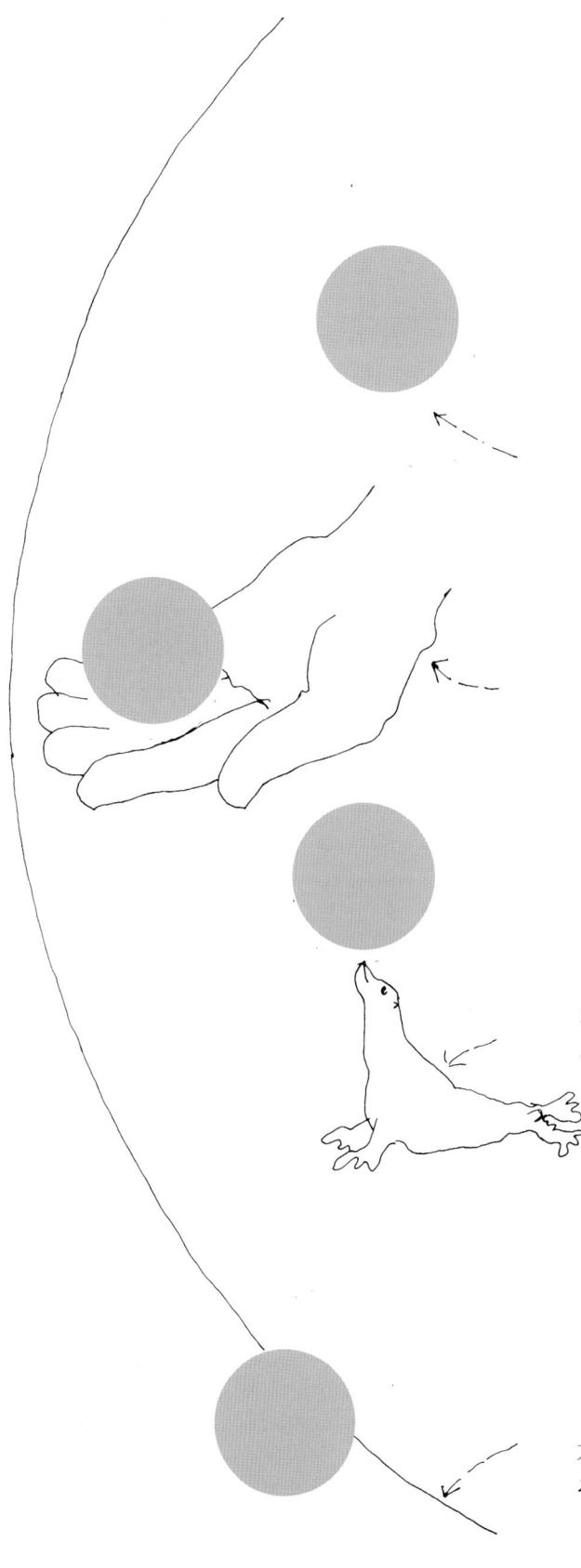

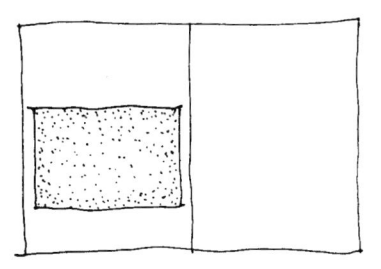

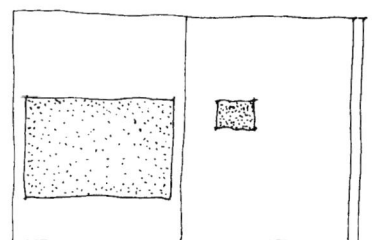

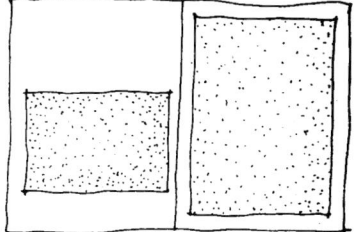

2 | 「大きさ」があるのは、「小ささ」があるから

左側の画像は、何とも比較してないので、サイズ、基準、インパクトを欠きます。ただそこにあるだけです。大きく印象的に見せるために、横に小さいものを置いてください。そうすれば、寸法は同じままでも突然成長したように見えるでしょう。一方、見かけのサイズを小さく見せたいなら、その横に大きい絵を置いてください。そうすれば、魔法のようにたちどころに縮まります。

（問題点：全面霧の写真はこのようにまったく灰色の長方形なので、絵の中に大きさの根拠を示す基準を設置しなければなりません。）

3 | スペース全体を使って、サイズの幻想を引き起こす

大きな白い地に小さくぽつんと単語を置くと、まるで宝石のように見えます。また、スペースに入りきらないくらい巨大なサイズまで膨らませることもできます。前面にある文字と背景との関係によって、効果が変わります。

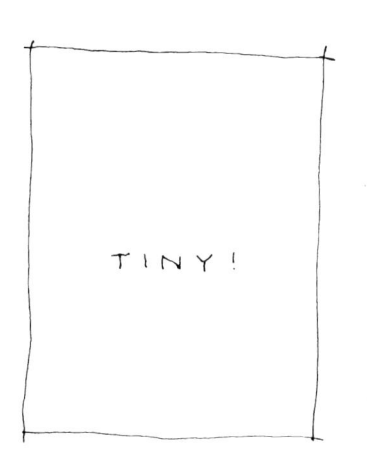

4 | 実物大のイメージ

紅茶に関する記事だとしたら、ティーカップとティーバッグの写真を小さく使うのはやめましょう。ページに実物大の画像を使うと圧倒的なインパクトが出ます。その意外なコントラストは、パワーと驚きを与えます。

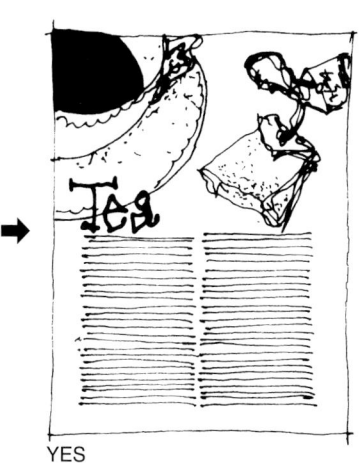

NO → YES

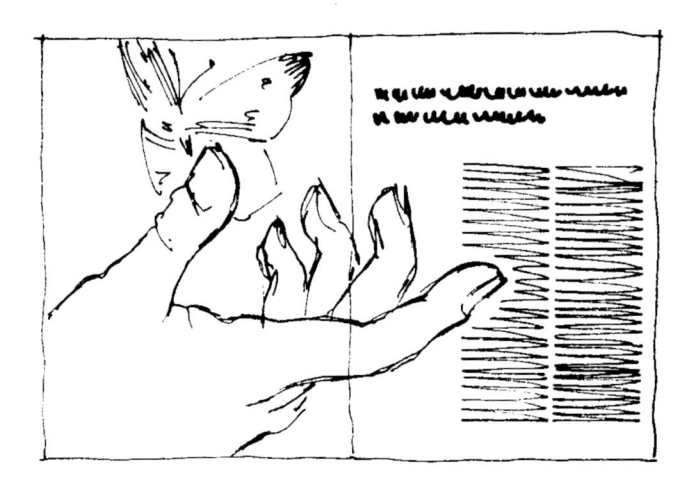

5 | 絵を実物大より大きく使う場合

実物大よりインパクトがあるのは、場違いなほどの絵の拡大です。意外なところで実物大以上の拡大テクニックを使うと、読者をぎょっとさせます。この例では、学会誌で蝶のイラストを使って、「軽い素材」に関するまじめな技術報告をしていると思ってください。（女性誌では、このテクニックはよく使われます。目のメイクアップ拡大図は、劇的に見せるために使うのではなく、ハウツーものを詳しく見せるために必要なのです。）

6 | 見出し文字と本文文字

見出しは要点をまとめ、本文では詳細を述べます。見出しはすばやく、本文はゆっくり読まれます。見出しは読者の注意をとらえて引き込みます。本文はこつこつ詳細を伝えます。大きい見出し文字で、大声で叫べば叫ぶほど、重要な出来事と理解されます。出来事が、大声で叫ぶのにふさわしくないと、注意を引くやかましさも、価値を失い、単なる雑音になってしまいます。大きい文字はそれだけで衝撃的なので、目立ちますが、無視されることもよくあるのです。

7 | 大きい文字と小さい文字

ちょっと見ただけで、左ページには右ページよりはるかに重要な情報が書かれていることがわかります。左の文字はより大きく、見た目が濃く、行が長く、右ページの小さな文字群を圧倒します。

8 | 重要性の指標としての絵のサイズ

議論の要点を表している一番大切な絵を強調し、読者の注意を引きつけてください。すべてのサイズが同じくらいで、見た目に変化がないと、「時間をかける価値がない記事」にしか見えないので、見落とされ無視されてしまいます。読者にその価値を、編集やレイアウトで「売り込んで」いないからです。説明なしでただ並べただけのレイアウトでは、読者は自力で価値を見つけなければなりません。

9 | 編集とデザインは一緒に働く

本物と同じくらい大きな写真で、目立つアイデアを作りましょう。補助的で説明的な小さい絵で肉付けし、ディテールを加えてください。大きくした絵はメッセージを素直に劇的に伝えるばかりでなく、見た目もダイナミックでおもしろく魅力的です。それでいて、上の力のないバージョンに押し込められたすべてが、ここに入っているのです。本文も同じ、役に立つ絵も同じです。「補助的な写真」は小さくして、見出しの周りのスペースも絞ります。一番本質的な写真は裁ち切りにしました。

10 | 穴を塞ぐように何かを引き伸ばさない

読者はページをめくり、スクロールし、新しい画像を見ながら、重要度を大きさで測ることに慣れています。スペースが利用可能だからといって、文字を引き伸ばして価値もない文字で読者を惑わすべきではありません。

11 | 勝手な幅に文字を合わせない

文字が大きければ大きいほど、単語は大声で叫びます。小さければ小さいほど静かにささやきます。言葉の意味を考え、大きさを決める手がかりにしてください。きちんとした長方形を作るというグラフィックデザインのわなにはまらないように。「THE」は「理解」という単語より重要ですか？

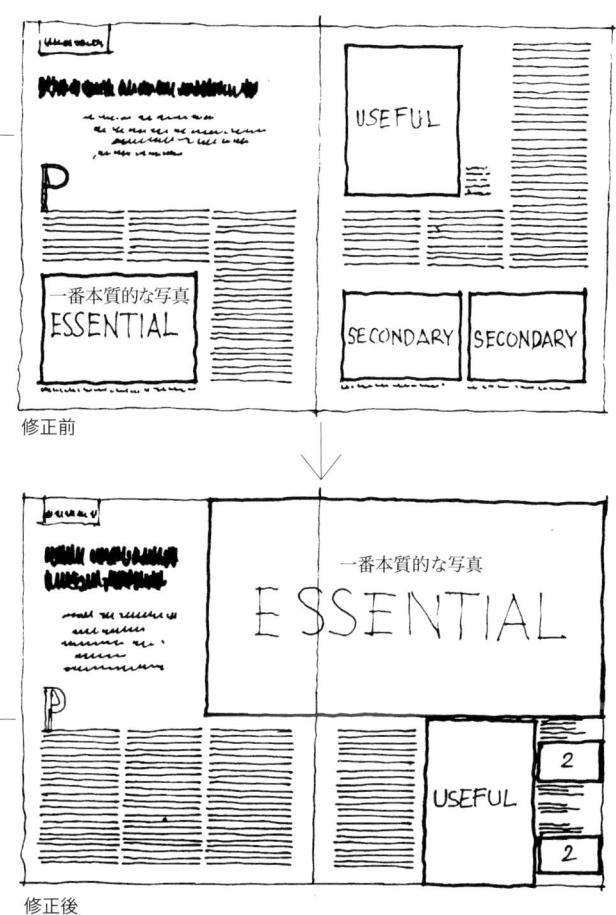

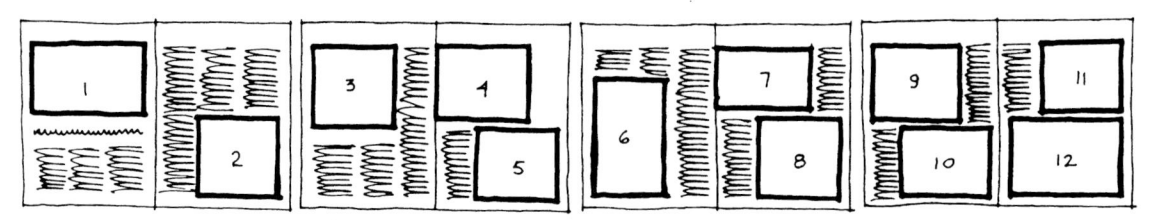

修正前

12 | すべての絵を似たような大きさにしない

これでは均質化され、価値の比較が出てきません。意見のないどっちつかずほど退屈なものはありません。編集者は読者を結論に誘導しなければなりません。サイズは価値の尺度です。だから、えり好みしてください。何でもつめ込まないでください。編集することは、すべてをできるだけ大きくすることではありません。

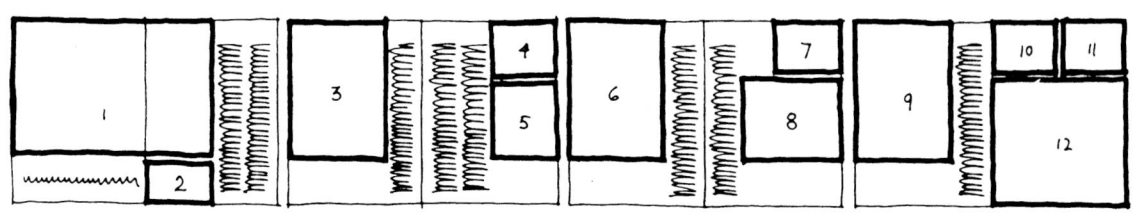

修正後

13 | 大きさの変化

整列させたり裁ち切ったり、様々な大きさの写真を利用してください。修正前と同じ材料の例をいろいろなサイズの価値を考慮して再アレンジ、リサイズしてこのように変えました。

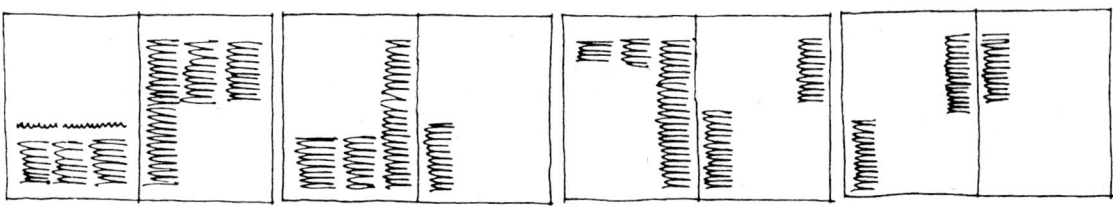

改善が必要

14 | さらなる延長戦

どうしたら読みやすい流れになるか考えてください。テキストが絵の周りを縫うように進むのをやめ、明確で品位ある段組にしました。

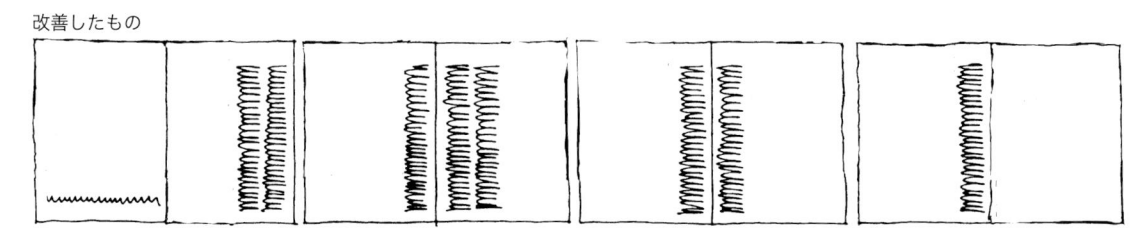

改善したもの

10 コントラスト[9の法則]

デザイナーへの
アドバイス

ページを道端の広告板だと思ってください。
その役目は、時速60マイルで走っているドライバーの注意を引きつけ、
メッセージをうまく伝えることです。走り過ぎるドライバーは
広告板が何を伝えたいか知りません。
たぶん少ししか注意を払えない…
そのうち、それに気づき…
引きつけられ…
興味をもちはじめ…
もっと空腹になるのです…

編集者への
アドバイス

パラパラ流し読みする人やインターネット・サーフィンする人が
読む気になっていったん落ち着くと、コントラストや
人目を引くテクニックは、もうどうでもよくなります。
読者を引きつけることに成功したというわけです。

コントラストはどう働くのか。ページの上にあるものはすべてほかのものと
関係しています。読者はちらっと全体を見て、混在した何もかもが関連していると
わかります。ページ自体…ロゴ…文字…画像…空白スペース…
それらの相互関係…前のページ…続きのページ。
読者はこのかたまりをすばやく分類しなければなりません。

だからこそ、重要な要素を目立たせて、補助的な材料を背景に押し込むことが
不可欠なのです。素材が重要なものか補助的なものかを決めるのは誰ですか？
決定はデザイン主導ですか、それとも内容主導ですか？　編集者と
デザイナーが協力し、理解し合ってこそ、すばらしい結果が生まれます。
議論を戦わせ、意見を出し合うことが必要です。そこが楽しいのです。

大見出しを大きく真っ黒くすると、周囲の文字との比較で目立ちます。
ただしこれは見え透いた手で、初歩的すぎます。
もっと想像力に富んだ方法がいくつもあります。それは素材のもつ
メッセージから生まれてきます。9つの例でコントラストを説明しましょう。

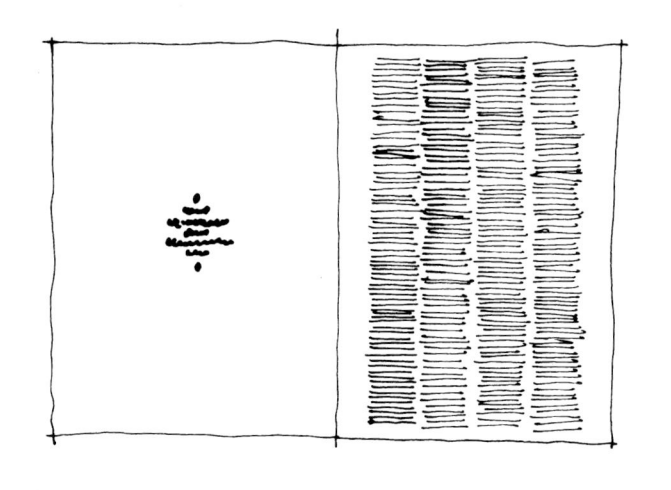

1 | 空白と充満

広くぜいたくなホワイトスペースの中央に浮かぶ短いメッセージ。右ページの縁までいっぱいに入れた文字がそれを引き立てます。左ページは100%視線を集めるでしょう。そして、コントラストが十分に劇的なら、100%の購読者層を得るでしょう。左ページの見出しは、すぐに読み通せるように、少しで十分です。それが右ページに読者を誘い込むための呼び水になっているのです。

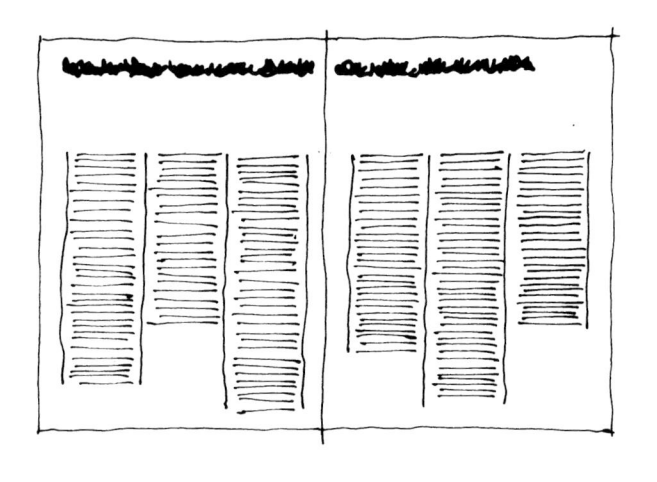

2 | 整列と不揃い

本文組の上端は正確に揃えます。上部の広々とした余白との対照的ではっきりした印象になります。本文組の長さは様々で、物干し竿の洗濯物のようです。きっちり揃った上端と不規則な下との対比を目立たせるために十分な余白が必要です。何かをする時は、大胆にすることです。

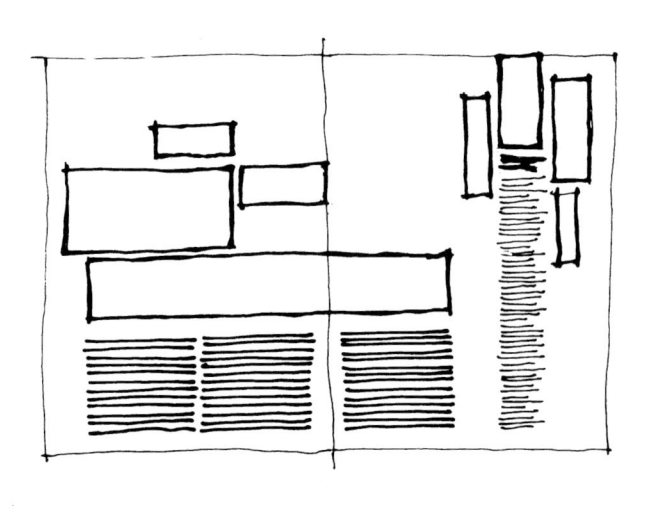

3 | 水平と垂直

ページ上の要素を、同じ方向に揃えて並べると、ドラマが創り出されます。特に絵が内容を反映している場合にそれが言えます。キリンの絵は垂直になりたがりますが、蛇は水平になりたがります。（キリンが死んでしまたところだったり、コブラが攻撃のために立った場合も、意外な方向性が、効果を上げます。）

4 | 水平と傾き

印刷されたページは直方形なので、垂直水平があたりまえだということになってます（PCモニター上でも、直方形、水平垂直があたりまえです）。金属活字を手で組んで印刷していたころには、紙面に傾けた要素を入れるのは難しいことでした。でも、現在では傾いたユニットを簡単に作り出せます。傾けられた要素が入っていると少しぎょっとします。また、水平なユニットと意外な角度に傾いたユニットのコントラストは、おもしろい紙面を作ります。

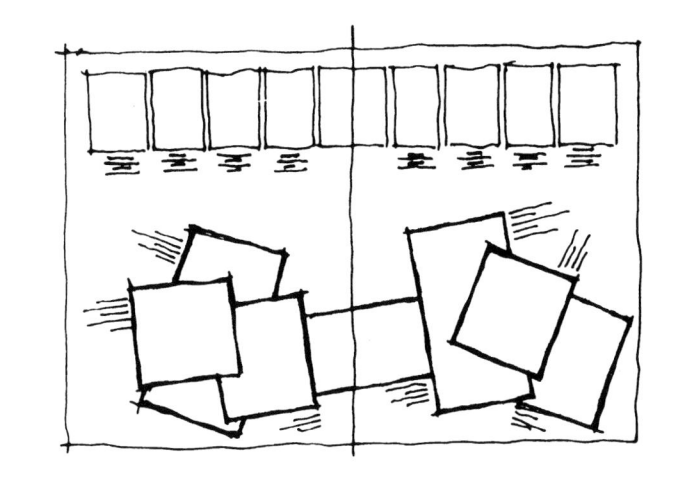

5 | 絵と文章

画像は脳と感情にすばやく訴えます。一方、文章は読んで吸収し、理解する時間を必要とします。絵と文章は、互いに補足し合う2つの別々の言語なのです。2つあるから、記事をより力強く語ることができるのです。記事自体のドラマと出版物全体のインパクトの両方を増加させるために、絵と文章の、視覚的、知的な違いを利用しましょう。

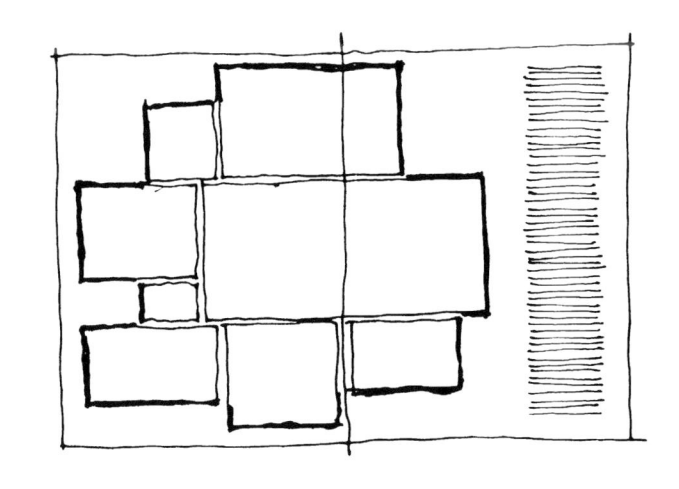

6 | 暗さと明るさ

単調な利用者マニュアルのページをめくっているとします。延々と白い紙に黒い文字の同じ反復が続きます。突然、地と文字が反転したページが出てきました。黒い地に白い文字です。その時の驚きをを想像してください。（黒地に白抜きの文字は読みにくいので、長い行は避けてください）。

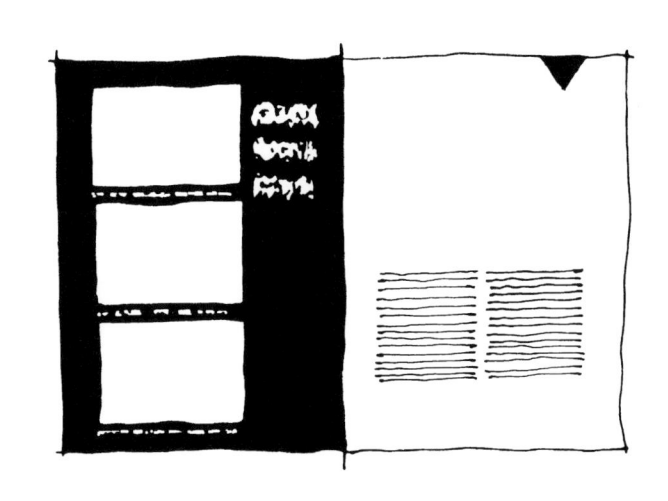

7 | ゆるさときつさ1

きっちりした直角と均等なスペース配分で、本文周りを罫で囲みました。かっちりコントロールされた角は決まっています。しかし、厳格に適用しすぎると退屈になるので、ゆるさと対比させることが必要です。ここに示したほど大袈裟な必要はありませんが。

8 | ゆるさときつさ2

きつい本文組の中で、羽の先のように右が不揃いの見出しや引用文があります。それらは周囲の堅さとのコントラストで、楽しげなくつろいだ雰囲気を醸し出しています。本文とのはっきりとしたコントラストというわけではありませんが、リラックスして1人でゆっくり本や雑誌を開く時に、本領を発揮してくれます。このように縮小してみると、それがよくわかります。

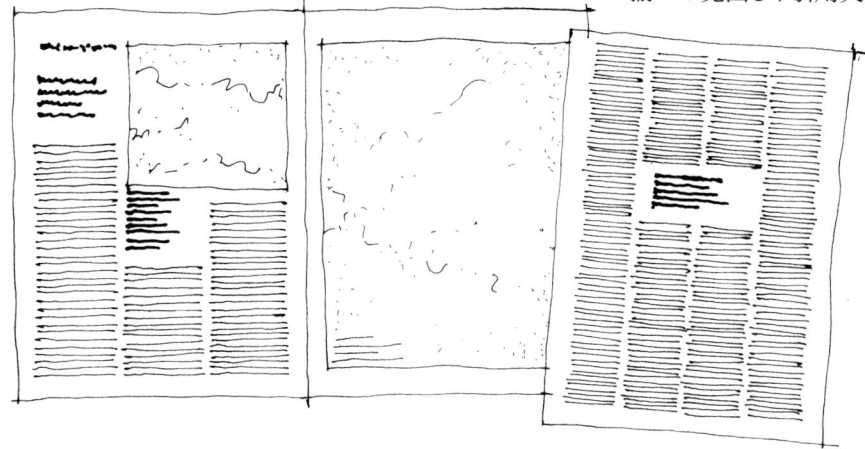

9 | カラフルな色と白黒

雑誌のページをめくると、いたるところに愉快な色が溢れています。そのあと、ただのつまらない白黒ページになります。読んでもいないのにはっとさせられます。色がないということだけで、コントラストが生まれたからです。この手法をモノクロの機微が活かせるように使うのです。しかし、カラフルな色か単なる灰色かに関係なく、退屈な材料は退屈なままです。メッセージの中身がないのに、打ち上げ花火のような派手なデザインをしても、仕方ありません。

11 カモフラージュ［8の法則］

デザイナーへの
アドバイス

定期刊行物にしろ、書籍、新聞、広報、ウェブサイトなど何でも、
理想的な出版物からは、コントロールされ、考え抜かれ、
念入りに作られた統一感が伝わってくるべきです。
しかし、実際の仕事（時間もスタッフも十分ではない）では、そうした、
理想的で整然とした配置に素材をまとめ上げるのはなかなか難しいものです。
それぞれの文章は様々な長さで書かれていますが、レイアウトを
壊すからといって、削ったり、増やしたりするわけにもいきません。
また図表、写真、イラストなど、すべて同じくらいのサイズと注目度に
値するが、お互いに性に合わないスタイルのものを、
うまく配置するという問題にも直面します。
そんな現実があなたに降り注ぐのです。

創意工夫が必要です。適当なパターンを編み出して、勇敢にそれを使うのです。
パターンでページに目立つ効果を上げ、問題のある素材は
あまり目立たないようにカモフラージュさせます。
パターンは最大や最小のユニットにも
同じように適応できなければなりません。パターンを巧みに使って、
それぞれの素材があるべきところにあるというだけでなく、
いつもそこにあるのが当然だと見えるように思わせなければなりません。

編集者への
アドバイス

カモフラージュすることを考えましょう。
大きいものを分解し、小さいものはまとめてください。
そして別のものに、大声で叫ばせてください。マジックの要領です。
手品はこっちに人の目を引きつけておきながら、別のところで
こっそり目立たないように何かしているでしょう？　あれです。

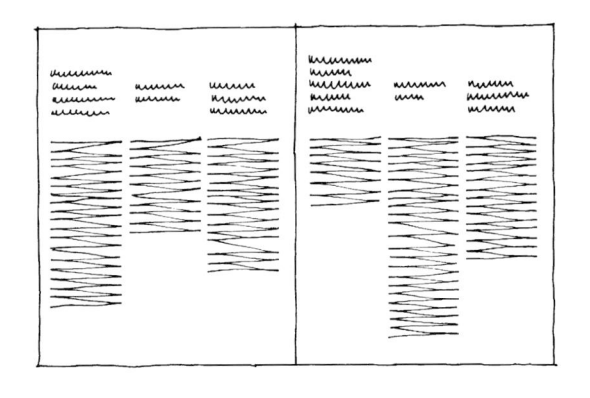

1 | 罫を使って、統一感を生み出す

本文テキストの上を揃えたレイアウト見本。6つの不均等な長さの本文と見出しの組み合わせは、このように見えます。長さのばらつきは目立ちますが、主題によって許容できるかどうかの決定をします。大丈夫かもしれません。駄目なら、どうなるでしょうか？ そのときは縦罫（一番長い段組より少し長い）と太い横罫の柵を作るのです。不揃いの長さの文章を、罫線が包む囲いの中に入れます。すると視覚的なインパクトが生まれます。不平等さは隠され、目立たなくなります。これがカモフラージュです。

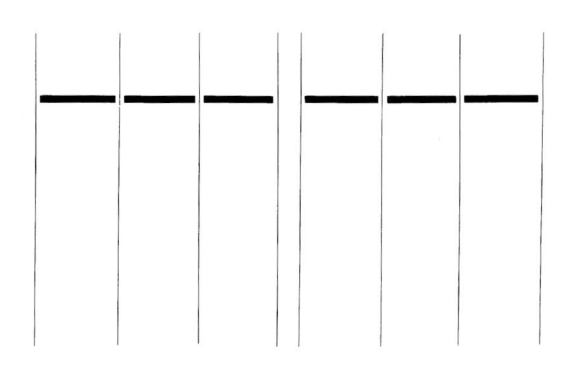

2 | バラバラな要素を整理する

絵のサイズと文章の長さがバラバラで滅茶苦茶なことがあります。大きな箱をさらに細分し、小さな箱ごとに要素をあてはめてください。全体の形がとても強いので、どんな長さや大きさの要素を集め、組み立てても、まとまっています。（グループとして一緒に理解できるように、まとめるための見出しを工夫して、共通点が一目でわかるようにしてください）

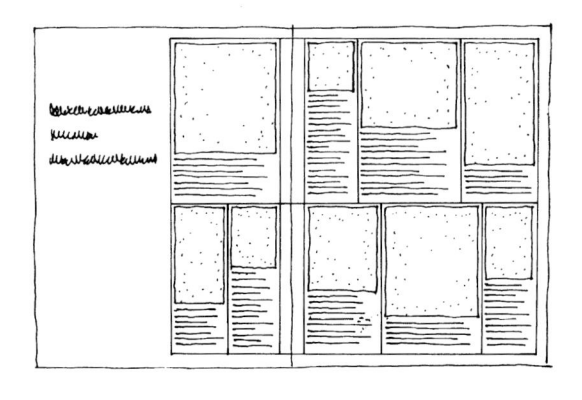

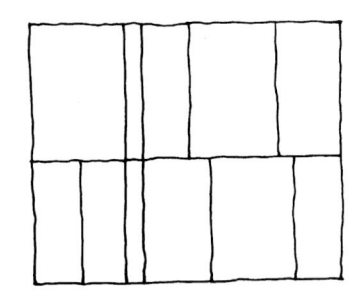

3 | 行数を揃える

左揃え右なりゆきの組に設定し、長さの異なる本文ブロックのバランスをとってください。本当にバランスがとれてなくても、とれているかのように見せます。テキストが箱組だと、きっちり整ってしまい、行の足りない方が目立ってしまいます。左揃え右なりゆきに設定すれば、行がどんな長さでもいいので、左右の組を等しい行数にすることができます。右の段の方が左の段組の組幅よりはるかに短いのですが、違いはそれほど目立ちません。

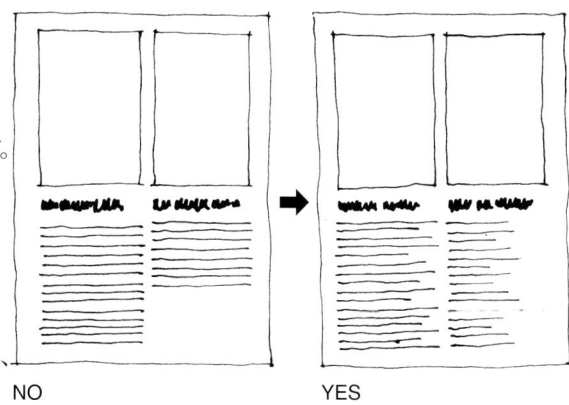

NO　　　　　　　YES

このテキストは左揃え右なりゆき組の柔軟性を示しています。広い段組の長い行で組んでいた文章を狭い段組の短い行に詰め込むことができます。1行に詰め込める容量によって、テキストの行変えの位置が変わってきます。したがって、必要とする行数を決めれば、それに応じた行の長さになります。左揃え右なりゆき組の長所は、行の長さの違いが行数の違いほど目立たないということです。1行の長さを同じに保つことにこだわると、行数の違いが目立ちます。

このテキストは左揃え右なりゆき組の柔軟性を示しています。広い段組の長い行で組んでいた文章を狭い段組の短い行に詰め込むことができます。1行に詰め込める容量によって、テキストの行変えの位置が変わってきます。したがって、必要とする行数を決めれば、それに応じた行の長さになります。左揃え右なりゆき組の長所は、行の長さの違いが行数の違いほど目立たないということです。1行の長さを同じに保つことにこだわると、行数の違いが目立ちます。

このテキストは左揃え右なりゆき組の柔軟性を示しています。広い段組の長い行で組んでいた文章を狭い段組の短い行に詰め込むことができます。1行に詰め込める容量によって、テキストの行変えの位置がが変わってきます。したがって、必要とする行数を決めれば、それに応じた行の長さになります。左揃え右なりゆき組の長所は、行の長さの違いが行数の違いほど目立たないということです。1行の長さを同じに保つことにこだわると、行数の違いが目立ちます。

このテキストは左揃え右なりゆき組の柔軟性を示しています。広い段組の長い行で組んでいた文章を狭い段組の短い行に詰め込むことができます。1行に詰め込める容量によって、テキストテキストの行変えの位置がが変わってきます。したがって、必要とする行数を決めれば、それに応じた行の長さになります。左揃え右なりゆき組の長所は、行の長さの違いが行数の違いほど目立たないということです。1行の長さを同じに保つことにこだわると、行数の違いが目立ちます。

（読みやすくするには、どれくらいの長さの行がいいか、という質問はp.112を参照してください。）

4 | 行末不揃え組の注意点

左揃え右なりゆき組がいくつも横に並ぶと、ページをだらしなく見せることがあります。右の余白は、不揃いで乱雑な余白を作ってしまっています。（おかげで読みやすくなっています。というのも語間を正確に保てるからです）

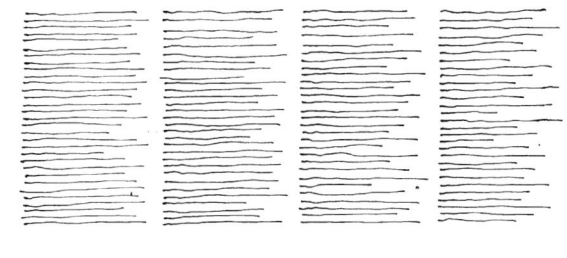

段間に縦罫（リーダー罫、極細の罫、色罫など、どんな罫でも）を入れてください。幾何学的な秩序が生まれ、問題が解決されます。

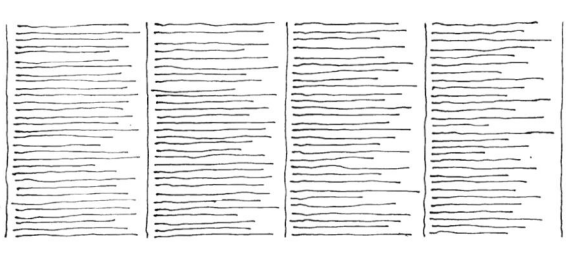

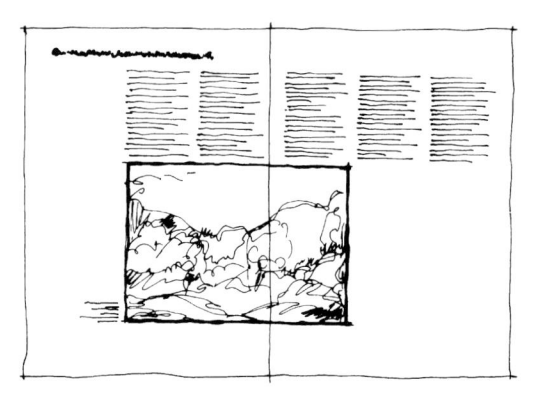

5 | 最も引きつけられる場所

最高に見やすくするためには、ページの一番上に置いてください。そこは最高の位置です。読者はまずそこを見るからです。一番関心を本文に引きつけたいなら、そこに小さくあっさりと配置します。それでも、やはり絵に注意を逸らされてしまうかもしれません。（絵が人を引きつけるという性質を利用するのが得策でしょうが、うまくいかなければ、絵の上にテキストを置き、まとまったかどうか考えてください）。

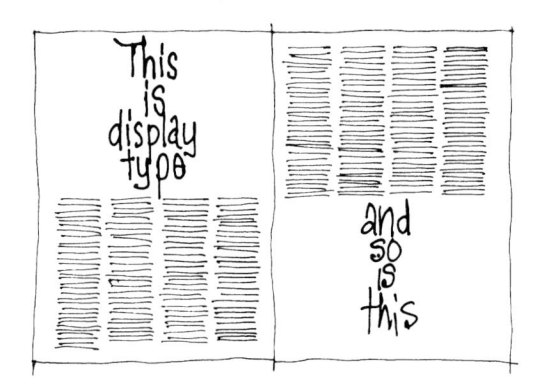

6 | 見出しと本文のコントラスト

レイアウトと構成で大袈裟なドラマを作って煙幕を張ります。ドラマチックであれば、重要度の低い要素に目がいかなくなります。広大な余白に、大きな見出しが居座っていたら、本文に何が書いてあるかを誰が気にかけるでしょう？

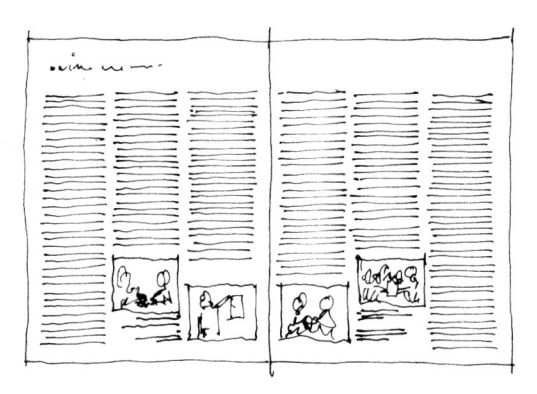

7 | 目立たせたくない要素の処理

目立ってほしくないものを隠すには、ページの下、ノドの近くに置きましょう。賞を受賞したとか、握手して笑っている写真の類には、ぴったりの場所です（小さく扱いましょう）。

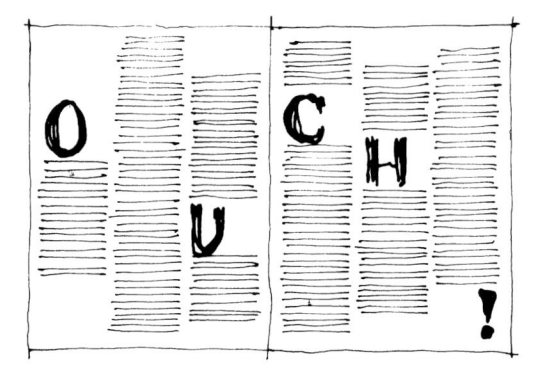

8 | 思いがけないグラフィック処理

大きい頭文字、桁外れに巨大な数字、装飾的だったり、象徴的だったり、ぎょっとさせるくらいのインパクトをもたせれば短所を隠してくれます。「おもしろい」要素に目を引きつけられ、その周りは圧倒されます。そうすると、周りはあまり見られずにすみます。

12 対称と非対称［6の法則］

デザイナーへの
アドバイス

格式ばった重々しさで感じ入らせたいなら、伝統的で、標準的な、「対称」のバランスのとれたレイアウトにしましょう。
対称の、「感情を抑えた厳正さ」は、大きさ、規模、強い印象を与え、重大さ、思慮深さ、真実性、重要性をほのめかします。
学術雑誌、法律関係の文章、契約書、厳格な題材、厳しい形式に従わなければならない印刷物などでうまく機能します。

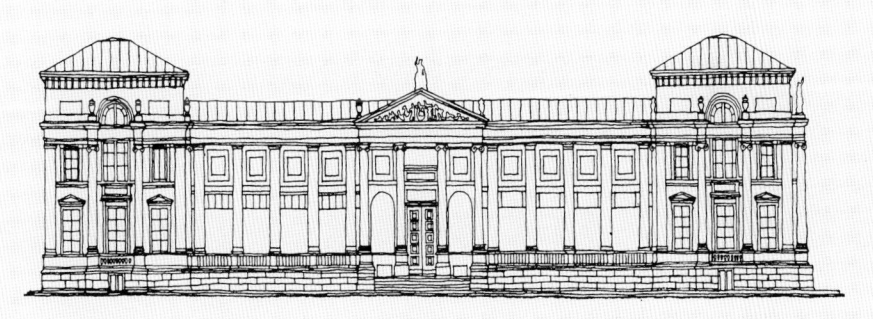

編集者への
アドバイス

対称は「正常に、あたりまえの働きをする」という原則に基づいた、考えなしの解決策です。バランスとはつり合いであり、その本質は「動きのなさ」ですから、「対称」は迅速かつ、活発なコミュニケーションを妨げます。その形がメッセージから意図を奪い、フォーマットという型に向かわせてしまうわけです。
そのため、見た感じが厳粛になって、重要な考えがページから飛び出しにくくなってしまうおそれもあります。

非対称（不均衡）は、見た目が楽しいだけでなく、よりフレキシブルです。だからこそ、非対称は、アイデアや言葉、画像を、意味のある効果的な方法で結合するのに最もふさわしいレイアウトなのです。

1 | 左右対称の文字組

文字の連なりはレンガのように積み重ねて、固めるものではありません。それは目を左から右へ動かす流体記号です。対称的な文字配列は、言い回しや意味に関係なく単語を積み重ねて、好きな形に積み上げます。中心を軸に展開する、見た目に美しいテクニックです。それはしばしば文に込められた意図にはさからいます。声に出して読んでみましょう。行末でポーズ(間)を入れ、どのように感覚に影響するか確かめてみましょう。おまけに、対称的に並べられていると、文章をすばやく理解するのが難しくなります。

行を
対称的に積み重ねると、
文字で表現した考えを
意味や思考の流れ、そして、言語の言い回しとは
関係ない形に勝手に押し込むことになります。
心理学の
ロールシャッハテストに似ているなら、
そんなふうにしてください。多分、読みにくいけれど
蝶のようで
かわいいかもしれません。

RIP
VISUAL EXPRESSIVENESS
WE
HAVE
ALWAYS
DONE
IT
THIS
WAY

いつも行っているこのような視覚表現を打ち崩しなさい

対称的な文字配列の理想的な例が墓石の碑文です。すばやく読み取り、理解するのが目的ではありません。荘厳で、静かな瞑想にぴったりです。

2 | 左右非対称の文字組

非対称的な文字配列は、自然な話言葉と同じように、句の終わりで行を変えることができます。各行は、そこに含まれるフレーズの形を視覚的に表すので、考えが自然に伝わります。声に出して読んでください。行が終わるところでとまって、メッセージがどれだけ理解しやすいかを確かめてください。ここでは、軸はセンターから左へ移動し、すべての行の行頭を揃えました。そうすることで、次の行の始まりが見つけやすくなり、読むときの滑らかなリズムが生まれ、読みやすくなります。

この非対称的な単語配列は
左揃え右なりゆきに
整然と並べられています。
左端は、
次の行の始まりをさがし求め、
目が戻っていく最先端です。
声に出して話すときと同じように、
解読するのも、
理解して覚えるのも、
それだけ簡単になります。

3｜小見出しの場所

読みながら、思考は安定したリズムで行から行へ流れます。小見出し（または中見出し）を「文章を中断」（中断させると、より短く感じる）するために挿入するのは、よくありません。小見出しの存在を利用し、情報がここから変わるという合図にするとよいでしょう。

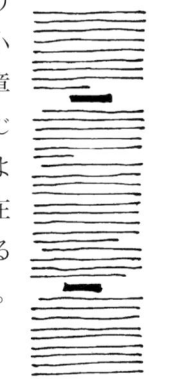

センターに置かれた小見出しは考えの流れ（望ましい）を中断し、安定した読みの連続的な流れを中断します。（これは望ましくありません。リズムが大きく途切れると、読者は読むのをやめたくなってしまうからです）

左ゾロエの小見出しは文章に新しい方向を示します（よいことです）。左に置かれているので、左から右へ読書するリズムを乱しません。連続した目の動きになるので、センターに置かれたケースほどは読み続けるのをじゃましません。

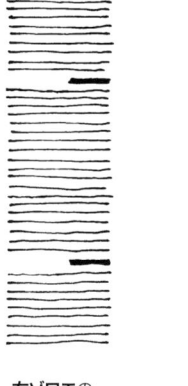

右ゾロエの小見出しは読む過程における行の頭（左端）からかなり離れますので、目がそこに行きません。あまり効果がないので、めったに使われません。

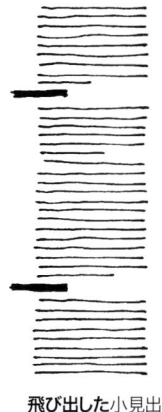

飛び出した小見出しはその存在を強調し、（段組の左端を超え外に飛び出します）大きく目立ちます。通常、段組の左端はきれいに揃っているはずですが、そのスペースに小見出しが不意に侵入してきてその存在を主張します。よい効果を上げます。

4｜非対称組の利点

最も説得力のある考えを見つけて、読者を文章に引き入れてください。理想的なのは、左から右への自然な目の動きにすること。バイキングのカウンターの皿のようにおいしそうなものを横に並べることです……

……しかし、残念ながらほとんどの印刷物の1ページの流れは垂直です（横組の場合）。左から右へのすばやいスキャンと同様、上から下へ垂直にすばやくスキャンさせるには、魅惑的なものを左の余白に入れることです。
バランスのとれている対称形ではそのような配置は不可能なので、非対称にします。また、これは画面上でページからページへスクロールさせていくための最も自然なテクニックです。

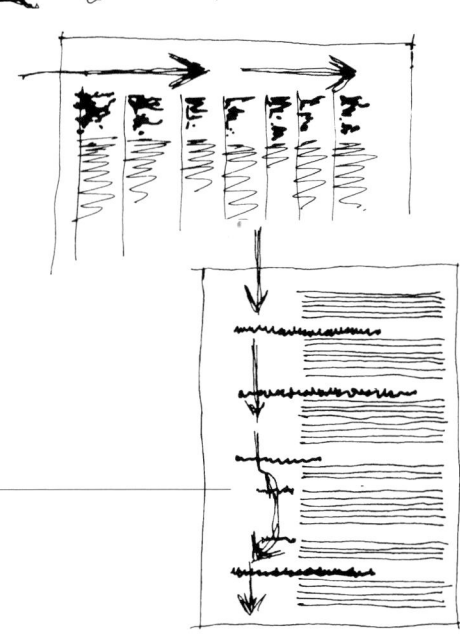

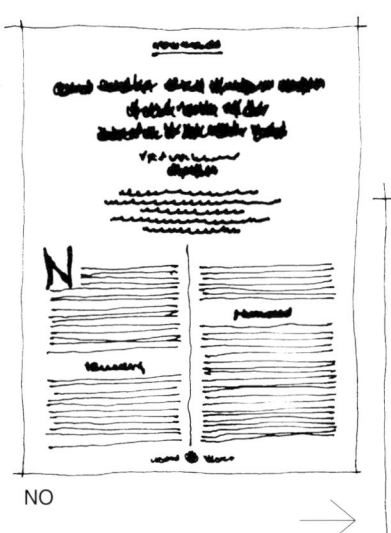

5 | 対称組・非対称組の比較

対称的なページ構造には、お役所ふうの、きまじめで、権威主義的な表情があります。堂々として印象的です。これほどありきたりでなかったら仰々しく感じられることもあります。反対に、非対称的なページ構造は、形式ばらず、適応性があります。非対称的なページは、要素の配置によって、より目を引きつける、ということです。主題を明確にしたり、カテゴリーに分けて意図を伝えるには、強調（または反強調）の手法を使います。とても融通がきき、柔軟なので、それぞれの記事に応じたレイアウトができます。のびのびしているので、読者に優しいのです。

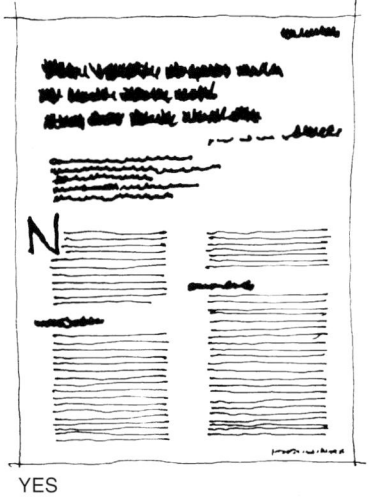

NO → YES

"EDISIGN"のような新しい単語を作ることさえできれば……この造語は、編集とデザインの親密な関係について私が述べたことを明確に言い表しています。2つの仕事は、互いに依存し、1つのものとして、扱われるべきです。——そうすれば、"Edisigning"という新しい仕事になるでしょう。

6 | ページの編集・デザイン

1. まず、情報を、構成している要素ごとのユニットに分解します。
2. 各ユニット単位で、速いか遅いかの流れに分けます（p.21参照）。速い流れで要素を示します。スペースに、大きく太い書体で、「どんなおもしろいことが書いてあるか」を見せるのです。遅い流れに二次情報を集中させます。情報を補い、より小さい文字で主題を具体化します。
3. 左から右への読みの流れ、上から下への視線の動きを利用し、レイアウトをします。

そんなふうにして、活気に満ち、感動を呼ぶ、魅力的なページが完成しました。これなら読者も「おもしろい」と思うでしょう。一番おいしい部分を強調し、目立つ場所に配置したからです。

YES! ← NO!

13　本文書体［52の法則］

デザイナーへのアドバイス

フォント（以前はよく「タイプフェイス」と呼ばれていました）の選択は確実に出版物の特徴と個性に影響するので、出版社は気を使います。
悲しいことに、デザイナーがどれほど書体選択に気を使っても、たまに見るだけの読者にとっては、それがケンタウルスでもオプティマでもタイムズ・ローマンでもヘルベチカでも、どの書体で組まれているかは関係なく、ただの「印刷物」で「本文が長すぎる」とか「文字が小さすぎる」としか思われないことです。

ジャーナリストや編集者の中には、より洗練されている人もいますが、多くの編集者にとっては、言葉が何を伝えているかが最も大事であり（それはそうですが）、タイポグラフィは「芸術的な決断」で、理にかなっているか否かに関係なく、関心が薄いものです。本文書体でいえば、伝統的に使用されてきたものを選ぶことが多いです。

編集者へのアドバイス

「読みにくい」と言って、多くの「読みもしない読者」は不平を言います。読者が本当に言いたいのは、入りにくくて…理解しにくい…探しているものを見つけにくい…そして一番重要なのは、なぜそんな苦労をしなくてはいけないかということです。編集者とデザイナーが一緒になって文字をうまく使えば、読者が読みたくなるように作ることができるはずです。
そこで、文字を選択する基準を次のように分類してみました。

話し言葉の書体：これは本文より装飾（構造明示子＝見出し、リード、見出し、引用句など）に影響を与えるもので、ダイレクトに読者の関心を引きつけるところです。呼びかけや、叫びや、ささやきなど、実際の話し言葉が聞こえてくるように、繊細な書体選びが必要です。

本文の書体：これは安定した長時間の読書に適した書体です。ゆっくりと思いにふけりながら流れていく過程。線のように連続して続く……スピーチを聞くような感じです。

説明の書体：事実を読みとり分類し、文章の組成と構造を反映させます。簡単に理解させ、すばやく検索ができるように、情報をリストや表、カタログなどのようにして示すことです。

イメージの書体：これは読者の感情と好奇心を刺激するために、絵文字を作ることです。視覚詩のように、まるで画像のように書体を扱います。

このどれかで失敗することはありません：
Times Roman, Baskerville, Garamond, Goudy, Bodoni, Bembo, Caslon, Janson, Palatino, Helvetica, akzidenz, Gill, Franklin, Frutiger, Univers, Futura, Interstate, Meta, News.

1 | 本文書体の条件

最もよい書体はとても快適なので、目に見えません…透き通っているのです。読者が書体を意識するようになってはいけません。ましてや中断させるのは、もってのほかです。一般的に考えて、書体の機能の第一は、「読みやすい」ということです。「オリジナル」で「創造的」であろうとして、書体を誤用し、デザイナーとしての本来の目的を見失うと、しばしば読みにくくしてしまいます。コンピュータで変形することが簡単だからといって、安易に行ってはいけません。

War declared!
宣戦布告！

Finest lace
最高に上品なレース

CLASSICAL DIGNITY
宣戦布告！

High-tech precision
ハイテク精度

Friendly relaxation
好意的な緩和

Pushy aggressiveness
厚かましい攻撃性

2 | 対象にとって適切な書体（タイプフェイス）を選ぶ

書体の見た目は、言葉と合っているべきです。見出しは明らかにそれが決定的ですが、本文も「雰囲気」が大事です。学術的、猛烈、印象的、風変わり、陽気、ハイテク、古風で付き合いやすい書体……とかいろいろです。まずは控えめなものにしましょう。自分の好みではなく、一般読者のために選ぶのです。「よい書体」の定石は存在していません。常識を除いて、どんな法則も規則もなければ、「正しい」とか「正しくない」なんてこともありません。書体としてうまく機能しているなら「正しい」し、機能していないなら「正しくない」のです。

これは見ての通り普通の書体です。離れて見れば、薄いグレーの矩形に見えます。目に優しく、とてもなじみ深くて長く読んでも疲れにくく、快適です。本文などの長文を組むのに向いています。大見出しとしては、インパクトが弱いかもしれません。

このテキストは黒っぽく見えます。冷たく、重く見えます。特別なものにはいいかもしれませんが、多くの読者が読み通すのに苦労するだろうと思われます。ちがいますか？ 2、3行ならいいですが、本文のように組まれると想像すると……

3 | 読者は見慣れているものが最も心地よい

あらゆる変更にはリスクがともないます。変わったことをするのは慎重に。してはいけないというわけではありません。筋が通り、きままにひけらかすのでないなら、用意周到に行ってください。目新しくて、かっこよくても、気味が悪かったり、自意識過剰な書体は避けましょう。読者は、見慣れた書体が最も心地よいのです。

4 ｜ サンセリフ（ゴシック）体は セリフ（明朝）体より読みにくい

読者が慣れているなら、それほど危険というわけではありませんが。サンセリフの不足を補うのに行間をさらに広くすれば、読みやすくなります（行を離すと視線の横移動が楽になります）。

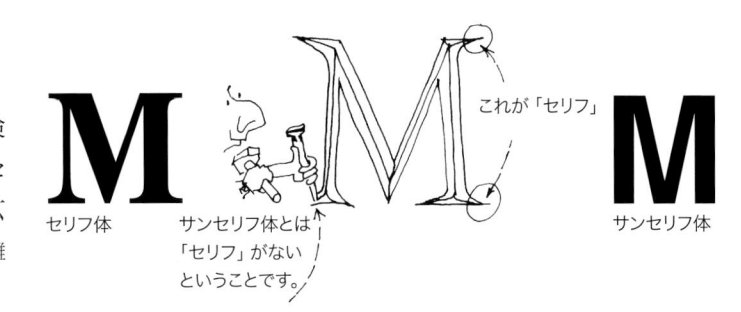

セリフ体　　サンセリフ体とは「セリフ」がないということです。　これが「セリフ」　サンセリフ体

5 ｜ 大文字ばかりが続くとがさばり、読みにくい

これは読みにくいので、やめてください。特別に強調する文字にならいいでしょう。しかし、強調するために文章ごと大文字にしてしまうと、強調したい重大な情報はわからなくなってしまいます。そのうえ、スペースを多く取ります！

THIS IS NOTHING BUT GOOD OLD TIMES ROMAN, ONE OF THE BEST FONTS EVER DESIGNED. IT IS SO GOOD THAT IT IS UNIVERSAL AND NOBODY EVEN NOTICES IT. THEY TAKE IT FOR GRANTED. BUT WHEN EVEN SUCH A GREAT FACE IS SET IN ALL-CAPS, YOU LOSE THE READER BY THE THIRD LINE, ASSUMING THEY EVER STARTED IN THE FIRST PLACE.

これは古き良きタイムズローマンで、史上最高の書体の1つです。普遍的すぎて、誰も良さに気付いてさえいません。しかし、このようなすばらしい書体でさえすべて大文字で組まれると、読者を3行目で失うことになります。そもそも読み始めたとして、ですが。

6 ｜ 単語の最初を大文字で書く様式

見出しなどではよく見かけますが、たいへん悪い書式です。読みにくく、苦労させ、早く読めません。

Just Because We Are Used To Seeing This And So We Pay Little Attention To It, Does Not Mean That It Makes Sense, Does It?

よく見るし、少ししか注意を向けないからといって、これでいいということにはならないんじゃないですか？

7 ｜ イタリックが続くと嫌われる

傾いていると、あまり快適ではありません。読者が嫌っているのになぜ使おうとするのですか？　イタリックは控えめに使ってください。特別なときのためにとっておいてください。イタリック体は、時に美しく、装飾的で個性的です。また、ローマン体よりやや細いので、強調語としては際立ちません。叫ばずささやく感じです。

イタリック体は斜体とも呼ばれます。ごもっとも。

8 ｜ ボールド体が続くとノーマル体より読みにくい

がっしりして重く、古くさく見えます。もちろん1、2行強調するのには役立ちます。使わなければならないなら、読みやすくするため、広めに行間をとって、視線が行の端から端まで動きやすくします。

太い明朝体が続くと細い明朝体より読みにくいです。がっちりと重く、古くさく見えます。もちろん1、2行の強調に役立つ場合はあります。使わなければならないなら、広めの行間をとって、視線が行の端から端まで動きやすくしてください。これは問題点を目立たせるために、わざときつい行間で設定されています。左の通常の本文組と比較してください。
10級ヒラギノ明朝体6／行送り12歯

ボールド体が続くとミディアム体より読みにくいです。それはがっちりと重く、古くさく見えます。もちろん1、2行の強調に役立つ場合はあります。使わなければならないなら、広めの行間をとって、視線が行の端から端まで動きやすくしてください。それを証明するために、広い行間で設定されています。
10級ヒラギノ明朝体6／行送り17歯

Functional typography is invisible because it goes unnoticed. The aim is to create a visual medium that is so attractive, so inviting, so appropriate to its material, that the process of reading (which most people dislike as "work") becomes a pleasure. The type should never stand between the reader and the message. The act of reading should be made so easy that the reader concentrates on the substance, unconscious of the intellectual energy expended in absorbing it. Ideally, it should be so inviting that the reader is sorry when the end of the piece has been reached - though the subject may have a little something to do with that, too.

10級 Times New Roman PS MT 行送り 14歯

TYPOGRAPHY IS A MEANS OF TRANSMITTING THOUGHTS IN WORDS VISUALLY TO SOMEONE ELSE. AVOID THINKING OF IT AS ANYTHING ELSE. IT IS MERELY A MECHANICAL MEANS TO A DISTINCT END - CLEAR COMMUNICATION. NOTHING ELSE MATTERS.

14級 Helvetica Medium 行送り 14歯

Readers have to understand the form and absorb the substance of your printed piece at the same time. This is no small task, especially if the information is complex. Keep in mind that people scan the piece quickly for its length in order to gauge the time and effort to be invested relative to their interest in the subject. Few sit there and figure out its format, structure, or how headings fit into a hierarchy. The truly committed ones may start at the beginning and stay with it to the end. Some may start at the beginning and then hop around, pecking here and there as bits strike them. Others may be caught by a detail somewhere and be hooked by that snippet into returning to the start. Every potential reader is enticed differently.

13級 Rotis Semi Sans 75 Extra Bold 行送り 14歯 .

It is wise not to make the piece too intimidating. People tend to shy away from the visual complexity of five levels of headings coupled with three degrees of indentions accompanied by subparagraphs, footnotes, extracts, and quotations. Wouldn't you? The simpler the arrangement, the greater the likelihood of the potential audience bothering to pay attention. Too many minor variations are self-defeating, ever if they do tabulate the information. If you must provide instructions on "How to read this article," better rethink.

12級 Centaur MT italic 行送り 16歯 .

Keeping it simple pays off, as long as you don't go overboard and oversimply. That is as dangerous as making it look too complicated. The happy medium to aim for is a condition in which the piece looks easy, yet everything that needs to stand out does so. The capacity of type to mirror the human voice is one of its most valuable properties, because it can be helpful to the reader. always think of the publication from the user's viewpoint. Make it reader-friendly by giving visual clues (the equivalent of raising your voice or changing its pitch) so they know what not to miss, but without having to figure it out. They just know because you have shown them, guided them, enticed them. Typography must be used to show where readers are, how the elements fit together, which items are dominant and which ones matter a bit less and are perhaps even skippable. That is an aspect of editing as much as of designing. That is design at the behest of the editor.

10級 Gill Sans Light 行送り 15歯

In other words, help readers save time and energy by suggesting where they can skim and skip. With your cunning visual clues, they won't have to figure it out for themselves. Ideas will catapult off the page into their minds effortlessly. They will reward you by "liking" your publication, and announcing that it is "easy to read." They will never realize how much work and thought went into getting it that way.

7級 Trump Mediaeval Roman 行送り 12歯

あなたが書いたものでないとしたら、読みますか？

9 | 本文書体選択の評価基準

左の例で、書体の違いによる、墨濃度と印象のバリエーションを比較してみてください。視覚効果は、読者を楽しませたり、ごらんのように、魅了したり、憂鬱にしたり、不快にさせたりもします。それは出版物の見た目や印象に影響を与えます。書体の選択は審美眼、芸術、デザイン上の問題でしょうか？　そうかもしれませんが、高度な芸術ではありません。出版物の信頼と雰囲気を作り出すための、常識的な選択です。書体は、コミュニケーションの手段、声の調子を作り出す視覚個性なのです。「あなた」自身の個性であり、あなたの大事な読者にアピールし、理解してもらわなければならないのです。

10 | 選択した1つの書体を、最後まで使う

そうしたほうが、出版物に個性と統一感を与えます。強いコントラストがある書体をもう一つ選んでください。**ボールド体**がレギュラー体に対してよく際立ちます。

11 | 書体が単調な場合

バラエティーを加えなければならないと感じるなら、クライマックスに**まったく異なる書体を使いましょう**。デザインの似ている書体を混ぜるのはやめましょう。

12 | 書体の統一

本文書体は、1つに統一する必要がありますが、選択するときには、数行のサンプルで判断しないこと。短いとどれも読みやすく見えます。

13 | 本文書体の大きさは通常、9〜12ポイントまで

本文の効果的な「サイズ」は、計算上の大きさではなく、見た目によって変わります。「本文書体に、10ポイントは理想的です」と主張する紋切り型の定石をあてにしないでください…（正しいとも間違っているともいえます）エックスハイト（bやpのように上下にはみ出さないx、aなど小文字の天地の高さ）、つまりxの高さで、文字は大きくも小さくも見えるのです。ポイントより、書体によるのです。できるだけ最終的な印刷物と同様の出力見本と比べ、見た目で判断してください。子供や高齢者には大きな文字が必要なことを忘れないように。

apbx apbx

We hold these truths to be self-evident, that all men are created equal, that they are endowed by their Creator with certain unalienable Rights, that among these are Life, Liberty and the pursuit of Happiness. That to secure these rights, Governments are instituted among Men, deriving their just powers from the consent of the governed. That whenever any Form of Government becomes destructive to these ends, it is the Right of the People to alter or abolish it…

We hold these truths to be self-evident, that all men are created equal, that they are endowed by their Creator with certain unalienable Rights, that among these are Life, Liberty and the pursuit of Happiness. That to secure these rights, Governments are instituted among Men, deriving their just powers from the consent of the governed. That whenever any Form of Government becomes destructive of these ends, it is the Right of the People to alter or abolish it…

両方のテキストは同じ「サイズ」設定（10ポイント）ですが、
エックスハイトで異なるように見えます。
上のベンボ（書体名）は、とても小さく見え、
下のドミナント（書体名）よりはるかに少ないスペースで足ります。

14 | 読むリズムは滑らかでなければならない

目は言葉から言葉（語群から語群へ）へ「がたがたとジャンプ」します。単語の間の不規則な空間がリズムを乱します。規則正しいスペースは言葉を滑らかに繋ぎ、リズムを生みます。

Millions over milleniums attest that deciphering this stuff is more than minimally difficult. You are aware of being forced to decipher it and very few people all of whom are in a hurry have the patience to sit there and bother to go on reading after the first few words of this self-conscious stuff which looks like a smudge on the page

15 | 反転した本文組（黒ベタ白ヌキ）は不人気

本文を反転すると、購読者層を40%減らします。もし、白ヌキを使わなければならないなら、文字を大きくして太い書体に代えて、行間を増やせば、読みにくさを補います。できれば行も短くしてください。

This is in a light typeface set quiet small and tight, but since it is "droped out," "reversed," or "knocked out" from a dark background it is harder to read than the version at right.

This is set in a typeface that is bigger and bolder, since it is intended to be "droped out," "reversed," or "knocked out" from a dark background.

16 | 文字はどこまで小さくできるか

あなたが見にくいなら、読者にも見にくいのです。「読むことができる」と「読みやすい」の間には、大きな差があります。読まれるためには、文字を十分な大きさにしてください。

Now, new! Seven ways to become a sexy millionaire and live to 129!

この文字は遠くにあるように見えるのでとても小さく静かにささやきますが大きくなると
命令し多くの注意を喚起し、より大声で多くの注意を叫びさらに近づけば
よりやかましく聞こえより大きく見えてきて…。

17 | 文字は目で見える話し言葉

目を開けて聞きましょう。文が与えてくれる手がかりをもとにし、声に出して読みましょう。文字は、人間の声と同じくらい表情豊かに、考えを伝えることができます。太くすれば大声、小さくすればささやき、大きくすれば叫び、メリハリをつければ強調、変わった書体なら方言にもなります。

18 | 文字の大きさの変化

大きい文字は重要な考えを叫び、小さな文字は足元でささやきます。大小をつけ、最も重要なことを大きく強調し、二次的なことは控えめに扱いましょう。本文サイズを基準にし、文字の大小を確立してください。文章が多すぎても、文字を小さくしたり行間を狭めたりして押し込まないでください。文章を削るか、またはスペースを確保しましょう。文字の大きさを都合よく変えて、誤魔化さないでください。

19 | 読むという行為は話すような、流れ出る言葉の川

話している言葉を文字に変換すると1本のテープ状の長い行になります。横組の場合テープを少しずつ切った「行」を縦に何本も積み重ねて、縦長の段組になります。その段組をパーツとして切らなければなりません。つまり、水平に流れている単語をさらに縦の大きな流れにするのです。読み(聴くこと)やすくするために、まず水平に流れやすくしなければなりません。

20 | 3段とか2段の段組に縛られない

雑誌の標準として作ったフォーマットに、すべてをあてはめる必要はありません。書かれたものの構成を反映する、よりよいパターンに、材料を配置してください。(『段組とグリッド』p.55〜参照)

5段組

This seven point Trump Meiaeval is small. But it is in scale with the narrow column, which it fits quite naturally. Since it only yields about 24 characters per line, it would be hard to read, if it were set justified: the wordspacing would be too irregular, and that is too great a sacrifice to make for the sake of neat edges to the columns. So it is better set unjustified. But it does show how small scale type naturally fits into narrow columns. It is better set text unjustified, or ragged right in such narrow columns. However, if the ragged right columns look a bit too untidy, it might be a good idea to insert a hairline column rule between the columns to make the page neater and more geometric, as is shown here.

4段組

This is eight point Trump, one size larger than the type in the five-column scheme. It fits naturally into a four-column scheme, and as the column width increases, so ought the type that fills it. There's a logic to relative scales, despite the fact that magazines tend to ignore this important factor in their communication techniques. What they do is to choose a type size - typically ten point - and standardize it throughout, whether the column is narrow or wide seems immaterial. It is far simpler to write, compose, and put the pages together using one simple type size; just let it flow into the spaces. Readers won't know the difference, or will they?

3段組

This is nine point Trump Mediaeval, set in a three-column measure. It is one size larger than the nine-point Trump used in the four-column measure. The type size grows in proportion to the column width. A coordinated system of typography is a complex aersthetic and function calculation requiring the balancing of a number of factors. If it is well worked out, it becomes a basic and important visual tool for editorial emphasis as well as a constant de-finer of the magazine's personality. It is set without extra linespacing.

2段組

This is ten point Trump Mediaeval set in a two-column-per-page measure (here 19.75 picas), which leaves a slightly wider gutter between the columns than those shown in the examples above, while filling the same live-matter width of 41 picas. Just as the type size grows with the column width, so should the gutter increase in proportion. This helps readers interpret importance visually.

21 規律ある段組構造

規律ある段組構造は、出版物を統一するために必要です。しかし、文字サイズと段組幅を変えられるような、融通のある構造になっているべきです。組幅や文字サイズを様々にかけ合わせて、編集上のテーマを文字と絵の大きさで表現することができるのです。

22 段間のアキは、段の幅と文字の大きさで異なる

大きな文字で広い組幅に流された段と、小さな文字の狭い段組とでは、段間は同じではありません。段の幅が狭くなれば、段間も狭くなります。

5段組のうちの3段分幅の段組

This is eleven point Trump Mediaeval set solid and to a measure which is equivalent to three of the five columns in the 5-column page. Big, important.

3段組のうちの2段分幅の段組

This is twelve point Trump Mediaeval but set to a measure which is equivalent to two out of the three columns in the 3-column page. It deserves an extra point of leading: 12/13.

4段組のうちの3段分幅の段組

This is twelve point Trump Mediaeval but set to a measure which is equivalent to three out of the four columns in the 4-column page. It demands at least two extra points of leading: 12/14 for comfort.

5段組のうちの4段分幅の段組

This is twelve point Trump Mediaeval but set to a measure which is equivalent to four out of the five columns in the 5-column page. It needs three extra points of leading: 12/15 to be comfortable for easy reading.

1段組

This is thirteen point Trump, the size needed if it is to span across the full page.

これは ひじょうに小さなヒラギノ明朝体3で、1行で見せるために8級にしました。1行としてはとても長く設定されています。読むには面食わせる分量があります。

これは ひじょうに小さなヒラギノ明朝体3で、1行で見せるために8級にしました。1行としてはとても長く設定されています。読むには面食わせる分量があります。
2行にするとこのように大げさな長い行の馬鹿馬鹿しさを隠しおおせません。読者は下の行を読む時、上の行が気になり苦労します。

これは ひじょうに小さなヒラギノ明朝体3で、1行で見せるために8級にしました。1行としてはとても長く設定されています。読むには面食わせる分量があります。
2行にするとこのように大げさな長い行の馬鹿馬鹿しさを隠しおおせません。読者は下の行を読む時、上の行が気になり苦労します。無理をしても、
苦しんでも読みたくなるほど関心があるなら、上、中、下の行とわかるので、このような3行でも考えをうまく伝えるのに成功するかもしれません。

これは ひじょうに小さなヒラギノ明朝体3で、1行で見せるために8級にしました。1行としてはとても長く設定されています。読むには面食わせる分量があります。
2行にするとこのように大げさな長い行の馬鹿馬鹿しさを隠しおおせません。読者は下の行を読む時、上の行が気になり苦労します。無理をしても、
苦しんでも読みたくなるほど関心があるなら、上、中、下の行とわかるので、このような3行でも考えをうまく伝えるのに成功するかもしれません。
これは ひじょうに小さなヒラギノ明朝体3で、1行で見せるために8級にしました。1行としてはとても長く設定されています。読むには面食わせる分量があります。
2行にするとこのように大げさな長い行の馬鹿馬鹿しさを隠しおおせません。読者は下の行を読む時、上の行が気になり苦労します。無理をしても、
苦しんでも読みたくなるほど関心があるなら、上、中、下の行とわかるので、このような3行でも考えをうまく伝えるのに成功するかもしれません。

これは ひじょうに小さなヒラギノ明朝体3で、
8級に設定しました。長文を読むには
面食わせる分量があります。
しかし、文節で短く改行し、
左揃え右なりゆき組にすれば
少し読みやすくなります。

1行を短くすれば
同じ文でも
不快感が減ります。

23 ｜行長はどれくらいがいいか

1行だったらどんな長さでもよいのです。2行でも3行でもOKです。しかし、4行以上になると問題が起こります。理由は例の中に。

24 ｜読みやすさの条件

それは、文字の大きさ・行長・行間の比率に依存します。この3つがすべてバランスよくなければなりません。不快に感じるなら行間を広げるか、文字を大きくするか、その両方をしてください。そうした問題が起こらないように行をもっと短くしてください。

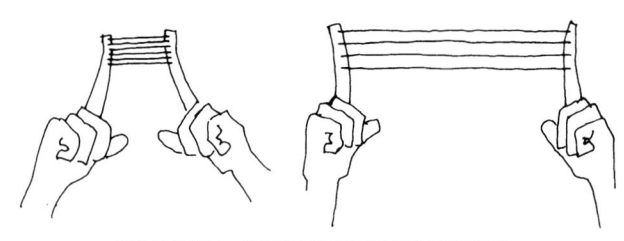

行を長くすると、行間もより広くする必要があります。

この読みにくい5行の災害をどうしたらいいでしょう？ 行間を広げてください。上の例は8級行送り10歯ですが,ここでは8級行送り16歯にしました。
十分な余白は目がしっかり追うことができる手すりとして機能し、端から端までの移動をゆったりしたものにします。わざわざ骨折って進み続ける必要はありません。
単に前の例の反復です。しかし、4行か、それ以上になると、また別の災難を招いてしまいます。目がテキストの次の行の始まりを見つけるために
左端から右端まで移動しなければならない距離がとても長すぎ、既に読んだ行を再読する誤りを起こしやすく、また1、2行を飛ばしやすく、
言葉が意味をなさなくなり始め、読者をうんざりさせてあきらめさせてしまいます。これは ひじょうに小さなヒラギノ明朝体3で、読むにはつらい分量です。

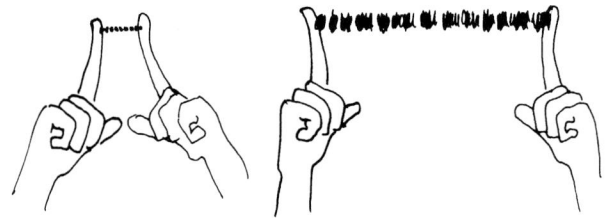

行が長ければ長いほど、文字も大きい必要があります。

また、このように8級から13.5級ヒラギノ明朝体にサイズを大きくします。この例の読みやすい部分は、6～8行目（設定は13.5級・行間21歯）です。ここに示した最後の行の左半分のように13級・行間27歯なら、さらに読みやすくなります。わざわざ骨折って進み続ける必要はありません。単に前の例の反復です。しかし、4行か、それ以上になると、また別の災難を招いてしまいます。目がテキストの次の行の始まりを見つけるために左端から右端まで移動しなければならない距離がとても長すぎ、既に読んだ行を再読する誤りを起こしやすく、また1、2行を飛ばしやすく、言葉が意味をなさなくなり始め、読者をうんざりさせてあきらめさせてしまいます。しかし、簡単で読むことが楽なので、たぶんこの部分を読むでしょう。目がテキストの次の行の始まりを見つけるために左端から右端まで移動しなければならない距離は同じですが、しかし、行長と行間と文字サイズの関係が変わると、すべてが違ってきました。

25 ｜理想的な行長

理想的な行長というものがあるのでしょうか？　いいえ。あまりに多くの要素が絡むので、規則はあってないようなものです。親しみやすさは、書体、デザイン、サイズ、太さ、字間・行間のゆるさ・きつさが関係します。前後の文章内容にもよります。

欧文では1行に、1〜8語が読みやすい行長（40文字）の平均です。アルファベット26文字の約1.5倍です。本は一般的に少し広く設定されて55〜70文字です。もう少し広い時は目の動きをスムースにするために行間を広げます。しかし、サンセリフ体にすると、ストロークがないので目が横に動きやすく、幅が減らしやすくなります。

26 ｜ページは多くの要素が合わさってできる

本当に要素がたくさんあります。行長に関して説得力のある評価基準は、わかりやすく読みやすい視覚認識。それと常識です。

- ページ・サイズ
- ノンブル
- 使用される言語…技術的・科学的・慣習的
- 読まれる文字の「たくさん」さ
- 適用範囲：段組同士の段間や余白
- テキストは、どう構成され、小さく割られるか
- 印刷された1冊は手にどう持たれるか
- 印刷用紙の重さ、色、テクスチャ、紙の原料の輝き
- その紙の上のインクの色と輝き
- 印刷の品質と鮮明度

27 ｜経験則による本文組幅チャート

試行錯誤の結果得られた正常な行長と行間の関係を示します。絶対に従わなければならないというものではありません。大ざっぱなガイドで、厳格な基準ではないのです。

しかし：
…右不揃えにするなら、ここに示された最小限より狭い段組にすることができます。
…太字にするなら、行間を倍にしてください。
…すべて大文字にしてはいけません。

…もし、素材がカタログ項目のような小さなパーツから成っていたら、より狭い行間にできます。
…小文字の高さ（エックスハイト）が高い書体にするなら、小文字の高さが低い書体より広い行間を必要とします。

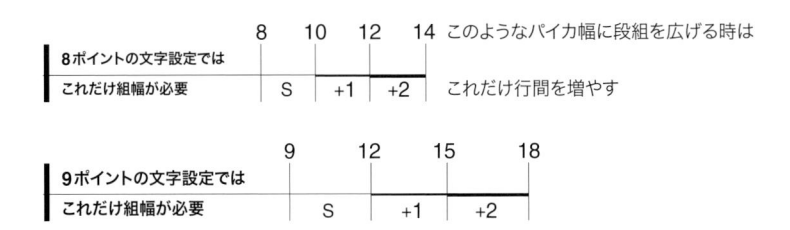

| 8ポイントの文字設定では | 8 | 10 | 12 | 14 | このようなパイカ幅に段組を広げる時は |
| これだけ組幅が必要 | | S | +1 | +2 | これだけ行間を増やす |

| 9ポイントの文字設定では | 9 | 12 | 15 | 18 |
| これだけ組幅が必要 | S | +1 | +2 | |

| 10ポイントの文字設定では | 13 | 16 | 21 | 26 | 32 |
| これだけ組幅が必要 | | S | +1 | +2 | +3 |

| 11ポイントの文字設定ではこれだけ組幅が必要 | 18 | 22 | 27 | 31 | 34 |
| | | S | +1 | +2 | +3 |

小さい文字（8ptのような）は最も自然に狭い段組（8パイカ幅）に収まります。テキスト組を8〜10パイカ幅の段組のテキストは（「s」）に設定できます。段組が10〜12パイカ幅なら、行間を1ポイント広げてください。12〜14パイカまで広げれば2ポイント広げましょう。

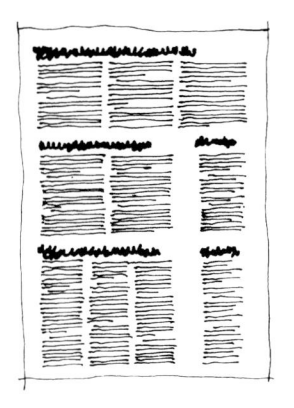

28 | 段落の変わり目1

段落を変えて新しいアイデア、新しい傾向、考えの方向の変化を示します。段落の変わり目は、インデント（字下がり）やスペースをあけることによって示します。インデントが一般的ですが、どちらでも役目を果たします。同じページに小さな本文がいくつかあるときは、必ずインデントを使ってください。それぞれの小さな記事が全体としては統一されて、インデントによりうまく分けられもします。

これは見出しです

これは第1節です。普通は考えの傾向を示し、文章を読み続けようと半分好奇心を持った読者の気を引く重要情報を含んでいます。

第2節は第1段落から独立し、次の流れに切り替わりますが、流れは続いています。

第3節はもう一度考えの方向を変えます。段落変えの目的は読者に考えの方向性が変わったと合図することです。読者がメッセージと理知的な構成を理解するための有益な手がかりです。

どんな刊行物でも、段落始めのインデントや、タイポグラフィの字下げ信号の使用は避けます。なぜそうするのでしょう。きちんとした左揃えにするためです。注意深く鮮明に、仕立てているようにページを見せるためです。

インデントなし

これは見出しです

　この第1節は字下がりされていません。この外観がいかに引き締まっているか見てください。この第1節は普通、考えの傾向を示し、文章を読み続けようと半分好奇心を持った読者の気を引く重要情報を含んでいます。

　第2節は第1節から独立し、次の流れに切り替わりますが、流れは続いています。

　第3節はもう一度考えの方向を変えます。段落の目的は考えの方向性の変化を合図することです。第1節は何も変えません。始まりなのに、なぜ最初を字下げするのですか？ 愚かで軽率な習慣です。インデントはデフォルトとして自動的に設定されます（これは9級ヒラギノ明朝体3で設定されているのでインデントは9級です。インデントを明確に見せるために濃く灰色のがっしりしたセットです）。

インデント1倍

これは見出しです

これは第1節です。普通は考えの傾向を示し、文章を読み続けようと半分好奇心を持った読者の気を引く重要情報を含んでいます。

　　第2節は第1節から独立し、次の流れに切り替わりますが、流れは続いています。

　　第3節はもう一度考えの方向を変えます。段落の目的は考えの方向性の変化を合図することです。第1節は何も変えません。始まりなのに、なぜ第1節を字下がりにするのですか？ 愚かで軽率な習慣です。インデントはデフォルトとして自動的に設定されます（これは9級ヒラギノ明朝体3で設定されているのでインデントは9級です。インデントを明確に見せるために濃く灰色のがっしりしたセットです）。

インデント2倍

これは見出しです

■第1節はがっしりした正方形で表示されています。この小さな黒い四角はテキストの始まりに素速く読者を呼びこみます。ページの清潔な純粋さを台無しにしても役立つガイドです。左端の例は、見た目がもっと複雑です。

　第2節は第1節から独立し、次の流れに切り替わります、が続いています。

　第3節はもう一度考えの方向を変えます。段落替えの目的は読者に有益な手がかりである、考えの方向性の変化を合図することです。第1節は何も変えません。始まりなのに、なぜ最初を字下げするのですか？ 愚かで軽率な習慣です。インデントはデフォルトとして自動的に設定されます。（9級ヒラギノ明朝体3なのでインデントは9級です。）

これは第1節です。普通は考えの傾向を示し、文章を読み続けようと半分好奇心を持った読者の気を引くために重要情報を含んでいます。

　第2節は第1節から独立し、次の流れに切り替わりますが、流れは続いています。短い記事を書く目的は読者に有益な手がかりである、考えの方向性の変化を合図することです。

　第3節は再び考えの指示を変えます。ここに示したインデントが2ems広くされ、文字サイズが8ポイントなので16です。

これは右不揃えに設定されて、もっとも避けなければならない極端に広い段組のテキストの例ですが、深いインデントのある段落に対して少し誇張されすぎた例としてここに示します。

　これは1文字分のインデントなので、8ポイントあきです。この文字サイズが8ptの明朝体なので。濃くて、暗いテクスチャを作成するために、インデントの余白が目立つように、行間を狭く設定しています。

　　　これが3文字分のインデント。文字サイズが8ポイントなので、それは端から24ポイントです。

8ptの3倍の24です。より深いインデントはバランスをとる余白のより凹み、テキストの右不揃いなのであり圧倒されません。強く小さな1文字分のインデントの上の段落のギザギザより目を引きつけます。

---

29 | 第1節を字下げすべきではない

まるで鼠が角をかじったように見えますし、理にかなっていません。新しい段落は考えの方向性を表します。第1節はまず話の紹介です。「変化」はありません。

30 | インデントをもっと深くする

視線を段組に引き込むには、通常より広いインデントが必要です。インデントは段組の幅と段組どうしの縦や横のあきの比率で見るべきです。

31 | 右不揃えのテキストでは インデントをより深くする

右不揃いでは、左端の浅いインデントはあまり目立ちません。特に隣りの段組が近くにある場合は、インデントを深くして目立たせてください。

32 ┃ 段落の変わり目2

長い本文組では、段落間にアキを入れます。インデントを使うより効果的に「テキストを分離」できます。しかし、段組全体も保護しなければなりません。欧文の場合、丸々1行あけるのでは、間があきすぎます。英文の場合、理想は行の半分です。和文では1行アキが標準的です。

これは見出しです

これは第1節なのでインデントなしです。段落の分離を過剰に示した例です。いつもと比べてどうでしょう。段落間には追加スペースがあり、さらにインデントで合図するテクニックを合わせるのは不合理です。

　　　第2節の考えはここから始まり、新しい段落が丸々1行分のスペースで前の段落と切り離されます。

　　　コンピュータに文字を入力している時、一番簡単で素朴な方法ですが、段組は壊れ、それぞれが孤立した短いかたまりのシリーズのようになってしまいます。そうなると記事としての統一感もあやうくなります。

これは見出しです

これは第1節なのでインデントなしです。

　　　2番目の考えはここで始まり、新しい段落が深いインデントで前の段落と切り離されます。

　　　このインデントは「新しい段落だ」と示し、考えのちょっと新しい方向を示します。しかし段組の段は壊れずに残ります。

　　　これはいつも必ずよいことなのでしょうか？ タイポグラフィには「いつも」などというものはありません。ただ、通常、最も簡単なテクニックが最も効果的であることがわかります。特にぱっと見には効果があります。ここでは、全体のテキストは統一感を保っていますが、構成要素は明白です。

これは見出しです

これは第1節なのでインデントなしです。本稿は段落間に余分を加えて段落に合図するテクニック（インデントなし）で、1行丸々スキップをする例です。

2番目の考えは新しい段落としてここで始まり、1行あけることで前の段落と切り離されます。

行をスキップするのは、コンピュータで容易に達成される中で最も素朴な方法ですが、段組は壊れ、それぞれが孤立した短いかたまりのシリーズのようになってしまいます。そうなると記事としての統一感もあやうくなります。しかし、これは左端のようにインデントが段落に合わさった時ほど破壊的ではありません。

これは見出しです

これは第1節なのでインデントなしです。本稿は段落間に余分な空間を加えて合図するテクニックを示します。行の半分でスキップする例です。

2番目の考えはここ第2節で始まり、新しい段落は半行あけることで前の段落と切り離されます。

「段落スペースの後」を指定しなければならないので、コンピュータでは最も素朴な方法というわけではありません。しかし、段組を崩壊させません。代わりにすばらしくきちんとした明確な妥協です。

半行あきにすると段組の終わりがうまく揃うというわけではありませんが、それよりもプラス面のほうが大です。

33 ┃ 段落間をあけすぎない

1行あけた後にさらにインデントを使うと、スペースがあきすぎ、ごちゃごちゃに見えます。段組は成り立たなくなり、大きく途切れるので、読むのをやめたくなってしまうほどです（和文組では、1行アキが一般的ですが、さらにインデントを3文字分とるとアキすぎです）。

34 ┃ 行間設定は固定する

「無理やりのジャスティファイ」、すなわち、段組どうしの天地幅を揃えるために段落や小見出しの行間を絶対に変えないでください。タイポグラフィの印象が破壊され、乱れて見えます。右の小さいテキスト中で述べなかったのは、行間を広げてはいけないということです。最悪で、そんな処理は、許されません。

35 ┃ 段間アキより段落間のアキを狭くする

右の例のように段間のアキより段落間のアキが広いとまとまりません。段落間のアキを狭くし、縦の段組の構造が壊れないようにします。

小さく読みにくい文字組は段間を狭くしたことを示すためです。2つの理由でとても小さく設定されています。1つはあまりに多く、判読するのに強力な拡大鏡が必要なほどで本当に読む必要はないということ。もう1つは、行間のスペースを保証するためです。9級ヒラギノ明朝体3で、きつく設定され余分なスペースはありません。

ここに半行スペースの行が段落の間に挿入されます。すると全体の段組より半行増えます。隣りの段組には3つの段落があるとどうなるでしょう？

明らかに、第1節後のあきは半行入れられます。しかし、2段目の下にくると、問題が発生してきます。

テキストの行数は同じなのに、段の高さを揃えることができなくなります。ですが、あの追加の半行はどうしますか？ 無視するか、左の段のアキを2倍にするか。1つアキを削るか。等しくする正しい方法はリライトすることです。

小さく読みにくい文字組は段間を狭くしたことを示すためです。2つの理由でとても小さく設定されています。1つはあまりに多く、判読するのに強力な拡大鏡が必要なほどで本当に読む必要はないということ。もう1つは、行間のスペースを保証するためです。9級ヒラギノ明朝体3で、きつく設定され余分なスペースはありません。

ここに1行丸々スペースの行が段落の間に挿入されます。すると全体の段組より半行広くなります。それと並んで次の段組が2つの段落の空間を持っていますが、最初の段組が1つだけであるとき、何が起こりますか？

明らかに、第1節後のあきは半行入れられます。しかし、2段目の下にくると、問題が発生してきます。

テキストの行数は同じなのに、段の高さを揃えることができなくなります。ですが、あの追加の半行はどうしますか？ 無視するか、左の段のアキを2倍にするか。1つアキを削るか。等しくする正しい方法はリライトすることです。

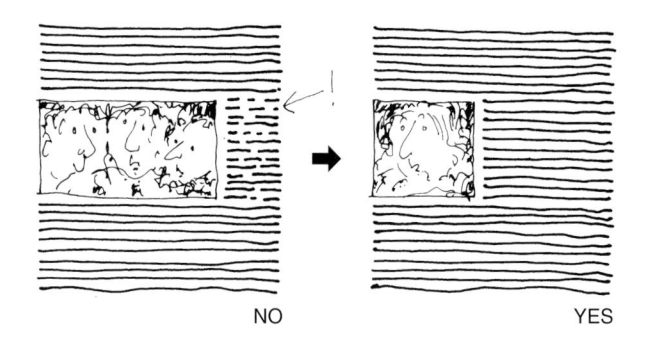

36 | 回り込み（段組に組み込まれた絵に沿わせた文字組）は、役立つが危険

段組に絵を組み込んだ場合、絵の横の残りのスペースが狭すぎると、狭い行幅で多くの単語を分割することになってしまいます。また、左も右も揃える強制改行は、単語や文字の間が広がりすぎたり詰まりすぎたりします。書体の印象が乱れて見苦しく、読むのが煩わしくなります。（日本語では、幸せなことにあまり問題になりませんが、1行最低6文字は必要です）

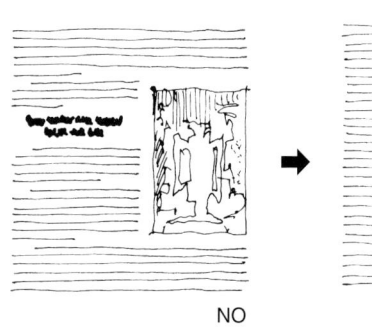

37 | 回り込みの中の小見出し

この小見出しは、乱雑に見えて、美しくありません。まず第一に、絵を取り巻く本文を中断しながら、絵ともけんかをしています。2つの要素がお互いになじみません。回り込みは、とぎれない本文中でだけ使用すべきです。

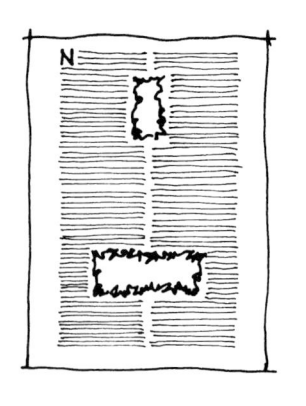

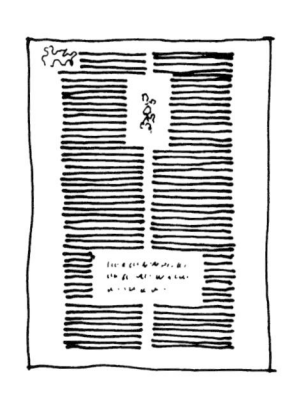

38 | 隣接している段組間の回り込み

これは調整がよけいに難しくなります。本文がどうなるかを見て、判断してください。単語（時に英語）はページ上で最も壊れやすい要素ですから、デザインで読みにくくしてはいけません。しかし、読者は背景の上にある絵が重要であるとみなします。重要なのはどちら？ 本文ですか、それとも絵ですか？ 本文書体を太くしコントラストをつけ、読者を本文へ誘導してください。

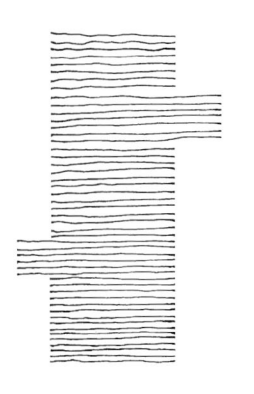

39 | 逆の回り込み

テキストを外側のスペースにはみ出させることです。

40 | クロスオーバー（段組同士を食い込ませた組）

左右の段組を結合させて、見た目で「賛成／反対」・「前／後」などの意見の組み合わせを表すことができます。両サイドの色やタイポグラフィックなテクスチャで、議論が生き生きとするかもしれません。

41 | リストは読者に好まれる

情報を表にして、ある形式と内容を結びつけ、言葉を絵のように整え、パターン化するなどしてあると理解しやすくなります。だから、リストは読者に好まれます。

材料を視覚的に表現し、パターンにあてはめる。

- 情報を、構成している部分ごとに分ける
- 異なった項目はそれぞれ改行して始める
- タイポグラフィで各部分を視覚的にする
- ページ上の文字組は各部分が何にあてはまるかを示す

情報が理解されるのには、5つの要件を実現させる必要があります：
1. 明確な目的がなければならない
2. 資料をまとめる自然な形がなければならない
3. タイポグラフィが明確で読みやすい
4. きちんとしているパターンは、考えを伝えやすい
5. 魅力的で簡単に認識されるパッケージを作る

有効なコミュニケーションを作り出すために、ライター／デザイナー／編集がチームでしなければならないことは、
  1番目に、伝える問題を理解する
  2番目に、分析し、構成要素ごとに分割する
  3番目に、情報を書いて部分に合わせる
  4番目に、材料に合った最もよいタイポグラフィ形式を考える

罫囲みのリストの例の違いを表にすると：

1. 形	2. 文字のテクスチャ	3. 視覚識別	4. 見出し
左で字下げ	どの行も一様に短い	リストに黒丸•をつける	文はゴシック体に設定
右が不揃い	どの項目も同じ単語で始まる（原文では）	1、2、3の番号つきのリスト	文の終わりはマルがなし
上下に余白	どの行も約物（やくもの）から始まる	1番目、2番目のような連続したリスト	見出しの終わりにコロン

42 | ラベルやデータのリスト

ラベルやリストは、短い独立した項目からなります。目的はそれがグループだと認識できることです。項目がそれぞれ2～3の単語しかないなら、箇条書きにすると目立ちます。

> リストが字下げされているので、段落を字下がりにしないでください。（字下がりの明快な効果を弱めないこと）

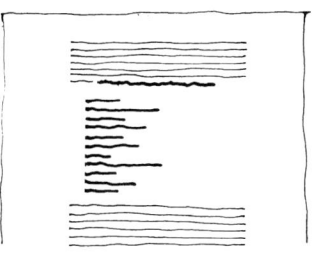

43 | テキストリスト

1、2行より長い文の項目からなります。文字の色や書体を変え、頭揃えのスタイルにすれば、短い節のパターンは容易に見分けられます。最も簡単なのは、字下げし、行頭に黒丸をつけることです。

> 黒丸を並べてください。そして、視覚的に引きつけてください。（リストがひとまとまりだとわかります）

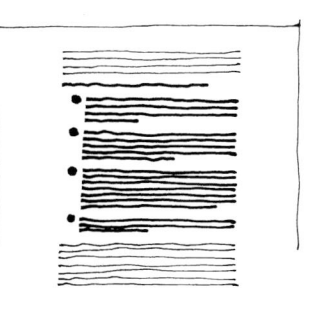

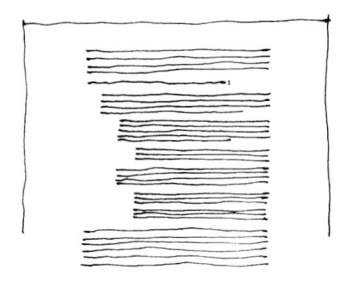

44 アウトラインリスト

これは、情報を格付けし、層状に組んだリストです。階層構造を明確にするために、1文字以上の字下がりが必要です。最も簡単なのは、違いがわかるくらいインデントを深くすることです。左側に基準点となる縦罫が必要かもしれません。そうすればインデントの深さがわかりやすくなります。

```
I. ローマ数字
II. 数字のあとにピリ。I II III IV V VI VII VIII IX X
    A. 大文字（ローマン体、イタリック体かにかかわらず）
    B. 大文字のあとにピリ。
        1. アラビア数字
        2. 数字のあとにピリ。
            a) 小文字で、ローマン体です。
            b) 括弧つきの対。
                (1) イタリック体の数字
                (2) 括弧で数字を包みます。
                    (i) 小文字のローマン体の数字
                    (ii) 括弧で数字を包みます。
```

45 英数字をシンボルとする任意のリスト

左の例は、リストに使われている英数字です。一目で理解できるものなら、何でも使ってください。

```
猫              ヨーロッパシマリス       犬
鳥              シロサイ               鳥
カバ            キリン                 猫
キリン          人間                   カバ
ヨーロッパシマリス  カバ                人間
シロサイ         猫                    キリン
人間            鳥                    シロサイ
犬              犬                    ヨーロッパシマリス
```

46 リストで「デザイン」を作らない

左の例のように無理に人工的な形にするのは、主客転倒です。例外は、形で対象が説明できるとき。（左の例の単語から、意味を捜し求めないでください。何もありません。）

・猫がミャーと鳴くのは、空腹で、立腹して、喉が乾き、退屈しているから。そうでなければ尾はいつも、立てられています。
・犬が吠えるのは、領土が郵便配達のような険悪な見知らぬ人によって侵入されていると感じるときです。
・鳥は特に春に、絶えずさえずります。（眠ろうとしている時は、ひじょうに煩わしいです）。
・人々は、テレビのトークショーで気が狂ったように際限なく、無意味にペチャクチャしゃべって、自分の言っていることにぜったいに間違いがないかのように主張します。その時はスイッチを切ります。

・猫がミャーと鳴くのは、空腹で、立腹して、喉が乾き、退屈していて、尾はいつも、立てられています。
・犬は吠えるのは、領土が郵便配達のような何人かの険悪な見知らぬ人によって侵入されていると感じるときです。
・鳥は特に春に絶えず、さえずります（眠ろうとしている時は、ひじょうに煩わしいです）。
・テレビのトークショーで人々は、気が狂ったように際限なく、無意味にペチャクチャしゃべって、自分の言っていることにぜったいにまちがいがないかのように主張します。その時はスイッチを切ります。

47 黒丸、数字、記号（約物）のサイン能力を壊さない

これを使うとき、インデントで下げたり、変な形にしたり、流し組にしたりして、埋めてはいけません。それらをリストの左端に縦にしっかりと並べることによって、リストがはっきりします。

●猫が鳴く
●犬が吠える
●鳥がさえずる
●人間はしゃべる
●ヨーロッパシマリスはチューチューなく
●シロサイが大声で鳴く
●カバはうなり声をあげる
●キリンは静かだ

●猫が鳴く ●犬が吠える ●鳥がさえずる ●人間はしゃべる ●ヨーロッパシマリスはチューチューなく ●サイシロが大声で鳴く ●カバはうなり声をあげる ●キリンは静かだ ●猫が鳴く ●犬が吠える ●鳥がさえずる ●人間はしゃべる ●ヨーロッパシマリスはチューチューなく ●シロサイが大声で鳴く ●カバはうなり声をあげる ●キリンは静かだ ●猫が鳴く

●猫が鳴く
●犬が吠える
●鳥がさえずる
●人間はしゃべる
●ヨーロッパシマリスはチューチューなく
●シロサイが大声で鳴く
●カバはうなり声をあげる
●キリンは静かだ

48 やっかいな長文は、短い構成要素に分解する

長文は、独立するユニットに分解し、大見出しをつけます。こうすれば、全体の中の一部だとわかります。読者は小さく分割された記事を好むので、ページがにぎやかになりすぎたとしても、選択しやすく、読みやすくなります。きちんと統一することではなく、読者が読みたくなることが大切です。ただし、部分は、しっかりと箱組にし、段落は壊さないでください。

49 短い記事は余白で切り離す

短い記事と記事の間に余白を入れます。読者は一目で始まりと終わり、どの位の長さかがわかります。読者が記事を読むかどうかの手がかりになります。ゾーニング（地域設定）でページを整理します。余白（堀）や罫線（城壁）を使ってください。記事からスペースを絞り出し、周囲のフレームに加えてください。

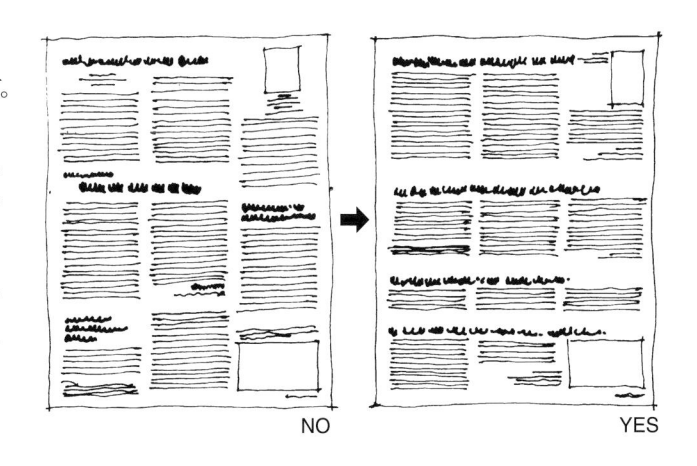

NO　　　YES

50 すばやく検索し、ゆっくり味わう

2つの違う購読者層を意識して、材料を構成（編集）し、書き、レイアウトしてください。段組幅と文字の大きさを利用して、重要性をアピールします。大切なことは、読者が見つけやすいように上部に置き、重要そうに見せます。見出しを加え、注意を引きます。見出しにはランキングをつけます。（このくらい素直にデザインしておくと、読者は関心のない部分をとばすことができ、読者にフレンドリーなデザインだと認めてもらえます）

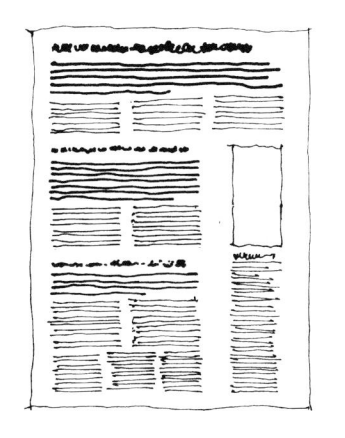

51 見出しを飛び出させれば、検索しやすくなる

左に空白を作り、引きつけるための見出しを外に取り出してください。

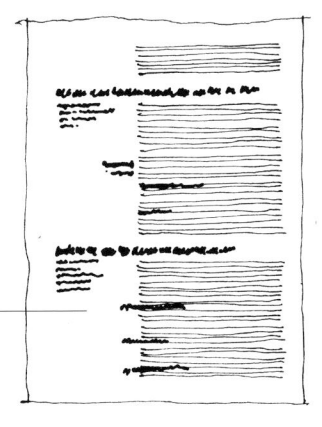

52 | これは避けたい。よくあるタイポグラフィの罪

「タイポグラフィの間違った使い方をすれば、どんな読者にでも簡単に読書をやめさせることができる」と、ウォール・ストリート・ジャーナルの伝説的な編集者、バーニー・キルゴール (1941-1966) は言いました。もう十分です。

この男の罪は……勝手な配置にして、視覚構成でメッセージを圧倒した。
(イラスト自体に注意を引きつけすぎ、読者を誤導する「独創的な解決策」に注意してください。読者は読みたくなるでしょうか？ 注意を引くだけのためならやめてください。)

執筆、編集中は、タイポグラフィを考えずに、書き、編集した。
(構成、図表作成、簡素化の機会をできるだけ利用し、文字がレイアウトされ出版されるのを想像してください。時にはうまくフィットしないこともありますが、予想していたほうがましです。)

画像の上に文字を載せ、注意を削ぎ、集中を妨害した。
(文字の使い方を間違えると、文は読み飛ばされるでしょう。モニター上で格好よく見えても、印刷されるとしばしばがっかりします。言葉を背景と戦わせてはいけません。)

テキストが何を言っているか、わざわざ読み、調べ、理解しなかった。
(記事がどう書かれて構造化されているかをふまえタイポグラフィをデザインしなければなりません。)

ただ特異で発明的で創造的であろうとして文字をデザインした。
(言葉はグラフィックパターンより貴重です。「デザイン」や「何に似ているか」ではなく、「機能するか」「明確に考えを伝えているか」で考えましょう。)

ダンテの『神曲』のためのギュスタヴ・ドレの『罪を犯じた人々』からディテール。

14 見出しとリード[23の法則]

デザイナーへのアドバイス

見出しは、本文の内容を紹介するもので、それぞれ独立しています。
しかし、それぞれが、全体の一部分でもあります。見出し文字の目的は、
目立たせることです。したがって、見出し文字の見た目が、
出版物のビジュアル的な特徴と個性を作り出し（場合によっては崩し）ています。

見出しの大きさと太さによって、読者は出版物の構成がわかります。
同じ重要度の見出しは、同じようなスタイルになっていなければなりません。

新しいもの、異なったものを示さないと、読者が退屈してしまうのではないか。
そのために、「おもしろ味を添え」、見出しの見た目を
とっぴなものに変えてみようと思うでしょう。そんなことはやめましょう。
「おもしろく」なるように浅薄にいじくり回すと、
出版物はとりかえしのつかない事態に陥るかもしれません。

編集者へのアドバイス

読者は情報を探しています。
見出しは読者が求める最初の信号です。
絵は読者を引きつけるかもしれませんが、
情報を本当に知らせる役目が見出しです。
見出し〈1〉、リード〈2〉、本文〈3〉という
流れは論理的に自然です。
理由がある場合は別ですが、読むのをうながすために〈1〉、〈2〉、〈3〉と
ページの上から下に続く系列で配置しないのは、愚かなことです。

見出しで読者を真剣に説得します。
また、「注意を引きつける」チャンスです。
しかし、やりすぎるのは危険です。例えば、文字を大きくしすぎると、
読者はページに2度焦点を合わせることになります。
離して（大きい文字を読む）1度、さらにクローズアップ（小さい文字を読む）で
もう1度。面倒なことをさせられる
読者の身にもなってください。

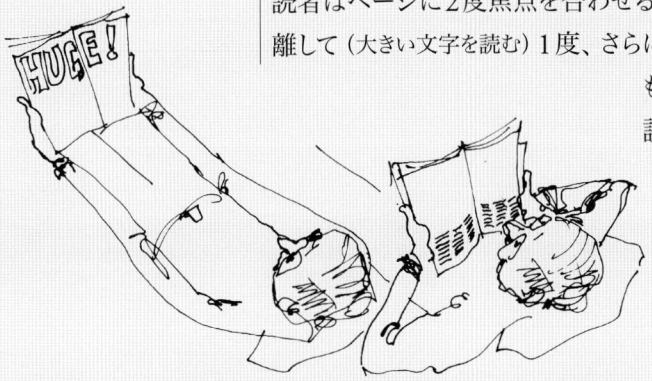

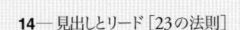

見出しの並べ方24
内容（何をいうか）で変えるフォーム（どう見えるか）

編集／デザイナーのチームが、目的と意味を共通に理解しているなら
出版物にうまくインパクトを与えられるようになります。
一般的によく使われる見出しのタイプと、その特徴を紹介します。

全段ぶち抜き見出し
ページの端から端まで
版面いっぱいを使います。

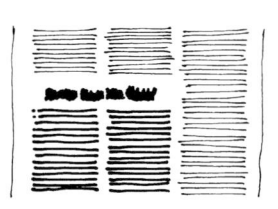

2段にまたがった見出し
2つの段組の上部センターに置きます。
両側に少し意味のない余白が残ります。

中心に置かれた見出し
左右からの距離が同じ。荘厳で伝統的ですが、
退屈です。（p.104参照）

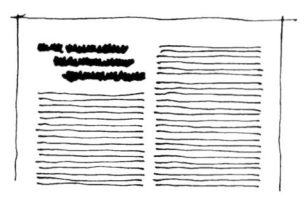

少しずつずらした見出し
行のへこみが連続し
より深く、視線の流れをうながします。

積み重ねた左揃えの見出し
本文と対照をなすように
太い黒にし、集中させます。

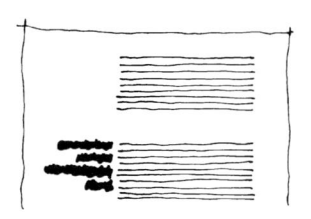

積み重ねた右揃えの見出し
対応する本文と並んで置き、「帰属」が
わかるようにします。量が多いと読みにくい。

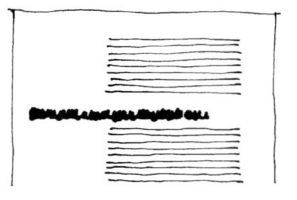

引っかかるように食い込ませた見出し
左の余白へ外に突き出させると、
目立ちます。

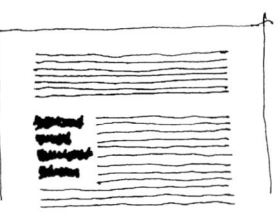

切り込まれた見出し
本文ブロックに切り開かれた
余白に置かれます。

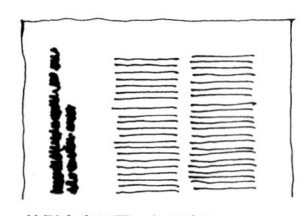

外側余白に置いた見出し
横向きに寝かされ（欧文の場合、
下向きより、上向きのほうが
読みやすい）ますが、読みにくい。

右に並べた見出しは、厳密には見出しではありませんが、特徴を紹介します。
※日本ではこのように分類され、名前がつけられていません。

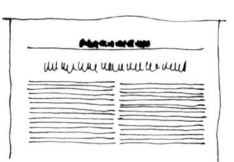

スタンディングヘッド
毎号お決まりの見出しです。
毎号繰り返され、
セクションを特定する
タグです。

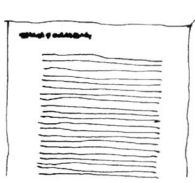

通し柱見出し
セクションの名前が
数ページにわたって
繰り返し続きます。

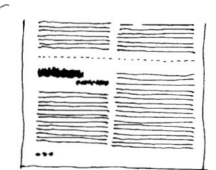

ジャンプ見出し
特集見出しを
キーワードとして
繰り返し、
記事の継続を示します。

切れ端見出し
表組の一番左の
段のタイトルです。

分離された見出し
続きであることを示すシグナルが
あれば、部分同士に関連が
あることがわかります。

墓標見出し
ページを横断して並べ
罫で切り離し、
効果を出します。

キーワード
大きさや色で際立たせます。
ジャンプ見出しとして
理想的です（下図参照）。

パターン見出し
要素に何らかの
密接な関係があることを
示します。ここに3つの
バリエーションを示しました。
見出しは言葉の意味と
形を結びつける
大切なものです。
読み飛ばされないように
十分に余白をとりましょう。

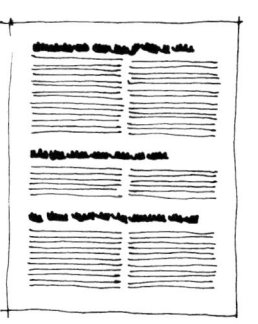

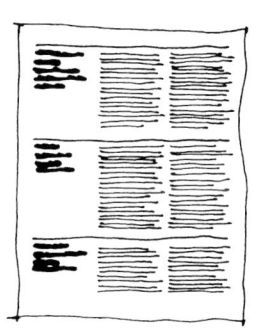

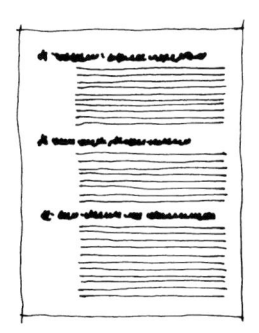

ノドをまたがせる（次のページへまたぐ）
ページをまたいでいるのがわかるくらい
文字が大きくないと、失敗します。
ページの上4分の1を使うと効果を発揮します。
単語をノドで切らないでください。

2つの部分に置いた2つの見出し
ノドをまたぎ、問題をきちんと解決します。
最初の部分をコロン、ダッシュ、
省略で終わらせれば、続く後ろの部分は
2行でも大丈夫です。

キッカーヘッド（跳ね返し見出し）
1、2語の小さい活字の見出しです。
コロン、ダッシュで、
見出し主部を導きます。

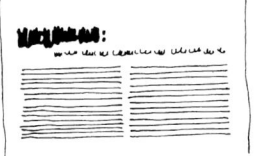

ハンマーヘッド（激しく叩く見出し）
メインの見出しよりはるかに
大きいサイズで、見せる見出しです。

アイブロウヘッド（眉のような見出し）
対照的なサイズ、色、キャラクターを
使った独立した句や話題です。

見出しの書体

意味が明快で、理解しやすいかぎり、見出し書体の使い方に限界はありません。しかし、思いつきや多様性があるように見せようとして見出し書体で遊んではいけません。

Goudy　Palatino　Times
Baskerville　Garamond

オールドスタイル：ペン書きに似て優しく静か。目立たないことがよい。ストロークの太い部分と細い部分の間、傾斜、セリフ、対角線の強調の移行が適度（曲がったストロークの細い部分の間に線を引くなら）。

Fenice　Bodoni　Walbaum

モダン：冷たく上品で機械的。正確に曲がり、強調された縦軸。太さと細さの間の著しいストロークのコントラストは、より大きいサイズで、みごとなコントラストを見せる。セリフは、細くて水平。

Clarendon　**Memphis**
Century Schoolbook

スラブセリフ：太く、濃く、幾何学的な縦軸。太い部分と細い部分の差は少しで、細いセリフは重く水平に構えるので「スラブ（広い平板）」と呼ばれる。子供の読書入門書にしばしば使われるように、とても読みやすい。

Antique Olive　Formata
Gill Sans　Franklin

サンセリフ体：ゴシック体とも呼ばれる。セリフはすべて切り取られている。ストロークにあまり太い・細いの変化はない。強調された縦軸。ほとんどの書体には線の太さのバラエティがあるので、ちょうどよいものを選べばよい。出版デザインでは、セリフ体の本文に合わせ、見出しをサンセリフ体にする。

Reporter　Shelley Volante
Zapf Chancery　Linoscript

スクリプト体：まるで手で書かれたかのように見える様々な書体。ひじょうに装飾的で人目を引き、詩的な要素もある。自由な裁量（絶対オールキャップにしないで！）で、大胆に使うこと。

Addled　SCARLETT
FAJITA　EXTRAVAGANZA

装飾体：奇妙で、驚くべき独特の字体。限りないバラエティがある。ふざけたくなる衝動を我慢すること。これらの書体を使用する時は、相応の理由がなくてはならない。

---

1 どの書体？

見出し書体は読みやすいに越したことはありませんが、注意を引きつけなければなりません。重要ですし、目立つし、繰り返されることで、出版物に個性を与えます。何千もの「書体」の選択肢がありますが、左のように基本的な6つのカテゴリがあります。本文に対して、形、濃さ、色、コントラストで目立ち、出版物に合っていれば、どの書体でも使えます。本文との組み合わせを決めるときは、単独ではなく、本文などページ全体で見て決めます。

2 セリフ体？　それともサンセリフ体？

どちらを選ぶか、出版物の内容次第です。セリフがあるかないかというより、見出しの書体が内容を過度に表現しすぎていないかのほうが重要です。慎重に使えば、両方ともすばらしく、書体が誤用（過度の長体や平体などの変形）されれば、両方よくありません。

3 記事ごとに異なった書体？

出版物に広告がまったくないなら、記事ごとに違う書体を使ってもよいでしょう。一般的には、仮装パーティーにしないでください。写真がまったくない場合、装飾的な書体を使って記事の雰囲気を作り出すのは、最後の手段です。

4 ｜書体ファミリー

人々はページをめくるとき、同じ流れの中で見出しをさっと見ます。見出し同士の関係は、記事との関係と同じくらい重要です。1つの書体を決めたら、ウェート（同じファミリーの中に、細い〜太い書体まである）や傾きでいろいろなバリエーションがつけられます。広告と戦わなければならない場合、それだけで編集空間が際立ちます。書体の種類を可能な限り制限して個性を確立してください。あなたは、すぐあきるでしょうが、使い続けてください（ほかのみんなはあきません）。それはあなたやあなたの声の代理をするようになって、その雑誌のシンボルになります。

Italic
Thin
Light
Light Italic
Medium
Medium Italic
Bold
Bold Italic
Regular Condensed
Extra Compressed
Bold Condensed
Extended
Med. Outline
Bold Outline
Bold Condensed Outline
Shaded Center
Medium Shaded Right

左に並ぶのはすべて「ヘルベチカ」で、最も使い道の多い書体です。バラエティがたくさんある書体ファミリーです。

5 ｜大きいですか？

大きいほど、文字はより大声で叫びます。サイズはそれ自身が言語です。見た目だけで度合いがわかる、視覚パターンです。大きさは重要性を表します。スペースに合うように見出しを膨らませていると、読者を迷わせてしまいます。使い方と大きさの基準を決め、それに従いましょう。

サイズは無限に変えられますが、12級、24級など規定の大きさを使いましょう。規定の大きさなら、大きさの違いはすぐ区別できます。

14 18 24 30 36 42 48 60 72 84 pt

6 ｜短いですか？

右の例は、人目を引くための見出しです。短すぎますか？　しかし、記事の価値を売り込むために見出しやイントロで文章を広げる必要があるかもしれません。そのほうが、よくわかり、引きつけられます。長い文章見出しで、内容がよくわかるとしても、読むのに時間がかかりすぎです。

OUCH！ 痛い！

これは120ポイントの「インパクト（書体名）」です。ページを威圧しないよう、25%の灰色で印刷しました。100%の黒ベタにしたインパクトは強烈です。

7 ｜長いですか？

必要があるなら、見出しを長くしてください。小さく太い書体を使えば、注意を引きつけ、同じスペースで、もっと内容のある売り込み口上の文字が詰め込めます。

この見出しの書体は23級「ヒラギノ」です
同じスペースに小さい書体でも、太ければ同様の効果がある

8│見出しを勝手に切らない
与えられたスペースに合うように、見出しを調整してしまうのはやめてください。見出しの言葉を読み、どこに区切りがあるかを耳で聞き、句の終わりで改行します。決まった空間に考えを無理やり押し込むのは、短い棺に合わせて、残忍に死体の足を切るのと同じくらい野蛮です。ぶつ切りのタイトルでも、読者はその読み方と意味を理解できます。しかし、残忍なぶった切りが見出し、リード、引用文、キャプションなどすべてで繰り返されると、読者はいらいらして、読まなくなります。

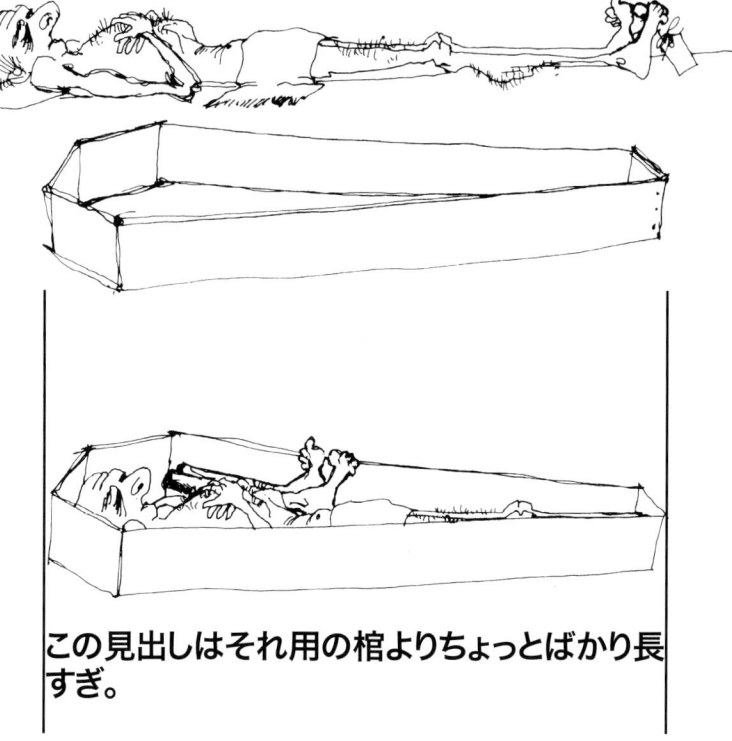

この見出しはそれ用の棺よりちょっとばかり長すぎ。

文字は目に見えるようにされたスピーチです。だから目を見開いて耳を傾けなさい

9│単語サイズの変化
言葉の意味に影響します。強弱をつけて読み、大きさの手がかりにしてください。

文字は**目に見える**ようにされた**スピーチ**です。だから**目を**見開いて耳を傾けなさい

タイポグラフィは声の調子を具体化することができます。上げたり下げたり、**叫ぶ**ように見せたり、ささやくように見せることができます。

タイポグラフィは声の調子を具体化することができます。上げたり下げたり、**叫ぶ**ように見せたり、ささやくように見せることができます。

タイポグラフィは声の調子を具体化することができます。上げたり 下げたり、**叫ぶ**ように見せたり、ささやくように見せることができます。

10 ｜基本的な見出しの配置

右の例の見出しを実際に読めば、私の好みが納得できるかもしれません。観測、研究、実証的な経験に基づいた推薦です。決定は決して見た目だけでするべきではありません。与えられた事情の中で、見出しがどれだけうまく機能しているかを問うべきです。編集とデザインは、どう考え、どれを選択するか、の問題なのです。

センター揃えは
文字にされた言葉の流れや
区切りに逆らいます。
段組の左端はすべて
折り返し点です。
読者の視線はそこへ戻り、
次の行の始まりを
見つけるのです。
左端が段組の
本当の重心です。

**この見出しは本文の上に
センター揃えで置かれています。伝統的で、尊大で、
荘厳ですが、動きがなくすべて大文字なので
パンケーキを積み重ねたようで不快です。**

mmmmmmmmmmmmmmmmmmmmmmmmmmmmmmmmmm
mmmmmmmmmmmmmmmmmmmmmmmmmmmmmmmmmm
mmmmmmmmmmmmmmmmmmmmmmmmmmmmmmmmmm
mmmmmmmmmmmmmmmmmmmmmmmmmmmmmmmmmm

この見出しも本文の上にセンター揃えで置かれています。
伝統的で、自意識が強く、正式で、荘厳ですが、
丸太のようにひとかたまりで動きがありません。
細くしたので、まだよいのですが活気がありません。

mmmmmmmmmmmmmmmmmmmmmmmmmmmmmmmmmm
mmmmmmmmmmmmmmmmmmmmmmmmmmmmmmmmmm
mmmmmmmmmmmmmmmmmmmmmmmmmmmmmmmmmm
mmmmmmmmmmmmmmmmmmmmmmmmmmmmmmmmmm

この見出しは本文の上にセンター揃えで
置かれています。伝統的で、尊大で、荘厳ですが、
動きがなくパンケーキを積み重ねたようで不快です。
行間を広げ読みやすくはしました。

mmmmmmmmmmmmmmmmmmmmmmmmmmmmmmmmmm
mmmmmmmmmmmmmmmmmmmmmmmmmmmmmmmmmm
mmmmmmmmmmmmmmmmmmmmmmmmmmmmmmmmmm
mmmmmmmmmmmmmmmmmmmmmmmmmmmmmmmmmm

**この見出しは左揃え右なりゆきで
本文が下に組まれています。
すべての行が左端から始まるので
目の動きの流れは本文に接続し、
読みを奨励します。**

mmmmmmmmmmmmmmmmmmmmmmmmmmmmmmmmmm
mmmmmmmmmmmmmmmmmmmmmmmmmmmmmmmmmm
mmmmmmmmmmmmmmmmmmmmmmmmmmmmmmmmmm
mmmmmmmmmmmmmmmmmmmmmmmmmmmmmmmmmm

意味の区切りを
　　反映させてください。
　　　　　　　　このレイアウトは
　　　　　早く生き生きと
　　　メッセージが伝わるのを助けます。

mmmmmmmmmmmmmmmmmmmmmmmmmmmmmmmmmm
mmmmmmmmmmmmmmmmmmmmmmmmmmmmmmmmmm
mmmmmmmmmmmmmmmmmmmmmmmmmmmmmmmmmm
mmmmmmmmmmmmmmmmmmmmmmmmmmmmmmmmmm

これは重大な見出しです。

文字のサイズと、支配している太い黒文字で注意を引きつけます。
この著しく違うリードは、ワン・ツー・パンチで、
ことの重大さを教えてくれます。

mmmmmmmmmmmmmmmmmmmmmmmmmmmmmmmmmm
mmmmmmmmmmmmmmmmmmmmmmmmmmmmmmmmmm
mmmmmmmmmmmmmmmmmmmmmmmmmmmmmmmmmm
mmmmmmmmmmmmmmmmmmmmmmmmmmmmmmmmmm

薄いグレーの色面には絵が入り、
それが見出しの最初の言葉になり、見出しの一部になる

mmmmmmmmmmmmmmmmmmmmmmmmmmmmmm
mmmmmmmmmmmmmmmmmmmmmmmmmmmmmm
mmmmmmmmmmmmmmmmmmmmmmmmmmmmmm

11 ｜ 見出しと画像の組み合わせ

以下の条件を満たしていれば、とても魅力的です。
1. 絵が見出しの上にある（事実上、見出しは説明文である）
2. 見出しは絵を指している。
3. また、見出しが絵に助けられている。

Chief thief promoted to CFO

mmmmmmmmmmmmmmmmmmmmmmmmmmmmmm
mmmmmmmmmmmmmmmmmmmmmmmmmmmmmm
mmmmmmmmmmmmmmmmmmmmmmmmmmmmmm

12 ｜ 見出しの間に挿入された小さなイラスト

判じ物のようでおもしろいでしょう。擬人化し、ピンポイントで意図を伝えます。

This story is about type in the headline

mmmmmmmmmmmmmmmmmmmmmmmmmmmmmm
mmmmmmmmmmmmmmmmmmmmmmmmmmmmmm
mmmmmmmmmmmmmmmmmmmmmmmmmmmmmm

13 ｜ キーワードを大きく

大きなキーワードに、興味が向けられます。

This story is about color type **in headlines**

mmmmmmmmmmmmmmmmmmmmmmmmmmmmmm
mmmmmmmmmmmmmmmmmmmmmmmmmmmmmm
mmmmmmmmmmmmmmmmmmmmmmmmmmmmmm

This story is about **color type** in headlines

mmmmmmmmmmmmmmmmmmmmmmmmmmmmmm
mmmmmmmmmmmmmmmmmmmmmmmmmmmmmm
mmmmmmmmmmmmmmmmmmmmmmmmmmmmmm

14 ｜ キーワードに色をつける

本当は、キーワードを黒にし、残りに色をつけるのがベターです。白い紙に対して、黒いインクは、最も強いコントラストとなり、黒がすぐに目に飛び込んできます。輝くような、純粋な、彩度の明るい色だとしても、コントラストでは黒にかないません。

リード

リードは連続した3つのステップの真ん中にかかる橋です。
見出し 1. は、基本的な考え方を示し、
リード 2. で、重要性を強調し、
本文第1節 3. で、有用性を知らせます。
リードは内容を個性化し、本文を読んでくれるように
読者を説得します。リードで売るのです。
しかし長すぎると読むのが面倒なので、読まれなくなります。

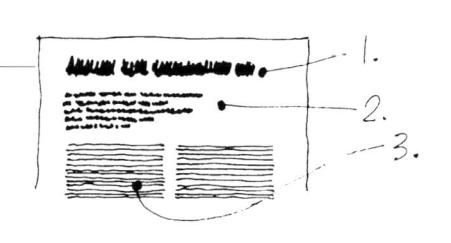

15 | リードの信頼性

あからさまな誇張はリードの価値を下げ、信頼性が薄れます。決して見出しと同じ単語を繰り返さないでください。また、続く本文を予見させないようにしてください。時間の浪費で、読者はいらいらします。

「これはたしかに最もすばらしい」…
本当にそうですか？

16 | リードの書体

見出し（より小さく）とテキスト（より大きく）のどちらに合わせるべきでしょうか？　言葉遣いが本文より見出しに「属する」ように書かれているかどうか、または、出版物のスタイル次第で選びます。どちらの場合でも、その雑誌として規格化されるべきです。

「何を話すか話して、
それから話し、
何を話したか話すんだ」
今日のようにむちゃくちゃに働かない新聞関係者の伝統的な皮肉。

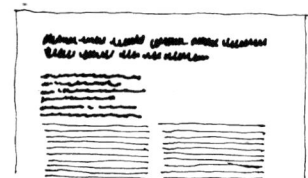

17 | リード書体の大きさ

リードは、本文よりは大きくし、重要性を知らせます。リードにざっと目を通すときは、本文をゆっくり読むときより、ページを遠くに離してしまいます。したがって、特に行が長いときは、速読しやすくするために、文字を大きくし、行間を広めに開けます。

18 | 短い行のリード

短いリードは、無理矢理に箱組にすると、ジャスティフィケーションによって不規則な字間あきが生じます。それを避けるために、左揃え右なりゆき組にします。滑らかに速く読むためには、規則正しいリズムが欠かせません。

You want to have standardized word spacing between words specially in narrow columns

特に狭い段組の単語と単語の間のスペースも標準に合わせたいものです。

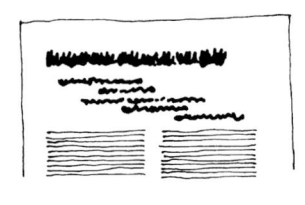

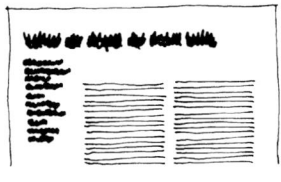

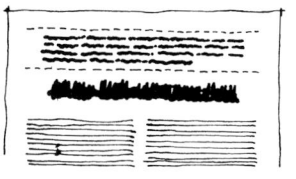

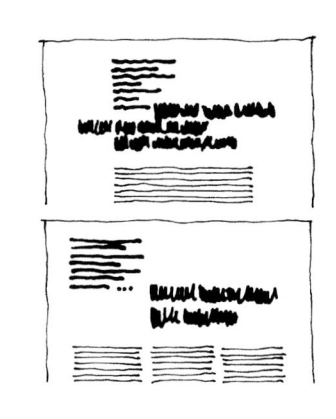

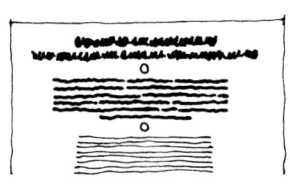

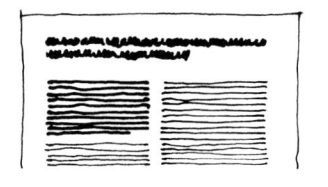

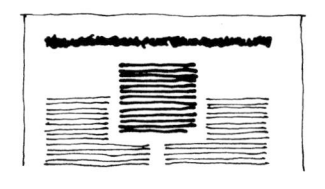

19 | 改行は意味のために
早く理解させるために、意味のまとまりで改行していきます。形式にとらわれず、ページの下に向けて流してください。

20 | 大きさ、色、書体変化でリードにコントラストをつける
短い行のリードを積み重ねて、本文組の横に並べてください。そして、大きさ、色、書体で変化をつけ、リードにコントラストをつけます。

21 | 見出しに導くために書かれたリード文
これは、リードとタイトルが別々の場合と、リードがタイトルと同じ行で直結する場合があります。タイポグラフィの配置はその違いに応じます。「リード」とそれが導く見出しの間を埋めるために、**句読点**（:コロンや…省略）を使用することができます。

22 | シノプシス
シノプシス（梗概）は、科学論文などで、記事の短い概要を組み込んだものです。すばやく参照できるように、情報検索のキーワードが付いています。情報は明確です。整然としたスタイルは、学究的な内容にぴったりです。右不揃えは軽く見られるので、箱組で中央に置き、厳粛さを出します。ページの先頭に置けば、新しい記事の始まりだとわかります。

23 | 要約
研究レポートにおける問題／方法／傾向／成果／結論、評論における論旨と考察を列挙したものが要約（アブストラクト）で、約120単語で書かれます（日本語の場合は約400字）。通常、第1節をボールド体とし、本文より大きいサイズにします。（中心に置いて隔離するほうが、よいでしょう。簡単に拾い読みすることができます。）

15 小見出し［8の法則］

テキストは本文として書かれ、それが終わるとページに配置されます。
そして、見映えのよいところにじゃまものが落とされます。
中途半端な小見出しで、テキストをばらばらにしてしまいます。
本文の中の何か重要な言葉や引用句が、引き抜かれて繰り返されます。
新聞では以前はよく、必要か否かに関係なく、
6インチごとに小見出しを配置するというルール（「ドル紙幣ルール」）が続いていました。
古い慣習（どんなに伝統的に容認されていても）が、
機能的な考えより魅力的なことは、めったにありません。

小見出しは読者の**解釈の手がかり**になります。その姿勢は、
急いでいる読者ができるだけたくさん仕事をするという現代の必要性に
応えています。小見出しは、簡素化、区分、分類…
それらを一目で明らかに、知らせてくれます。

デザイナーへのアドバイス

急いでいる読者は、要点に興味を持っています。
もう片方のじっくり読む人は、ディテールを求めています。
通常、記事は一連の連続した部分から構成されています。
それぞれの部分は見出しによって合図されます。
部分の中の各段落の要点が、最初に文として述べられるのです。

目的は、見る人に太い書体をスキャンするのを可能にして、
さっと全体をながめて記事の要点を集めさせることです。
それほど関心がなければ、読者はスキップしてもよいのです。
願わくば、最初に最もおもしろい文を置き、
読み続けたくなるように誘い込みたいものです。
小見出しは魅惑的な要点をずばりと言い表し、
注目してもらえるように、目立たせるべきものです。

編集者へのアドバイス

小見出しのこの考え方、書き方の問題点は、ライターが、書く前に
何が言いたいかをわかっていなくてはならないという点です。
そうすれば、繋がりのある、筋が通った記事を構成することができます。
明らかに、あらゆる方面に適用することはできませんが、今日の記事の大部分は、
堅苦しい解説記事ではないので、このやり方でうまくいくでしょう。
そうした親切さが、読者にフレンドリーだという印象を与えるのです。

コントラストで、小見出しは際立ちます。
以下の要素で、本文テキストとは異なるように見せられます。

太さ
ここで見られるように、濃度差の違いが十分
表現できるくらい太さが太ければ、たぶん最もよいテクニックです。
本文と小見出しの両方に同じファミリー書体を使用すれば、
シンプルさを保ちつつ、
出版物に特徴的で認識可能な個性を与えることができ、得策です。

サイズ
これでは少し誇張しすぎです。13級のテキストに18級の小見出しは少し
大きすぎ、際立ちすぎです。小見出しがこのように短くなければ、
15級の大きさでも、うまく機能するでしょう。

TEXTURE
すべてを大文字にすると読みにくいので、よい考えではありませんが、
1つの小見出しなら問題ありません。小見出しをいくつ入れなければ
ならないか想像しましょう。たくさん並ぶと悩みの種になります。

イタリック
変形しない正体とは異なって見えるので、よく使われます。問題は
イタリック体の中には薄く見えるものがあるということです。その結果、
コントラストが際立ちません。ほとんどのサンセリフ体（ゴシック体）では、
わざと同じ濃度になるように作られていて、ただ傾くだけです。
その場合は2行取りにしてさらに際立たせるか、
1、2サイズ大きくしたり、そのまま余白を多くとって補います。

書体
ヒラギノ明朝体の中のヒラギノゴシック体のように、セリフ体（明朝体）の中に
サンセリフ体（ゴシック体）を入れます。逆もまた同様で、セリフ体（明朝体）の
小見出しをサンセリフ体（ゴシック体）のテキストに入れたりします。

文字を反転
してみてください。これは特に、薄いグレーではなく、
黒ベタの地なら、ひじょうに刺激的です。

改行
する
貴重な内容のテキストに読者を引きつけるために、より強いコントラストで
視覚ポイントを作ります。小見出しを2行と決めたら、1行の小見出しを
交ぜないでください。だらしなく見え、きわだちません。

小見出しの変化8

スタイルを作り、最後まで通してください。シグナル変化を多くすると、読者は混乱します。また一方で、様々なトーンを考えて、強調を表現できるようにバラエティが必要です。もっとも、どんな視覚バラエティを加えても、案外つまらないかもしれません。編集者やデザイナーほど、読者はそんな繊細さを意識してくれません。読者が気づかなくてもよいのです。読者の気持ちは書体の指示ではなく、内容でつかむべきものなのです。

1 | 小見出しの上下には最低3行必要

段組上部で最低3行の本文が、小見出しの上に必要です。また、最後の段組下部では、小見出しの下に最低3行なければなりません。それら魔法の3行のおかげで、小見出しは本文の中に含まれ、中断として機能しながら段落に属しているように見えるのです。

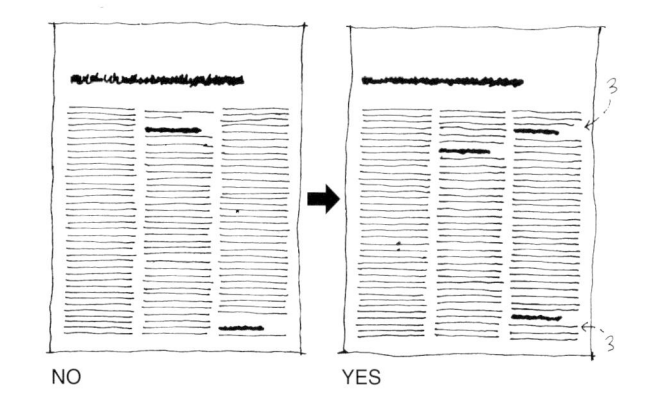

2 | 大見出しの下の小見出しはNG

特に、段組上端の小見出しは問題です。それ自体に読者の目が向いてしまうからです。左の段組全体を飛ばし読みしたくなります。また、別の記事の始まりだと勘違いしてしまいます。

3 | 小見出しに1行と2行のものを混ぜない

安っぽく見えます。すべての小見出しを1行か2行のどちらかに揃えてください。統一は心づかいとうまさを感じさせます。

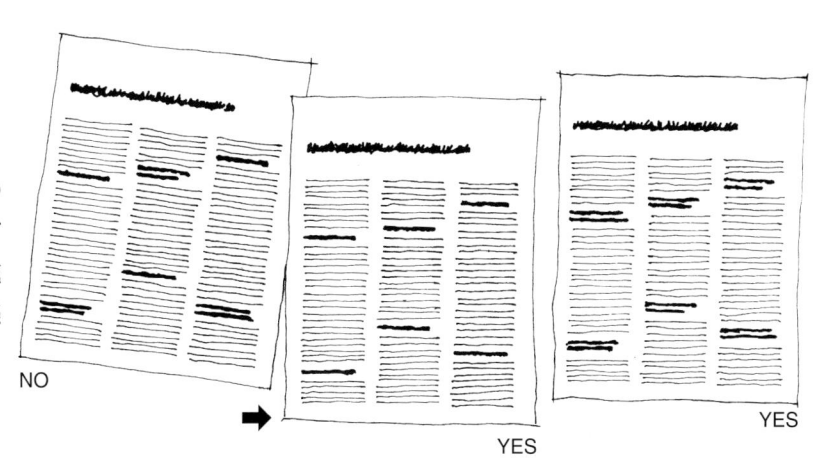

4 | ウィドー（未亡人）とオーファン（孤児）

ウィドー（孤立行）は注意を引きやすいので、「悪い」と言われます。ただ、本文組に変化を与えるので、まったく悪いというわけではありません。しかし、1つの段組の一番上に現れると、乱れてだらしなく見えます。（オーファンとは、次のページに持ち越されたウィドーのことです。）

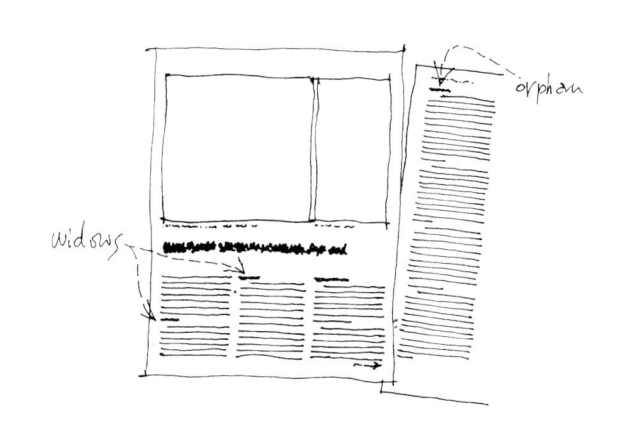

本文と小見出しの関係は重要な項目です。このように段落の終わりにつけないでください。
この小見出しは間違った場所にあります

これでは前の段落に属すように見えます。前のテキストの終わりの段落と、次の段落の真ん中に浮かべると、上品できちんとしているように見えるかもしれませんし、キーボード入力していて一番簡単かもしれませんが、これでははっきりしません。

この小見出しは宙に浮いています

小見出しの機能上の目的は、その下の文の内容を紹介することで、読者を巧みに引き込むことです。

この小見出しは正しい位置にあります
小見出しの行間での位置の関係は以上です。次は左右の位置についてです。

小見出しを隠す最も好ましい場所はどこでしょう。テキストの中央で、周囲の灰色の文字群の中に埋めてしまう。中学の教師に小見出しを置く正しい場所はセンターであると教えられ、信じてきたあなた、もう再考すべき時です。これでは静的で人工的で、うもれてしまいます。
センター揃えの小見出し
横組の文を読むとき、視線は左から右へと流れ、各行は左端で始まります。目がリズミカルに動きやすくするためには、その動きをセンター揃えの小見出しで妨げないようにするのが賢明です。

左揃えの小見出し
右側の大きい空白と左側の濃い文字のコントラストは、より劇的で見やすく、文を読む滑らかで一貫した動きに続きます（センター揃えにすると余白が小さな2つの部分に分かれます）。注目度を最大にしたいなら、

飛び出した小見出し
段組の左側の余白に突き出した小見出しは、物好きな読者を本文に引き入れます（小見出しが何かおもしろいことを約束するなら）。また、たまにいたずらをして段組の右端に右揃えで置くこともできます。

右揃えの小見出し
なぜこんなことをするのでしょうか？　違いを出すためです。ほかに頼れる機能的なものがなければ、しかたないかもしれません。
深い字下がりの小見出し
字下がりを非常に深くする場合は、小見出しの凹みに揃えてください。正常なインデントは1em（文字サイズ平方：12級の文字を使っているなら、凹みも12級）です。これほど目立たなくするなら、

組み込み小見出しを使ってはどうでしょう。本文に直接組み込まれ、本文の一部として読まれます。独立した小見出しよりそっと呼びますが、ボールド体（肉太活字）にふさわしくボールド（大胆）に書いたほうがよいでしょう。このバリエーションとして、言葉を独立したフレーズとして使い、ピリオドで終わる、という手法もあります。

側面小見出し。ただし、こんな一言が、読者を本文に引き入れるほど刺激的で有益かどうかは疑問です。どのような場合も、注意を引きつけるつもりなら側面小見出し（他の小見出しと同様）は後ろを若干あけますが、前にインデントをつけるべきではありません。

もっと強烈に目立たせたいのなら、罫線を小見出しに追加して色をつけてください。しかし

小見出しの上に罫線を引くときは注意。
罫線は要素と要素を切り離す壁です。後ろの本文と切り離したいのではなく、上の本文と小見出しを切り離したいのです。

小見出しの下に罫線を引かないこと。

小見出しと本文を視覚的に分けてしまいます。また、下のように小見出しを段組の左端で字下げし、スペースに食い込ませた縦ブロックで単語を積み重ねると、多くのパワーを得ることができます。

これはインデントに積み重ねられた小見出しです。『回り込み』は段組幅が狭くなってしまい、文字間や語間のスペーシングが悪くなる可能性が高くなり、危険です。したがって、そのような侵入に適応することができるくらい広い段組で使ってください。

5 | 小見出しのテクニック見本

書体サイズ、太さ、特性など、こうしたテクニックによるバリエーションは無限にあります。どれも可能で、すべてが「正解」です。禁じられていることは何もありません。メッセージが伝わりやすくなるならよいのです。少なくともメッセージが伝わるのをじゃましないことです。どうしたらじゃまできるかって？

とっぴで不適当な小見出しにして、メッセージよりもテクニックのほうに関心を引きつければいいのです。

イニシャル

色やデザイン的個性を加えるために、イニシャル（最初の1文字）は小見出しの代わりに広く使われます。注意を引き、ページに視覚的な強さを加え、出版物を個性化しやすくします。実際に何も言わずに機能するので、見た感じで必要なところのどこにでも、配置することができます。しかし、危険な一面もあります。「また何かがここから始まる」と暗示するからです。だから始まりに使いましょう。でないと読者はだまされたと感じます。

上の「色」のように1行目から立ち上がることを「アップスタンディング」といいます。

下の「ア」のように本文に「割り込み」で入れる場合を「ドロップキャップ」といいます。

アルファベットの文字の様々な左右幅に適応させて、ちょうどよいスペースに慎重に合わせなければなりません。（IはMより狭い）

垂直に段組の左端を一直線に並べ、正確に本文に合わせて収めます。

本文と正確に合わず浮いているイニシャルほど素人くさいものはありません。

また、文字によって視覚的に細かな点を調整すべきです。

この「垂」の上の一画が最初の行でどうテキストのボディと並んでいるかに注意してください。これらは各文字の形によって細かく異なります。相当な注意を払う必要があります。

Tこれは最もインパクトの大きいイニシャルで、「ハンギング・イニシャル」（ブラ下ガリイニシャル）と呼びます。

このように段組の外に置かれます。

L NO 1文字目を大きくして注目を
集める場合、扱いに特別な注意を
要する文字もあります。この場合、
Lの内側に空間がたくさん残されて、
本文の1行目が押し込まれていません。

L 1文字目を大きくして注目を集める場合、
扱いに特別な注意を要する
文字もあります。このように、
Lの内側の空間に本文の1行目を
押し込む必要がある場合があります。

P NO 文字ができるだけ自然に単語を
作成するように、P、F、Tの張り出しの下に
残っているスペースに本文の文字を押し込みます。
下の例では、本文の縁はAの傾きの縁に
並んでいません。これは問題です。

P 文字ができるだけ自然に単語を
作成するように、P、F、Tの張り出しの下に
残っているスペースに本文の文字を流し込みます。
下の例では、本文の縁はAの傾きの縁に
並んでいません。これは問題です。

A NO 文字の見た目を完璧にするために、
常に最大の努力を払ってください。
それだけの価値はあります。
出版物が丁寧に作られているように
見えるからです。見た目が丁寧なら、
内容も知的で信頼でき、確かであると思われます。
Aはテキストが下から張り出すように並ぶ
必要がありますが、VとWは、
ピラミッド状になる必要があります。

A いつも緻密なタイポグラフィを
完成させるにはもう一歩の努力が
必要です。出版物が慎重に作られて
いるように見せるので価値が
あります。そう見えるなら、知的な内容が
同じくらい信頼できて確かであると感じられる
ことになります。Aはテキストが下から
張り出すように並ぶ必要がありますが、
VとWは、ピラミッド状になる必要があります。

6 ｜ イニシャル：よい例と悪い例

右の例のほうが、どれほど簡単に読めるかを見てください。左の例のように、本文を5行、インデントでカットするよりずっと手間がかかります。

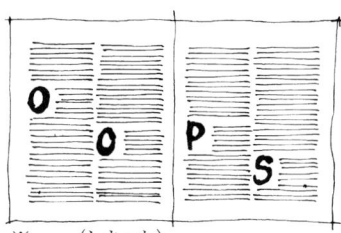

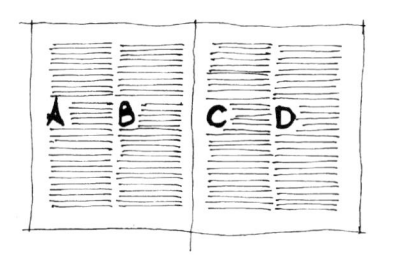

7 ｜ イニシャル使用で注意すること

左の例のように偶然できてしまう言葉に注意してください。考えもしないことが、ページの最も目立つところで起こります。また、右のようにページにまたがる予期せぬ整配列（偶然、一直線に並んでしまったり）に注意してください。

※oops（しまった）

8 ｜ サイドスコアリング

余白の手書きコメントのように見せるものです。注意を本文の一部に向けるテクニックで、技術文献で使われます。編集者とデザイナーが、めったに使おうとしないためか、雑誌ではあまり見かけません。右のように手で描くほうが、編集者との個人的な繋がりがかいま見えます。

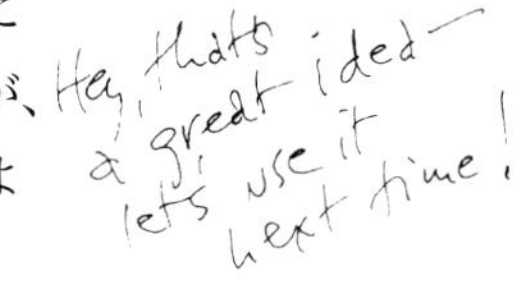

Hey, that's a great idea — let's use it next time!

16 引用文［17の法則］ 引き出し句、引用句、吹き出し、読み出し

デザイナーへの
アドバイス

ぱっと見ただけで読者の関心を引きつけるような絵がないとき、引用文が使われます。平凡な絵よりはうまくいきます。

読者を記事に引き入れるために、知的な仕掛けを
するわけです。想像的、刺激的な文章は
注意を喚起します。
実在する人が現実に言った言葉の引用文なら、
額縁を見るような
仕掛けにすることができます。

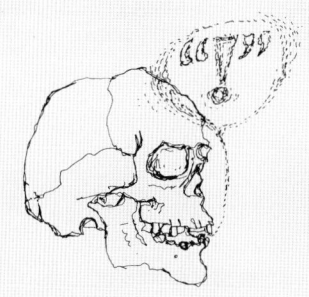

図版にかわるものがないときに、
一貫したパターンで挿入されるなら、
その視覚要素は出版物やウェブサイトの認識マークの1つになります。
その上、無意識で魅力のない、
ただ灰色なだけの本文の固まりを壊すことができます。

編集者への
アドバイス

引用句は単に引き入れる要素として役に立つだけではなく、
読者にとって価値あるものです。さっとすばやく見るだけで情報を
把握できるようにし、その結果、コミュニケーションの速度を上げます。

引用文が有効かどうかは「内容の濃さ」にかかっています。
刺激的で興味深い考えを伝える言葉、ちらっと見るだけでなく
考えさせる言葉であるべきです。長くても短くてもよいのです。
ページ上でどう見えるかより、ページ上でそれが何を言うかということに
成功の鍵があるのです。

読んでもらうためには、目立つような書体にしなければなりません。
文字の大きさ、色（黒の濃度やほかの色）、印象は、
周囲とはっきり異なっていなければなりません。

本文にある同じ言葉を繰り返すのは避けてください。
読者をいらいらさせます。
しかし、反復が避けられないとしたら、
引用文は本文の遠くに置いてください。

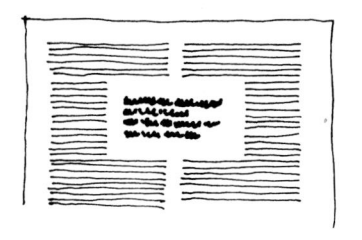

1 | 引用文を隔離する

段間の余白を利用して、周囲の本文から引用文を隔離してください。外側の縁がシンプルではっきりした形なら、それほど広いスペースは必要ありません。

2 | 引用文を閉じ込める

輪郭のはっきりした領域、例えば色を敷いた部分、薄い色面、ボックスなどに引用文を入れてください。
(『囲みと罫線』p.179〜参照)

3 | 水平な境界線を挿入する

出版物が要求する個性に応じて、シンプルにしたり装飾的な要素を加えたりします。

4 | 引用符で強調する

引用符はおもしろくて機能的です。"が引用の始めの、"が終わりの合図です。

PUT THE FUN IN FUNCTION

Sure

5 | 強いコントラストを作る

引用句の重要さが伝わる書体と大きさを設定します。最小サイズは通常14ポイントですが、大きいサイズでさらにドラマチックにしてもかまいません。ページの2/3以上にかかる引用文では18ポイント以上は必要です。書体によっては、同じ大きさの文字でも他の書体より大きく見えます。左のように同じ14ポイントでも大きさが違います。見た目のサイズで設定してください。

This line is set in twelve point Trump
This line is set in twelve point Trump Italic
This line is set in twelve point Helvetica
This line is set in twelve point Helvetica Italic
This line is set in twelve point Centaur
This line is set in twelve point Centaur Italic
This line is set in twelve point Centaur Bold Italic
This line is set in twelve point Times Roman
This line is set in twelve point Times Roman Italic

6 | 本文の流れを中断する

引用文は、周りの本文と異なる組にします。ここでは、ボールド体で、頭を字下げし、右なりゆきにして、グレーに見える箱組の本文との対照で目立たせています。

7 | 段落からはみ出させる
   | (しかし、おもしろい句)

本文中にある引用文を、大きな文字や色で強調します。段組からはみ出させてもいいでしょう。組に馴染まなかったとしても、これが効果を上げ、読者を本文に引き入れます。

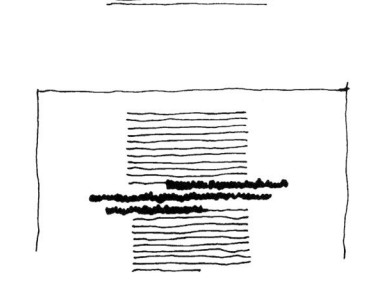

8 | 段落を壊すように置く

任意に引用文を挿入します。段落と段落の間に置かないでください。別の記事の始まりの見出しだと誤解されかねません。

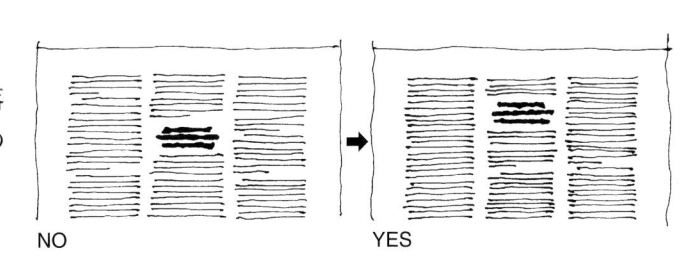

NO　　　　YES

9 | ページでの配置をずらす

墓石が並んでいるような水平な整列を避けてください。引用文の配置をずらします。

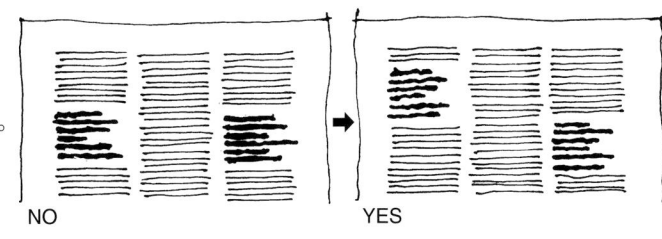

NO　　　　YES

10 | 右側に引用文を置く

段組の外の右側に引用文を置きます。見やすいだけでなく、左に置くと、見出しとけんかしてしまうからです。

11 | 段落に切り込ませる

引用文を配置する余白が十分でないなら、小さく段組に切り込ませて配置してください。見出しなどの障害がなければ、左側に配置してもよいのですが、右側に限定するほうがよいでしょう。

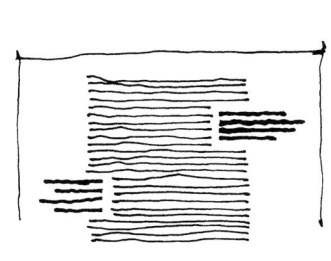

12 | 本文より引用文を軽くする
引用文を、本文段組の中の狭い空間に割り込ませてみましょう。このとき、引用文の大きさを本文より細くします。

13 | 先頭近くに置く
引用文を本文の先頭近くに置きます。そうすることで、下の本文は、間違って読み飛ばされることがなくなります。

14 | ページ上部の余白の引用文
こうするとたいへん見やすく、下の本文を壊すことも、「気分」の変化で装飾することもありません。

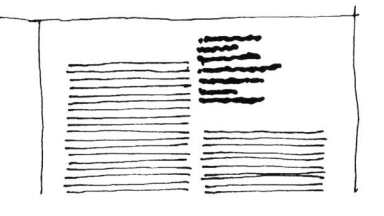

15 | ページ上部に引用文を積み重ねる
上部余白はよく目立ちますが、新しい記事の見出しと間違えやすくなります。

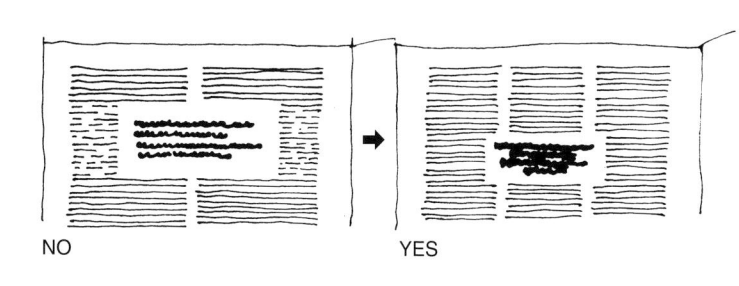

16 | 隣接している段組間の引用文
欠点は、引用文の左右に細長い本文組を作ってしまうことです。回り込みで段組が狭くなると、読みにくくなります。むしろ引用文のスペースを縦に、細長くしてみます。

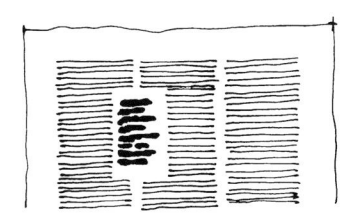

NO → YES

17 | 細長い組の引用文
狭い段組の間に入れられて、色のコントラストを強くすると、読みやすく衝撃的です。しかし、狭い段組では改行が難しく、字間や語間のバラツキが目立つので注意してください。

和文では 1 行最低 6 文字は必要です。

17 キャプション[39の法則]

絵や写真を説明するキャプション（説明文）は、ページの中で重要な言葉です。
読者はページを開くと、まず絵を見ます。読者を獲得するポイントです。
キャプションはイメージをすばやく、おもしろく説明し、
写真とともに好奇心を起こさせます。したがって、一体になったキャプションと
図版は、無関心な流し読みの読者を読む気にさせる魅力的な2人組なのです。

デザイナーへのアドバイス

本や雑誌が「おもしろい」と「退屈」と思われてしまう原因の大部分が、
雰囲気と期待に関係します。雑誌が魅惑的な図版とキャプションで
包まれているなら、競争の激しい市場でも成功するはずです。これは、
読者の関心を知ること、彼らに効率よく応えることに基づいた賢い編集と
デザインの手法であって、うわべだけの宣伝活動ではありません。

キャプションの配置や扱いを規格化すれば、本や雑誌はそのパターンで
はっきりしたイメージを作り上げやすくなります。一貫性が印刷物を
一体化するのです。しかし、厳格になりすぎてはいけません。
ポイントをはっきりさせるために、時にはパターンを破らなければなりません。
必要があればそうしてください。ただし、その代償を払うことになるかもしれません。

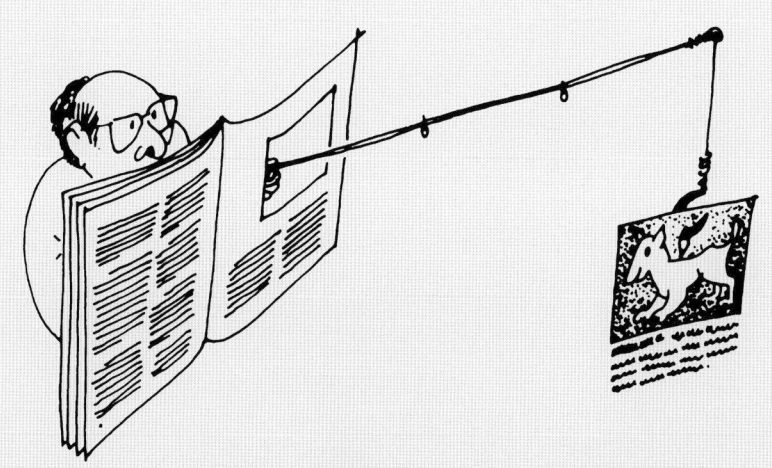

編集者へのアドバイス

締め切り直前の厄介仕事のように、キャプションを書くのを先延ばししないで
ください。本文を書き始める前にキャプションを書くくらいでいいのです。
そこに、最もすばらしく、驚異的で、真新しく、魅惑的な情報の金塊を
含ませるのです。詳細、理由、背景は、読者が一生懸命本文から
探し出すようにするのです。何をキャプションで伝え、それをどう示すかは、
記事を書き始める前から考えておくべきです。

大工さんが、ハンマーを左手に
持っています。
だからたぶん左ききです。

大工さんが、
ハンマーを持っています。

左手なので、
たぶん左ききです。

1｜絵／キャプションを1つの理知的な情報ユニットとして考える

この例ではよくあるように、キャプションはイメージの下に押し込まれています。それなのに孤立しています。まるで外から観察しているかのような絵の説明です。その結果、読者は言葉と絵を結びつけるために、じっと見、分析し、ながめ、その言外の意味を理解しようと考えてしまいます。左のように同じ言葉と絵でも、言葉の配置を変えただけで一体化し、混ぜ合わせることができます。まとまったメッセージは、いっそう明白になり、早く理解できるようになりました。こうした早さと明快さが読者のためになるのです。

生態上の災害が
アフリカを脅かしている。

象は2050年までに
絶滅するでしょう。

理論的ですが関係が希薄です。
この象の絵はアフリカっぽさを
表していますが、タイトルの文章と
はっきりした関係を持ってはいません。
もちろん、理解することはできます。
また、象の写真はいつも興味をそそります。
それなのに、なぜお互いの関係を
本文と絵で結びつけないのですか？
いっしょになって
なるほどと思わせるように、
言葉に磨きをかけてください。

ダイレクトで、魅力的です。
この絵は、言葉のテーマにも
なっているため、絵と言葉のメッセージが
ダイレクトです。象は近い将来
絶滅するので、私たちの孫はその生きた
姿を見ることも、ましてや自然の状態で
見ることもできないということを
暗示しています。
リード文や本文の冒頭で、
その話の重大な局面を
説明することができます。

2｜オープニングの絵は目立つ言葉といっしょに機能させる

見出しと絵が互いを補強し合っているかどうか確認してください。タイトルが絵の説明文の役目も兼ね、1つのものになっているか見てください。1＋1＝3になっていますか？（できれば、雰囲気作りのオープニングの写真には、キャプションはつけないでください。つけるときは、絵…見出し…もしあればリード文…本文へというスムーズな流れを中断しないように、キャプションは外に押し出してください。）

3｜必要なだけ長くする

最大3行などというナンセンスな規則を無視してください。調子よさよりも、テーマのほうが大事なので、キャプションの長さは変えてもかまいません。必要なところに少ししかないからと、決まった長さまで膨らませてはいけません。率直さが信用を呼ぶのです。

4 | キャプションの最初のフレーズに
タイトルのふりをさせる

ミニ小説を設定し、その1つのテーマを書くようにキャプションを書きます。絵の重要さを考えながら、タイトルになる言葉からキャプションの最初のフレーズを始めるのです。

ビル・ジョーンズは、
活動の分野を広げると
決めました。
彼の受賞牛ベッシーは
予想よりはるかに多い
乳を出すので、
彼は…
NO

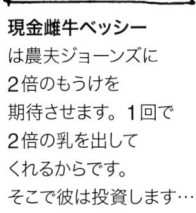

→

現金雌牛ベッシー
は農夫ジョーンズに
2倍のもうけを
期待させます。1回で
2倍の乳を出して
くれるからです。
そこで彼は投資します…
YES

5 | 肖像画のキャプションは挑発的な
引用文で始める

引用文の最後の最後でその人の名を明かしてください。箱組の文章の始めと終わりにある単語は、注目されるからです。

「腹を立てているときは、
話す前に10数えなさい。
もっと立腹しているのなら100まで」
A Decalogue of Canons for
Observation in Practical Lifeより。
トーマス・ジェファーソン。

6 | わかり切った説明で、
読者の知性を侮辱してはならない

「左から右へ」と言うのをやめてください。みんな、左から右へ見るものと思っています。絵が複雑なので、指示しなければどれがどれかわからない場合にはしかたありませんが、また、「上」「下」「右」「左」「向こう側」とか「いつもそうだからそうしているのでは?」などと言うのはやめましょう。そんな細かい説明が必要だとしたら、キャプションが間違った場所にあるのです。レイアウトを作り直して、キャプションと絵が1つの情報に見えるようにします。

左から右に、ムリエル・デプレスト、その夫ジョー
(通称ヒースト略してスイティ)、その孫リトル・ピンプル、
ジョー・ジュニア、そしてマリーヤ。

7 | 挑発的な問題を投げかける

好奇心を起こさせ、読者の興味をそそってください。時には読者を怒らせなさい。そして、挑発的な問題を投げかけてみましょう。

銃は必要ない? 昔懐かしい弓矢でも、
弾丸と同じくらいうまく殺せます。
マッチョなライフル銃の夢と同じように満足させます。
矢を射て、血が噴き出すのを見ることができるくらい近く、
目標に忍び寄り、無敵のスリルを味わうのです。

8 | 予想される順序で要素に注目させる

左上から時計回りに右へ。複雑なら、続きがわかるように読者に手がかりを示します。ただし、「左から3番目」の代わりに「蝶ネクタイをしている奴」などと言うと、じれったくなります。

9 | 写真家名を入れてはいけない

キャプションの締めくくりに写真家の名前を入れると、興奮の流れが中断します。写真のそばに小さい文字で入れるか、ページの所定の位置に置いてください。

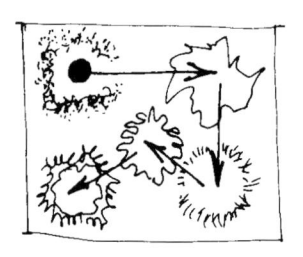

Photo by Joe Doakes

あなたが、
地面で十分に食べさせれば、
鶏はねぐらに帰ります。

あなたが、自体は
何も意味しません。せっかく太いキャプションで人目を引いても無駄です。より引きつけるキャプションはこんなふうに始まります。

「鶏たちは満足です。
たくさん餌をつついて、
ねぐらに帰ります。」

10 | ボールド体を使う

ボールド体の目的は注意を引きつけ、ざっと読む人を誘うことです。価値がないことを太くしたのでは無駄になってしまいます。導入部でボールド体を使うなら、特にそうです。声に出して読んでテストしてください。意味をなさないなら、書き直してください。

11 | 文体で絵のムードを喚起する

文体は図版のインパクトを持続させ、キャプションを完全に読ませます。読むことで確信させます。

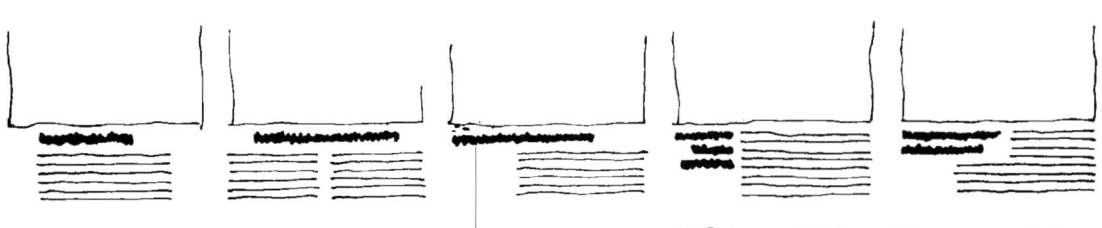

12 | キャッチフレーズ（または見出し）を使う

絵とキャプションの明確で効果的な関係は、絵の下に言葉がある場合です。キャッチフレーズがそれほど強力でないときは、キャッチフレーズとキャプションを絶対に切り離してはいけません。

13 | すべての絵にキャプションをつける

乱雑に見え、多くの要素を加えることになっても、全部の絵にキャプションをつけるべきです。ページのどこかにキャプションを1つにまとめるとすっきりしますが、やめましょう。検索しにくく、すばやく目を通す人を不快にさせます。結局はどちらが大事なのでしょう。ページのデザインですか？ それとも読者のためですか？ 考えて決めましょう。

NO　　　　　　　YES

14 | 本文とまったく違う書体を使う

本文と違う書体にすると、キャプションが見つけやすくなります。「正しい」か「間違っている」かではなく、その出版物にふさわしいかどうかです。重厚なサンセリフ体（ゴシック体）でカラフルな図版とのバランスをとる。弱いイタリックで高級な優雅さを出す。どちらの場合でも、楽に滑らかに読めなければなりません。

1. キャプションに最も適しています（最初にイメージを見て、次に下の説明を検索するので）。
2. キャプションとして次によいところ（イメージの下を探して見つからないなら、右を探すものです）。
3. 3番目に適した場所。（必要に迫られたときだけ。下と右に空きがないとき）。
4. イメージの上のキャプションはよく見のがされます。なぜそんな危険を冒すのですか？

15 | 見つけやすいところにキャプションを置く

キャプションを見つけやすいのは、絵の下です。見つけやすく、役立ちます。機能的な理由があるのなら、ほかの場所に置いてもいいでしょう。

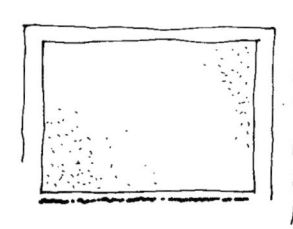

16 | 1行キャプションはどんな長さでもよい

一番左端に戻って、次の行の始まりを見つける必要がないからです。複数行のキャプションは最長でアルファベット60文字（12ワード）を超えないようにします。これも、書体サイズや、行間、紙のツヤなどによって変えます（変えられます）。キャプションの幅が長すぎると思ったら、2段組に分けてください。

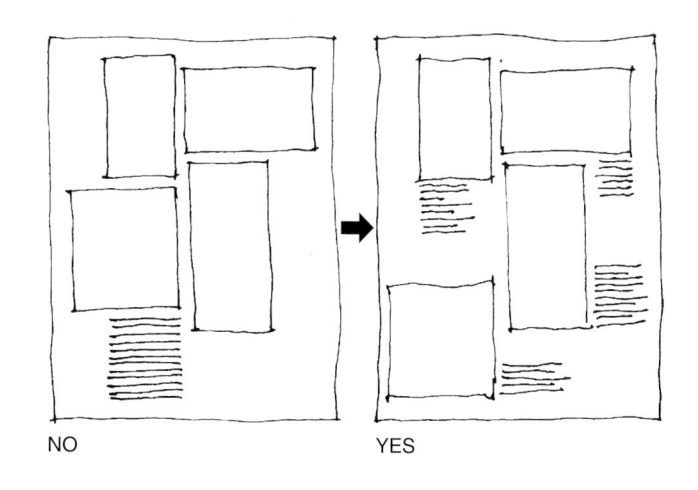

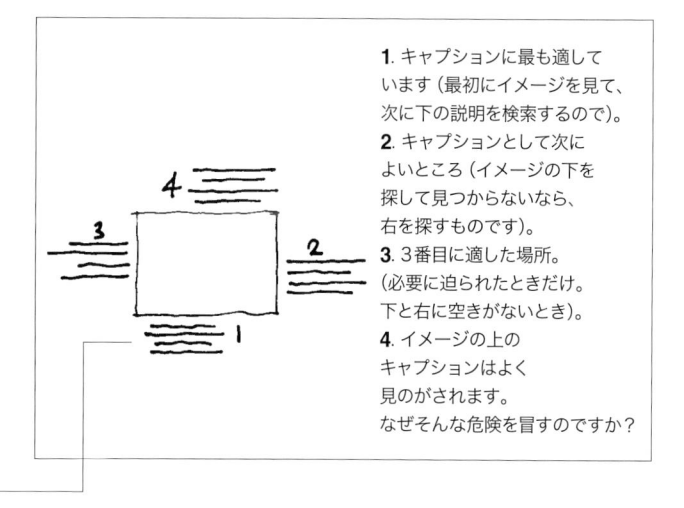

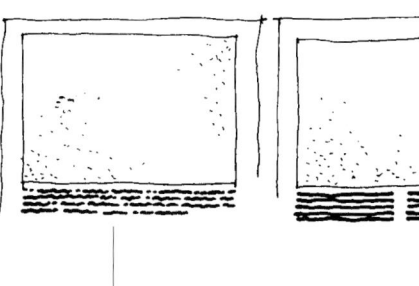

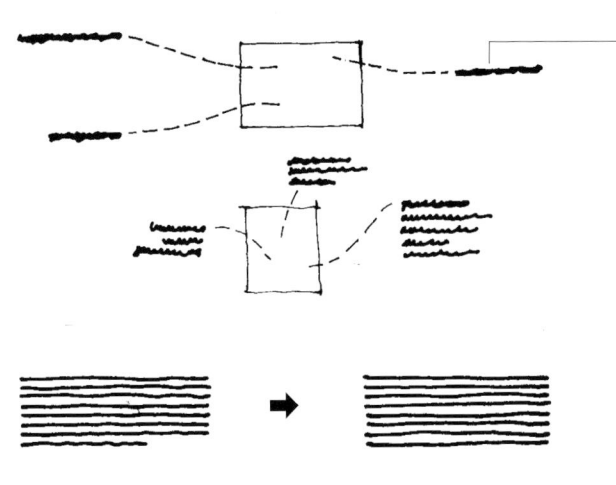

**17 | 事実上の注釈を
『引き出し説明文』に変える**

こうすると、イラストを体系づけたり表にしたインフォグラフィックスに変わります。より早く、より好奇心をそそります。読者の負担を少なくします。

18 | 最終行を埋めて四角いブロックにする

こうするには書き直しが必要です。デザインを美しく見せたいのなら、努力しなければなりません。

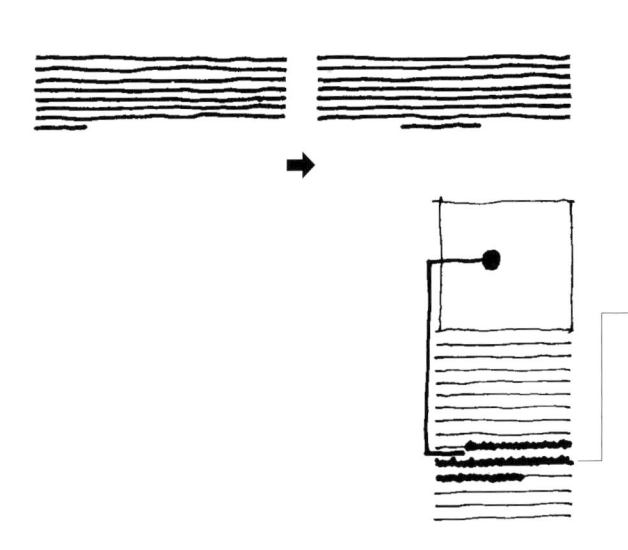

19 | 最終行の単語を左右のセンターに置く

古風で歴史的な感じを与えたいなら、左右の端を揃えたキャプションの最終行の単語を左右の中心に置きます。しかし、その行で確実に効果が目立つように、単語は短くしてください。

20 | 付随するキャプションに見出しを埋める

キャプションとして埋められた文字をボールド体にして色をつけ、図版からキャプションまで引き出し線を引き、キーワードのような扱いにします。

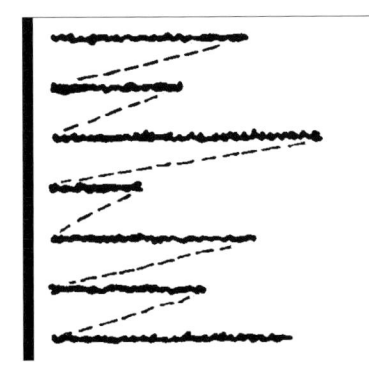

21 | キャプションを左揃え右なりゆきにする

左揃えにすると、続く行の始まりを見つけやすくなり、読むのがより簡単になります。

22 | 不揃えのキャプションを羽の形にする

これを使うときは、箱形となっている本文組と対比させてください。それはそよ風、バラエティ、軽さをもたらします。

我々は以下のことが自明の真理であると信ずる。すべての人は生まれながらにして平等であり、神から、生命、自由、幸福の追求の侵さざるべき権利を与えられているのだ。
アメリカ合衆国「独立宣言」より

（人工的で不自然で無理やりなスペース）

我々は以下のことが自明の真理であると信ずる。すべての人は生まれながらにして平等であり、神から、生命、自由、幸福の追求の侵さざるべき権利を与えられているのだ。

（まだ無理やりだが、人工的に字間調整されていない、安定した単語スペース）

我々は以下のことが自明の真理であると信ずる。すべての人は生まれながらにして平等であり、神から、生命、自由、幸福の追求の侵さざるべき権利を与えられているのだ。

（感覚的に、話し言葉を反映し、行末なりゆきにしています）

23 | キャプションを感覚的に改行する

人工的に決めたスペースに言葉を力ずくで押し込まずに、言葉をスペースに合わせてください。言葉の構造を反映させれば、情報が早く、簡単に理解されます。たかがキャプションですって？ほんのささやかな改善だとしても、1冊の雑誌のキャプションの数を考えれば、読者の理解のスピードアップに役立つはずです。

24 | キャプションを絵の近くに置く

絵の近くにキャプションを置き、1つの情報と関連があるとわかるようにしてください。

25 | 本文とキャプションに分ける

本文との間に十分な余白をとってください。目的は、普通の本文と対照することで、絵／キャプションを、1つの情報として強調することです。

26 | キャプションどうしの行数を揃える

キャプションの長さに柔軟性を持たせます。必要に応じて、キャプションの1行の文字数を変えることで、様々な長さのキャプションを同じ行数に揃えることができます。簡単なやり方ですが、こちゃごちゃになりがちなものをきちんと調整しているように見せます。

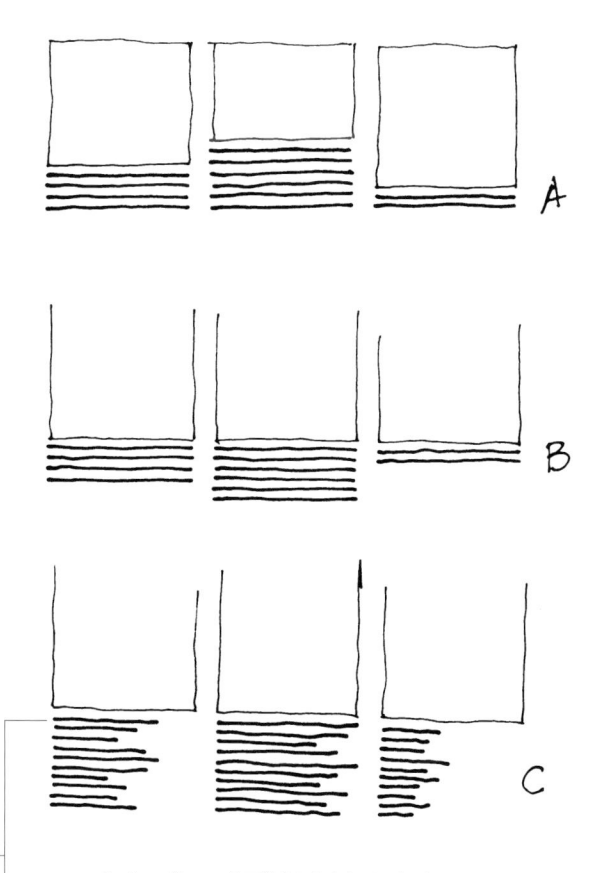

A　キャプションを下揃えにしたため、上が任意スペースになり、絵の威厳を下げます。

B　キャプションの下のだらしのない縁が残ってしまう（ページ上では、ほかの要素次第でさらに悪く見える）。

C　言葉に対応して行長を変え、テキストを同じ数になるように改行し、キャプションの長さの違いをカモフラージュします。

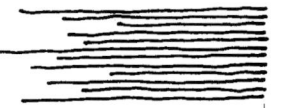

左揃えは最も読みやすいです。
なぜなら、目は左端でどこに戻るかを知っているのです。
行が長いと左なりゆきはやっかいです。
多すぎてインデントがいろいろになり深くなります。
今読んでいるものは本当に読みたいものではないんでしょう？

浅いインデントで合理的に短い行に設定され小さく見えるこのようなキャプションは問題ではありません。

27 ｜ 右揃え左なりゆきのキャプション

常識的には、左揃え右なりゆきより読みにくいとされています。行が少なく（8行程度）、文が短い（3英単語程度）とき、キャプションを絵にくっつけて整列させるのは、リスクです。厳しいテストを行ってください。うまく読めますか？

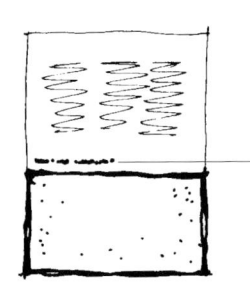

28 ｜ 決して絵の上にキャプションをのせない

読者が見逃します。絵を下に裁ち切りで置き、スペースがまったくない場合にだけ、行います。145ページのこれに関する注を見てください（とても重要なので、ここで繰り返します）。

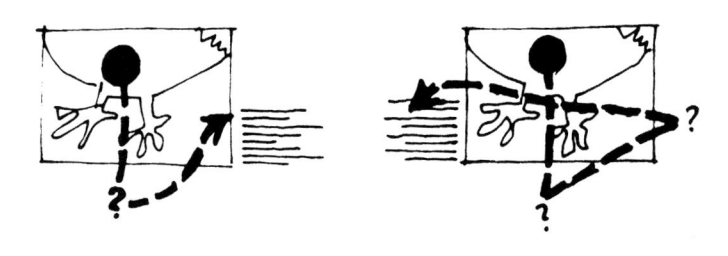

29 ｜ 右にキャプションを置く

絵の下に置けないなら、右に置きます。横組の場合、読者は、左から右への配列に慣れているので、最初に絵を見て、次に説明がどこにあるか、ちらりと下を見てから右に移ります。そこになかったら、左端まで探します。そこにないなら、あきらめます。ほとんどの人が絵の上のキャプションを見のがします。

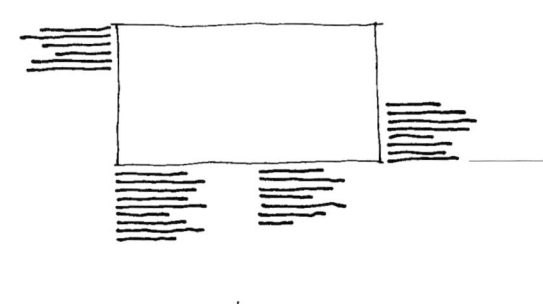

30 ｜ キャプションを部分に分ける

イラストの周りで該当する箇所の近くにキャプションがあるようにします。

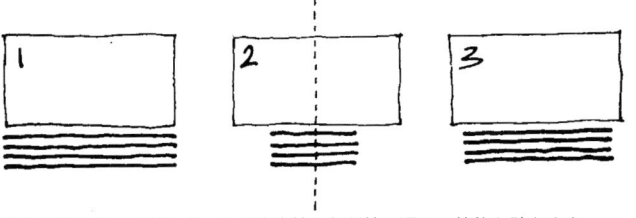

31 ｜ キャプションを絵の下の中心に置く

こうすると、絵とキャプションを結びつける軸ができます。キャプションは絵と同じ幅か、とても狭い幅にします。両サイドに残った狭い空間は、中途半端に見えるだけです。

四角く整えられた縁と角　1.は真実性と信頼性に通じる技能と確かさを表します。それより狭くあってほしいなら、かなり狭く　2.にしてください。3.の左右に残ったちっぽけな空間は、鼠が端っこをかじったように見えます。

32 | 絵の横の中央に置かない

こうすると、上下に残った中途半端な空間のせいで、絵の下のセンターに置くよりもっとだらしなく見えます。キャプションを一番上まで上げるか、または下まで下げてイラストの上端か下端に合わせてください。整列させ「互いに関係がある」とわかるようにします。

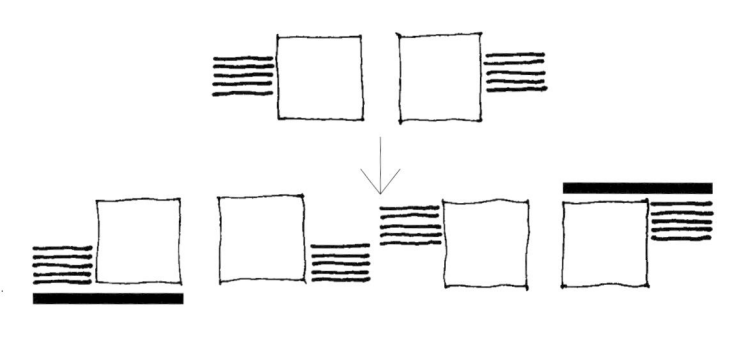

33 | いつも「くっつく縁」を使う

キャプションを絵につけてください。絵の横に不揃いの側を置くと、乱雑な広いスペースが絵とキャプションを切り離してしまうので、はっきりしたグループにはなりません。キャプションの縁が揃っている側と絵をくっつけます。

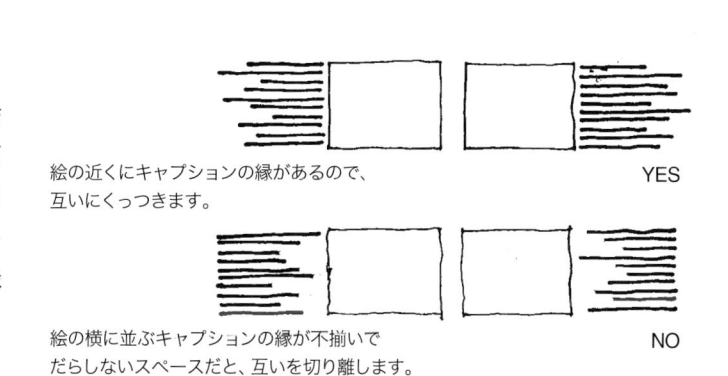

絵の近くにキャプションの縁があるので、互いにくっつきます。　YES

絵の横に並ぶキャプションの縁が不揃いでだらしないスペースだと、互いを切り離します。　NO

34 | 絵とキャプションの縦のラインを揃える

イラストの縦の辺1つにキャプションの線を揃えます。できるだけ明確に、キャプションを図版にくっつけたいものです。これは、行が箱組か、または左揃え右なりゆきなのかに関係なく使えます。不揃えのときに最も劇的な効果を発揮します。(キャプションは上に置くより絵の下に置くほうがよいでしょう。)

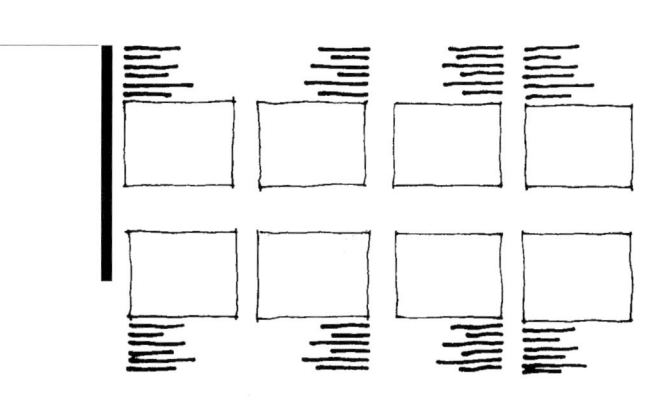

35 | 絵とキャプションの横のラインを揃える

絵の上端か下端にキャプションの上端か下端を揃えて並べ、相互依存を強調します。これに「くっつく縁」を組み合わせてください。

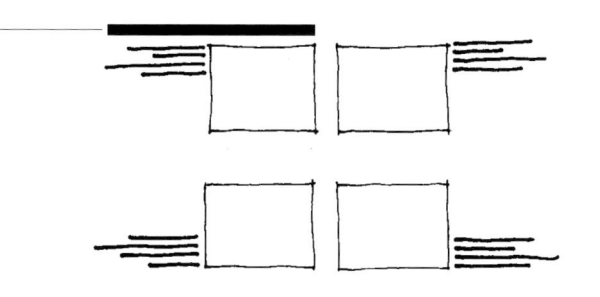

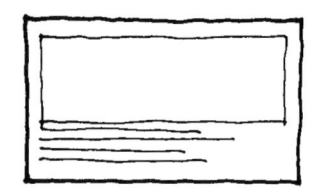

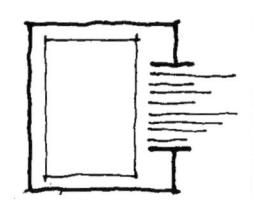

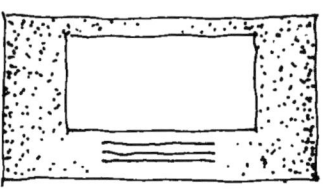

36 | イメージ／情報ユニットで説明の効力を高める

周囲のスペースを取り込み、利用します。明るい背景、色、影、外への張り出し、重ね、縁取りなど……何でも（必要なら）。

37 | キャプションは絵と平行に

写真が横向きだったり傾けて置くなら、キャプションも図版と平行に傾けてください。キャプションは本文ではなく絵に属します。同じ方向に向けることで、一体感が出ます。写真の傾けは、めったに使わないでください。

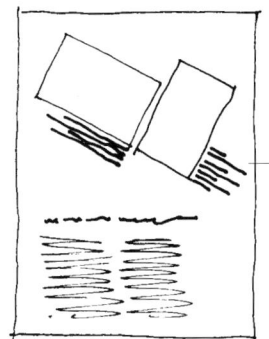

38 | 画像の上に重ねるキャプションは要注意

文字は、読まれるためにあるのです。読みにくさに言い訳はききません。キャプションは滑らかで、決してまだらではないところに置いてください。（用語解説：薄い背景に黒い文字は「サープリント」、黒い背景に白い文字は「ドロップ・アウト」。昔は色つきの印刷技術はなかったので、「色の上に色」は、名前がありません。）

39 | 読みにくさは補う

ただの白地ではない階調のある背景にキャプションをのせる場合には、文字がきれいに出ない危険があります。文字の大きさ、書体、字間などを調整して読みにくさを補ってください。

18 図版［51の法則］

> 絵は言葉とは異なるものです。音と匂いほど違います。
> 言葉のほとんどは知性に、絵は気持ちに働きかけると言われています。
> 飛行機墜落事故の写真で最も強烈に伝えるのはどれでしょう？
> 木に掛かるストッキングや顔の破れた人形。
> それは言葉より強く訴えかけます……丘を下って運ばれる
> 死体袋の写真以上のことを。
> 　　　　　　　　　　　　　　　リンダ・エレービー（ジャーナリスト）

デザイナーへのアドバイス

絵や写真は誰もが最初にざっと見るものです。伝わり方が早く、感情的で、本能的です。そして、好奇心を呼び起こし、読者を情報まで導きます。
ただ本文を分割したり、ページの退屈さを減らすためだけではなく、
戦略的・意図的に絵を使わなければなりません。
絵は従属的な要素ではないので、そんなふうに扱わないでください。
出版物は言葉とビジュアルの融合（協力関係）なのです。

編集者へのアドバイス

3種類の写真とイラストがあります：

「雰囲気写真」は、おもしろい想像力をかき立てる写真やイラストです。
その目的は、おもしろいものを待ち受ける読者を驚かせて、
好奇心をそそり、魅了し、引きつけることです。
そのためにふさわしい言葉は"さくら"だと言ってもいいかもしれません。

「情報写真」は事実に基づく、リアルなドキュメンタリーです。
まじめに表現し、
真実性を保ってください。

「埋め草写真」は、行き詰まったときの
平凡な画像のことです。
よく使われるかもしれませんが、
大きな扱いは
ふさわしくはありません。
小さくしてください。

3種類、それなりに正当です。
それぞれの写真をどのように使うのかはっきりさせ、
適切に扱わなければなりません。

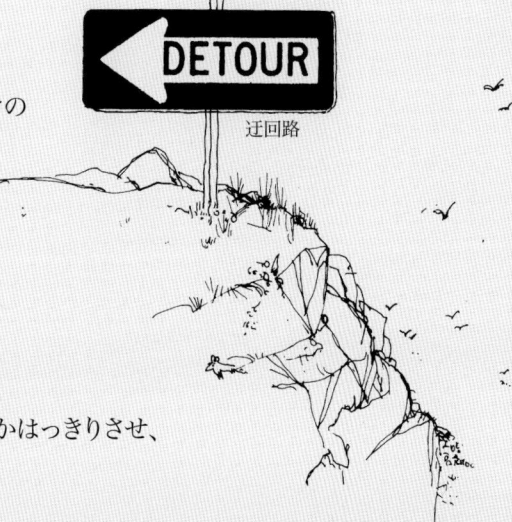

美しいが
的はずれ

不格好だが
興味をそそる

1 | 絵は意味で選ぶ
たしかに見た目はきれいなほうがよいのですが、選択理由としては、美は二次的です。その図版はレポートや、ストーリー、記事やメッセージの主張をさらに前進させましたか？ もちろん美しいに越したことはありません。

2 | 重要な絵を優位に扱う
いい位置に大きく使い、グループのほかの図版やアイデアで支えてください（これはときどき「メンドリとヒヨコの原則」と呼ばれます）。この焦点を囲むようにレイアウトをしてください。明らかに、これは編集者とデザイナーの相互理解の結果です。

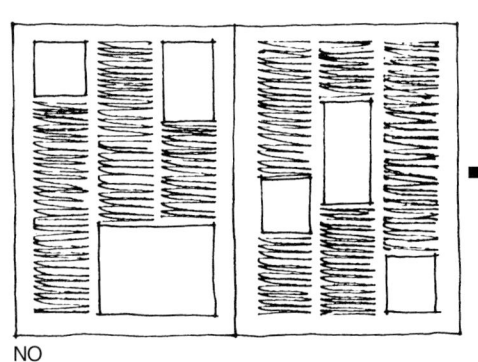

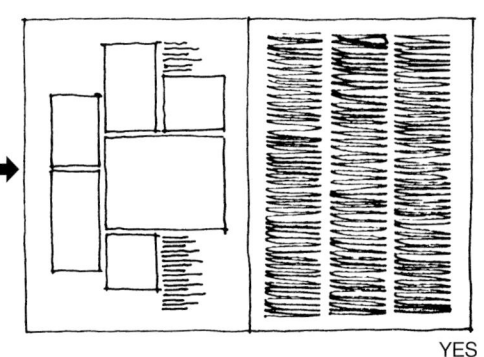

NO　　　　　　　　　　　　　　　　　YES

3 | 小さい図版をまとめる
ページに絵をバラバラに配置する代わりに、一緒にしたときのインパクトを利用して、印象的なグループを作ってください。読者は、まず、言葉以外のものを見ます。最初の一目で、写真に強い印象を受ければ、心に残り、「おもしろい」雑誌ということになるでしょう。

4 | 絵は、びっくりさせ、退屈させない
統計図や表のページの中に出てきた象は、クールな統計学者の興を必ずやそそるはずです。あえて場違いな絵を使用してください。

5｜言葉で注意を向けさせる

写真や絵は、いろいろに解釈されます。だから、言葉で1つ1つの絵の説明をして、見てほしいものに読者の注意を向けてください。この2つの画像の目的は、ギリギリのトリミングの有効性を例証することです。水平な風景と、伸び上がるバスケットボール選手。いろいろな解釈が可能ですが、2つの絵を見たときの意識の流れを仮定して説明してみます。

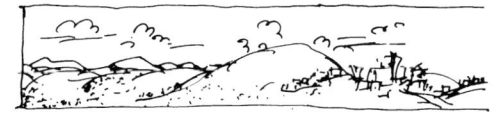

「なんときれいな風景でしょう…
サセックスのうねった丘陵を
思い出させます…そこは
石灰質の土壌でできています…
たくさんの羊…もし天気が
悪かったら5分待てばいいんです…
そう、楽しいピクニックに行ったのは…
たしか、97年……
はるか昔のことのようです」

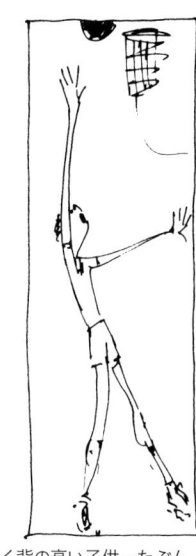

「すごく背の高い子供…たぶん
14歳くらい… 何がそれほど
早く成長させたのか？…
過剰ホルモン…不思議に
思います…その理由は彼の
スニーカーのせいじゃないか…
彼が40歳になれば原因が
わかるかも…」

6｜説明する文字の上に絵を置く

画像は好奇心と感情を呼び起こします。読者を記事に引き入れるためのフックとして使ってください。人々は最初に画像を見て、普通は次にその下の説明を読みます（『キャプション』p.141～参照）。

1100万歳の翼手竜の雛が孵った。

7｜大きい要素でノドをまたぐ

2つの小さなパーツから、印象のスケールを拡大します。見開きは1つの印象的な水平画面に変わります。強さがノドの中断を圧倒するので、誰もそれに気づきません。印刷調整不良を無視しても大丈夫です。しかし、注意してください。ここに配置したザルツブルク城は、画像の重要な部分をノドで切られ、台無しになっています。

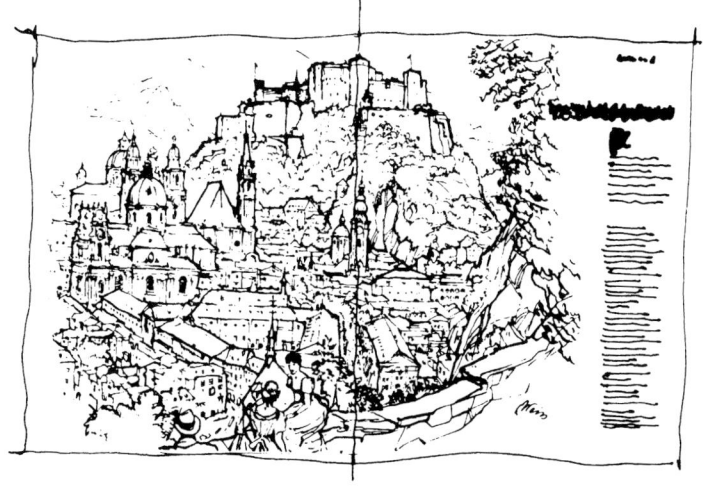

8｜ギリギリまで切り落とす

大事な部分だけを見せて、じゃまものや、関係のないものを取り除いてください。意味のために一部画像を犠牲にしてもかまいません。絵の焦点で決めてください。そして、ギリギリのポイントに達するまで外に拡大します。絵が挿入される領域ではなく、メッセージに絵の形を合わせましょう。

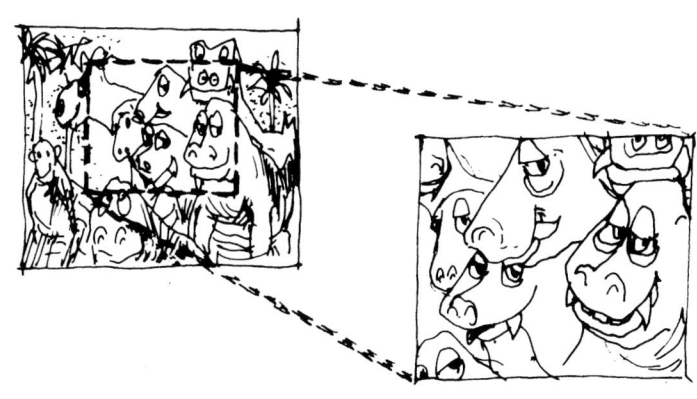

9 | 見開き上部に絵を置く

そこは雑誌をパラパラめくってみた人が最初に見るところです。読者を引きつける画像の力を最大限に利用してください。

10 | 絵をページの外にはみ出すように置く

立ち読みする人が納得して投資してくれるように、絵を小口裁ち落としにして、見せびらかしてください。

11 | ノドの下に重要でない絵を隠す

誰も見ない場所がノドの下です。人々が握手している写真とか、授賞式でのにこやかな写真とか、退屈ですが、掲載しないわけにはいかない写真を置いてください。

12 | 絵が向いている方向

絵の中にある方向を、ページの配置に関連づけてください。下向きに見える絵は下に、上向きの写真は上がよい位置です。この手法はそれぞれの絵のインパクトと幻想を強め、パワフルな見開きを作ります。

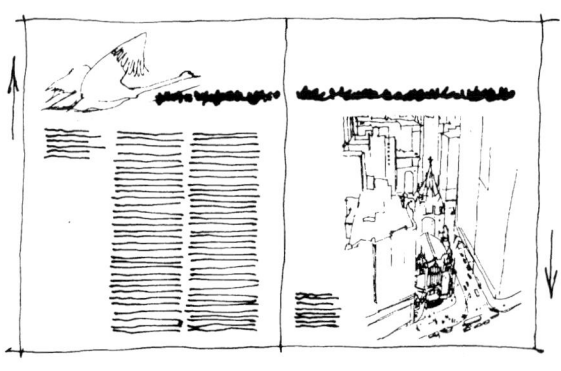

13 | 視線で誘導する

左から右へや、次のページへの流れを強調してください。「集合写真は並んで見えなければならない」というがんこな格言を忘れてください。生き生きとしたコミュニケーションができるなら、規則を破ってでも、このテクニックを使いましょう。

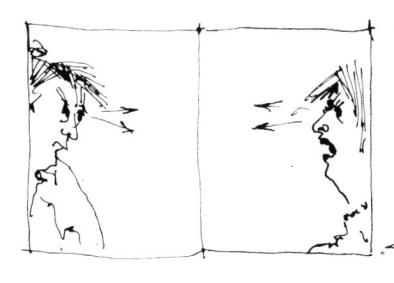

14 | 絵の周りのフレーム

これは、役に立ちますが、危険です。太い枠、色の枠は注意を引きすぎます。しかし、全体を通じて使えば特徴となります。細い枠は薄い色の領域の縁をはっきりさせます。普通はすっきりしたシンプルな枠がベストですが、すべては状況次第です。

15 | 裁ち切りで最大のインパクトを演出

裁ち切ることで、頭の中では誌面の外まで画像が続きます。大きく裁ち切ってください。小さくては効果がありません。まん中の例のように小規模の裁ち切りでは、余白が狭く、ほとんど目立ちません（『マージン』p.67〜参照）。

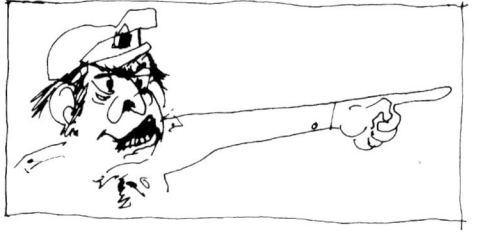

16｜大きいものはもっと大きく

大きいものは大きく見えるように、小さいものと対照的にしてください（『大きさ』p.87～参照）。アフガンハウンドがチワワの横にいると、より大きく見えます。おもしろくなるからと、周囲や背景を飾り立てないでください。視覚的な雑音は、絵自体の意味をなくし、知的なインパクトを減少させてしまいます。要するに、形より内容を優先することです。

17｜重要性にふさわしいサイズ

大きいと重要で、小さいと重要ではないということです。ただし、利用可能なスペースをふさぐためだけに絵を膨らませないでください。知らせるのが目的の絵は大きくして、ディテールが見分けられるようにしましょう。

18｜中心点が真ん中にある写真

中心点が真ん中にある写真は、ただそこにあるだけです。地平線を動かしてみてください。空が重要なら地平線は低いはずです。地面が重要なら、地平線は上のほうにあるはずです。鳥の視点で、虫の視点で、内側から見てください…意外な視点は平凡な対象に活気を添えます。

19｜人物写真は自然で、気取らず、ありのままの姿に

自意識の強い人々が自分を撮らせたような写真ではいけません。もちろん、証明書の写真のようでもいけません。なぜ対象がおもしろいのかという説明があって、写真を見て感情的にも満足し、信頼性とリアリズムが両立するのです。顔写真はそれを引き出すべきです。

紙は何もない壁だと想像してください…　　　そこに2つの「窓」を作る職人さん…　　　そこから、向こうの景色が見えます。

20 | 隣接している「窓」の関係性を利用する

印刷された絵はまさに、窓を通して見た現実の
(小型化された) 幻想なのです。

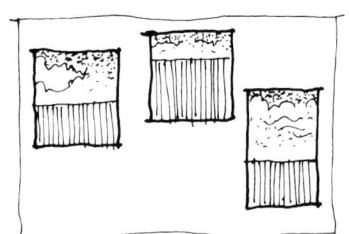

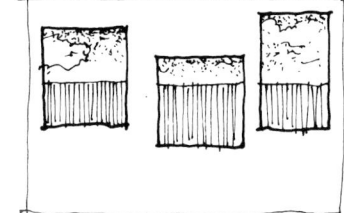

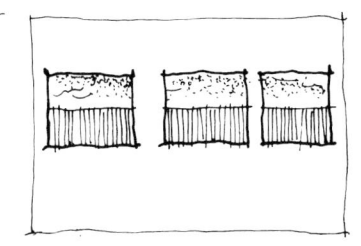

3つの窓からの眺めは統一されていません…　　　そこで、地平線の高さを合わせます…　　　すると窓からの眺めが絵のように見える効果を引き出します。

21 | 絵の地平線を揃える

絵の形も考慮に入れて、絵の水平線を揃えてください。すると窓からの眺めが絵になります。

22 | 人物の目の高さを揃える

右の例のように、この人は穴の中に立っているのかとか、こっちは箱の上に乗っているのではないかという疑惑に悩まされます。人物の目の高さを3枚とも揃えれば、実際に見える地平線がなくても、地平線と同じ役割をします。

23 | 隣接している絵どうしのスケールを関係づける

いっしょにしたとき意味をなすように、外枠の長方形を揃えるだけでなく、中の絵のスケールも同じようにして関係づけるべきです。

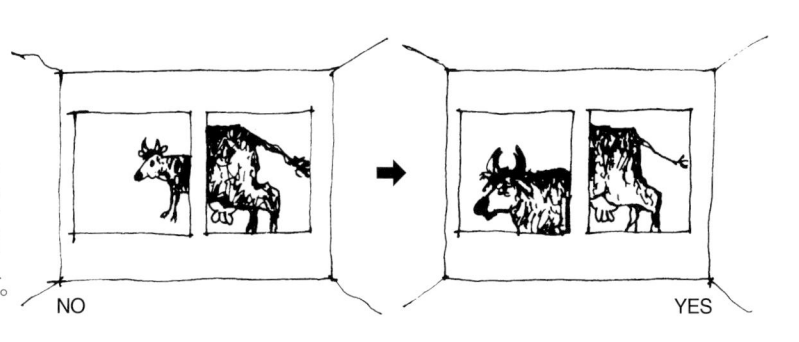

NO　　　YES

18—図版[51の法則]　157

24 | グループにすると焦点が絞られる

まとめると意味が結びつきます。画像をただ集めるより、すきまのない固まりにしたほうが、見た目もよく、強い感じが出ます。うまく利用すれば、大きなインパクトを作り出せます。編集上の目的と理由によって、絵をどう組み合わせるかを決めてください。ここに例を示します。

整然とした幾何学的な配置。 普通すぎて退屈です。活気はありませんが、系列を示すには理想的でしょう。

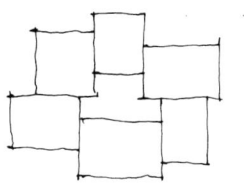

接している絵や画像。 グループにすることで、統一された対象、声明だと考えられます。

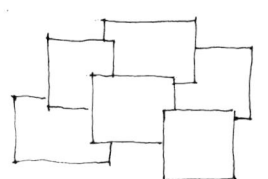

ブドウの房のように中心からの**ユニットを重ね合わせ**、動きを加えると、イメージが固まります。

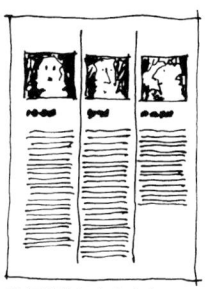

幾何学的にきちんと整列させた顔写真は、テキストの長さのバラツキをカモフラージュします。

顔写真を重ねる(最も大きいものは一番重要だと思われるので注意してください)。

自然に組分けを作成するように様々なスケールのシルエットで重ね合わせて、構成した顔写真。

立てられたシシカバブのように、罫線でくし刺しにされた顔写真。年鑑です。

上に流れる引用文を強調するために、顔写真をページの下まで下げました。

25 | 論理的なアレンジのためのヒント:

…テーマの自然で密接な関係。
関係、時代、一般的な関心…

…順序編成。
番号や言葉による識別認識。繋がりのシンボルをパーレン、丸括弧、$x+x+x-y=z$などの数学記号で繋いだり…

…共通の背景色。
意味があろうと(シンボリックな背景のように)、テクスチャー、ストライプなど単に表面的な共通点があるだけであろうと…

…共通の形。
縦長、短い、ずんぐりしている、円形、角が切り取られているなど。また一歩進めて、絵を撮影する際の方向を揃えて結びつける、すべて鳥瞰図とか仰視図として撮るなど…

…視覚的なテーマ。
例えば切手、あるいはアルバムに貼ってある写真、番号付きのフィルム、フレーム入りの写真やポジ写真のように揃えてみたり…

…お互いに反応している人々。
被写体の人物を好意的に、あるいは無愛想に、互いに反応させます。

…絵の中の動作。
対象が隣りの絵へと跳ぶと、目はそれを追っていきます…

…はみ出した絵。
隣りの絵に重ねて、ドラマチックに強調したり…

…道具で連結。
書類の束をクリップではさんだり、道具を使ってみたり…手に持たせたり…

…行列を作ります。
箱、六角形、タイルなどの表面に絵をはめ込みます。

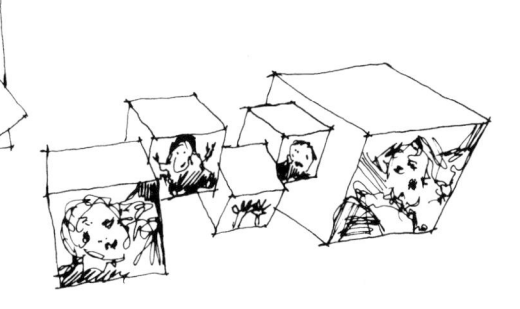

26 ｜ 鏡像

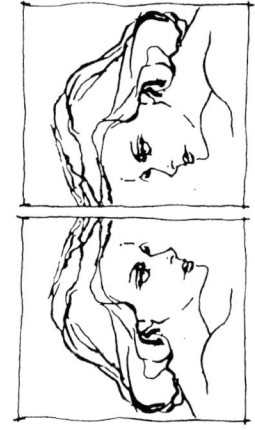

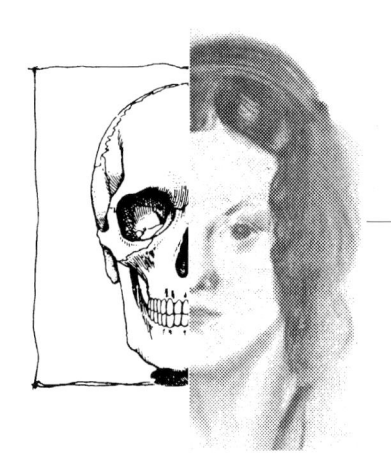

オリジナルをパタンと裏返して複製し、向かい合わせになっているような幻想を引き起こします。横向きや、逆さにすると、プールでの水面の反射のようになります。ただし、服の合わせ、「右から」が「左から」になったりしないように注意してください。

27 ｜ 警告

トリックも1度なら効くかもしれませんが、2度目には効果は半減します。2度以上になると、読者のほうもごまかしだと意識するようになります。効果どころか白けさせます。

28 ｜ 絵を半分ずつ組み合わせる

意味的にも、形の上でも関連がある場合に限ります（賛成／反対、厚い／薄い、可愛い／醜い、若者／老人、すかすか／いっぱい、前／後、内／外）。

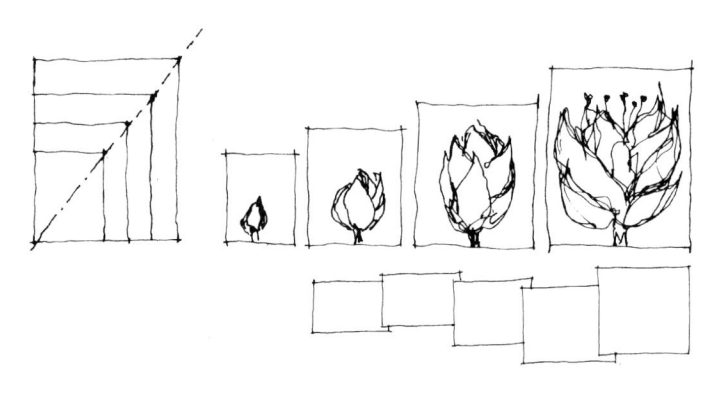

29 ｜ サイズの拡大

成長を強調します。逆に縮小は、収縮を表します。重ねていくことで、親密な関係を示せます。流れ以外に、「～から／～まで」「前／後」「原因／結果」などと解釈することができます。

30 ｜ 小さい絵を挿入する

大きい絵に小さいものを加えると、周囲の状況の中で、その関係が暗示されます。猫は鼠のあとをつけています。2つの影が不気味さを表しています。

1 遠くに7つ頭の怪獣がいます。壁の内側から窓を通して見ているから怖くありません。

2 怪獣が近くに歩いてきて、大きくなり、特に頭が見え、近づいてくるので安らぎレベルは減少します。

3 何か食べられるものがないかじろじろ見ながら、窓までにじり寄ります。

4 おっと！怪獣の頭が1つ、ガラスを割って壁の内側に入り込んで、部屋の中に入ってきました！怪獣は微笑んでいるかもしれませんが、生臭い息まで感じられます。

31 | 写真から要素をはみ出させる

絵が想像上の空間から飛び出して、迫ってきたような錯覚を起こさせます。

32 | 絵の縁を目立たなくする

柔らかな輪郭にします。はかない夢のようです。上の「窓」のトリックの逆です。ページの単調な矩形(くけい)に不定形が加わるというメリットがあります。

33 | 1つの画像を部分に分ける

部分に分けることで、それぞれに注目し頭の中で再構築します。これにより絵の複雑さと要素の多さが強調できます。

34 | 画像を白黒反転する

幽霊が出そうな、不気味で非現実の世界になります。元の画像より見にくいのですが、ムードがあります。

18―図版［51の法則］

35 | 絵の絵としての絵
絵を、単に画像と考えるのではなく、画像が印刷された紙という「現実的な物」と考えてください。「絵が描かれた紙」として扱い、再現してください。

36 | 背景から浮く絵
影をつけます。ただ、絵の2つの側面に黒い影をつけるより、もっと現実的で説明力のある方法もあります（『シャドー』p.189〜参照）。

37 | 自然に散らす
落ち葉のように無作為に角度をつけ、あちこち重ね合わせ、配置します。影をつけると、さらに錯覚の効果が増します。

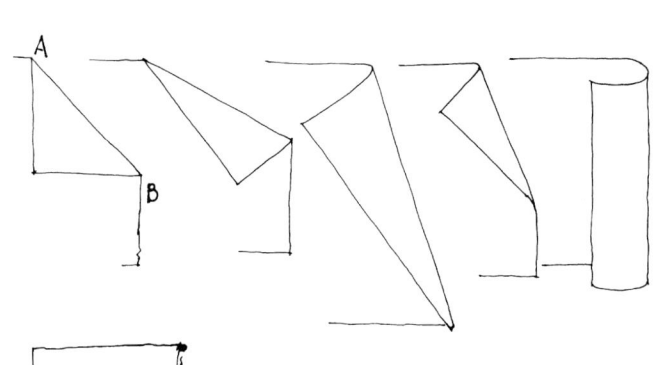

38 | 耳折れの角
画像の角を折る手法も、効果があります。角度は90度に、線ABは真っすぐです。カーブしたりするのも表現できます。

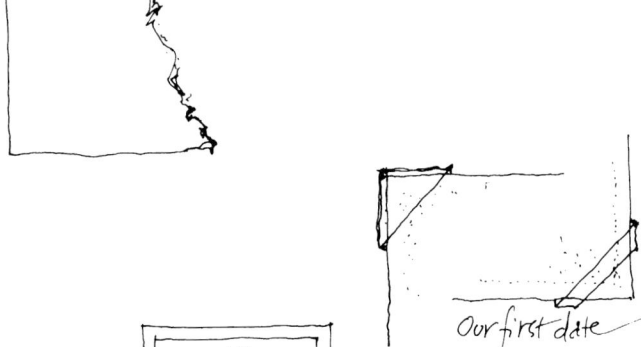

39 | 破いた縁
写真の縁を破いたように見せると、早急感、暴力、リアリズム（あるいは離婚?）が表現できます。

40 | 写真コーナーと手書きのメモ
セピア色や茶色っぽいシミで、古い写真アルバムのようにします。

41 | 波状の白い写真フレーム
波状の縁をした古風な写真に役立ちます。

42 | 線描

ただの、手で描かれた絵ではありません。機能的に使えばコミュニケーションメディアとして利点があります。線描のコミュニケーション能力は少し変わっています。「私たちは絵を通して現実を見、文章を通して理解する。線描を通して写真を理解し、写真を通して線描を信じる」と、スウェーデン言語画像アカデミー総裁スベン・リードマンは語っています。

43 | 選択性

つまり、重要なことを明らかにするために本質的でない部分を取り除くのです（すなわち「削除する」）。右の家に正面玄関がないのはなぜでしょう？ 編集者に聞いてください。

44 | 透視図

写真では説明することができない内部の構造や組織を視覚化した（絵に描いた）もの。断面図や分解組立図は、それぞれの関係性を理解しやすくします。ここではクロゼットがどこにあり、何を含んでいて、どのように機能するかがわかります。

45 | 説明図

ブロボグラム（串刺し図）のように、何がどう働き、どのように互いに関連するかを説明します。統計値を図とグラフで絵に変えます（『ダイアグラム』p.165参照〜）。

46 | 内部構造図

写真の枠の外にイラストを展開し、本物の「何が」に技術的な「どうやって」を加え、写真の物がどう組み立てられているかを説明します。

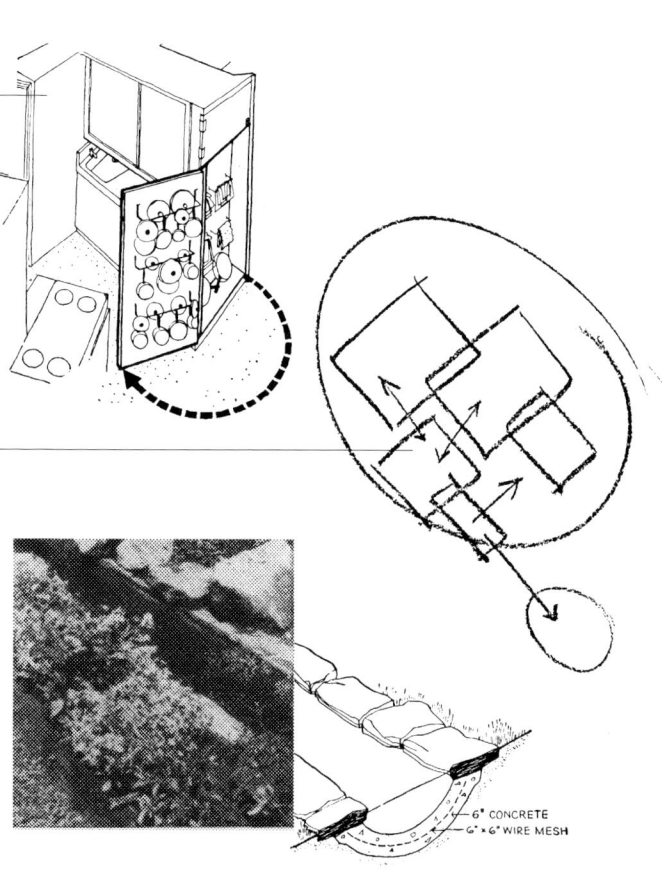

Fourscore and seven years ago our fathers brought forth on this continent, a new nation, conceived in Kiberty, and dedicated to the proposition that all men are created equ

47 | 引用
話し手の絵に添付すると、言葉と画像が結びつき、はっきり理解できます。

48 | 絵文字
位置や方向を表す語なら、作るのは簡単です。必要なのは基準となる点をきっちり決めること。単語を活躍させてください。

49 | 視覚的な語呂合わせ
文字、形、位置で表現します。ときには「文字をはずして」表現することもあります（mis ing）。

50 | ゴム印
昔風の郵便物を思わせます。直に押したような独特な雰囲気があります。

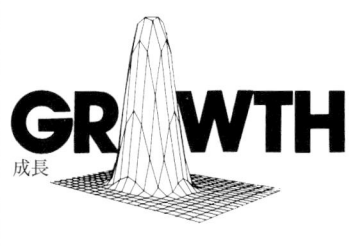

51 | 絵を織り込んだ単語
ユーモアを加えて、記事を少し軽くすることができます。

19 ダイアグラム（図表）［44の法則］

ビジュアル化（言葉を視覚化する）とは、考えやデータを図にして説明することです。
「純粋」な道は、事実を上品、単純明快かつ公平無私に提示し、
読者を結論に導くことです。「不純」な道は、要点や結論に注意を向けさせようとして
ビジュアル要素を強調して説明することです。出版物の制作において、
編集者とデザイナーは、何が要点なのかを決め、その意味が明らかになるように
提示しなければなりません。それは事実を曲げたり、こびたり、
粉飾したりすることではなく、知識をすばやく伝える出版社の使命と合致します。
常に 誇張と誤解という危険が伴います。「嘘だ、いまいましい嘘だ。この統計は」と
ビクトリア女王時代のイギリスの首相ベンジャミン・ディズレーリは言っています。

―――― 客観性 ――――――――――――――――― 歪曲 ――――

バランスとは
正直さと判断力を天秤にかけることです。
何にどのように
光を当て、
強調し、
控えめに扱うか、
あなたが決めるのです。

デザイナーへのアドバイス　人々は視覚化された機能的なものを好むので、ダイアグラムは有効です。
ダイアグラムは、購読者を増加させ、評価が高まります。
さらに、出版物を豊かにし、高水準にします。その上、
作り手の支配下にあるので、視覚的な表現を高めることができます。

編集者へのアドバイス　ダイアグラムは、言葉よりすばやく明確に統計的な関係を表示することが
できるので、コミュニケーションの速度が上がります。
前後関係を示しながら、メッセージのきわめて重要な側面に焦点を合わせます。
そして、関係性を明らかにし、見えない概念を説明し、
主題を比喩やシンボリックな像で図解します。目に見えるので、
読者を本文に引き入れるためのフックとして使うことができます。
もちろん説得し、考えを揺さぶることもできるのです（ディズレーリが暗示したように）。

出版物における、よいダイアグラムは
　　事実を含んでいるなら**機能的**で、
　　意見を伝えるなら**説得力**があり、
　　意見が明確に早く伝わるなら**効果的**で、
　　以下の比較に焦点を合わせるなら**役立ち**ます。
　　　　何が最も重要ですか？
　　　　どのように変化しましたか？
　　　　何が起こりそうですか？
　　　　変化はどれくらい重要になるでしょうか？
　　　　どのように読者の利益に影響しますか？

プラスチックのコーヒーカップについての
記事なら、安く、普通の化学製品で、作るのが
簡単で、積み重ねやすく、効率的に
パッキングでき、生分解性物質で、軽く……
こんな専門的なことは、技術者やメーカーには
魅力的ですが、ほかの人は誰も興味が
ありません。代わりに、あなたにとってカップとは
何かを語ってください。指を火傷せず長い時間
熱さを保つとか。たぶんそれこそ消費者が
気にすることです。それから、どうしても必要なら、
専門的表現を加えてください。

編集者のあなたがどう思うか、どう語るかこそ、とても貴重で
明確で魅惑的であるべきです。退屈なら、内容が退屈だということで、
その退屈さはどんな視覚花火で飾り立てても変わらないでしょう。

核心から注意を遠ざける、意味のない装飾的ダイヤグラムを排除してください。
多少なりとも理解の助けになる背景としてだけ使ってください。

意見を持ち、それを強く主張してください。ただのラベルでは、統計値を
じっくり見させる誘因として十分ではありません。それぞれのビジュアルに動詞を使った
アクティブな見出しをつけてください。タイトルで刺激的に主張し、
ダイアグラムで確かな証拠を見せ、キャプションで説得力のある説明をするのです。

読者にとってのデータの重要性に集中し、できるだけ簡単に見せてください。
目標は明快さです。

大事な比較変化を、目に見えるように表してください。
読者を結論に導くことこそが編集者の仕事です。

データの目的に合う形式を選んでください。基本的な置換と組み合わせは無限にあります。

図番号、出典、縮尺、方角、手がかり、構造などの要素の使い方を標準化し、
いつも同じ箇所に同じものをすぐに見つけることができるようにしてください。

1 ｜円グラフ

全体の中での割合を示します。円は合計を表して、くさび形はその部分です。12時の位置から始めてください。そして、時計回りに最も大きいものから最も小さいものまで順に並べてください。

6つ以上の部分があれば、1つを取り出して細分化したり、補助の円グラフを加えたりしてください。簡素な円の代わりにアイコンを使用することで、メッセージを目立たせてください。引き出して図の外に文字を置くことも効果的です。

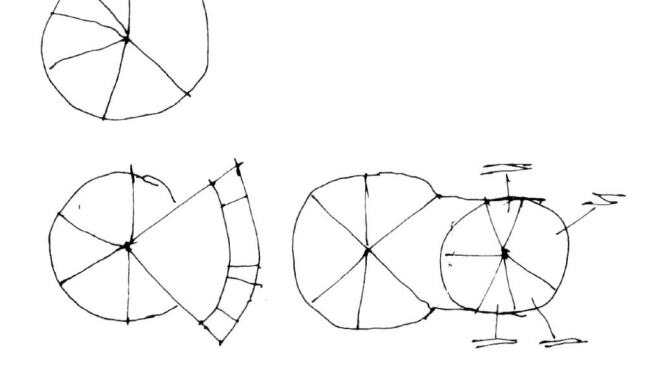

2 ｜横棒グラフ

独立した量を比較しますが、合計や時間経過の関係は示せません。

水平に積み重ねて、様々にアレンジすることができます。順不同、アルファベット順、長さの多い順、または少ない順など、意味をなすならどんな順にも並べられます。

横棒を、数えられるユニットで区切ったり、統計の対象が想像できるようにもできます。長すぎる場合は、折り重ねたり、分けたりすることができます。中に文字を書き込んでください。

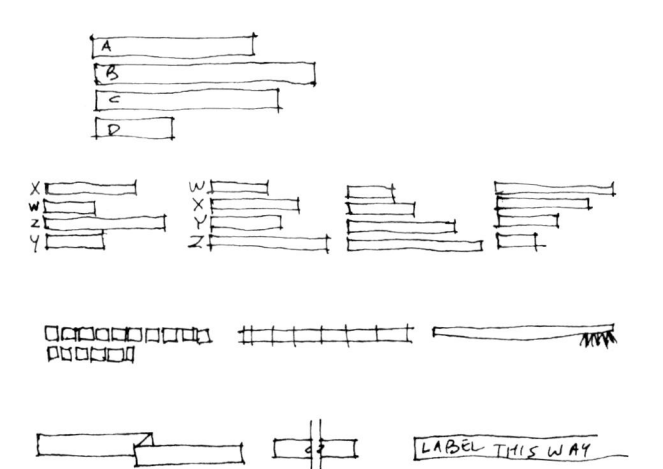

3 ｜縦棒グラフ

量を比較したり、時間につれての変化を示すことができます。本文が横組の時は時間の流れを左から右へ。こうしたくないなら、代わりに横棒グラフを使ってください。

コミュニケートしやすくなるなら、無作為に、多い順に、少ない順になど、どんな順番にでも縦棒を使ってください。

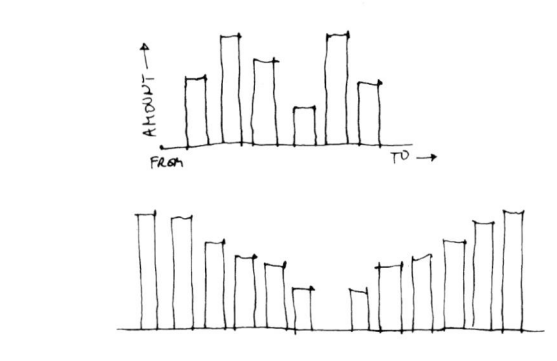

4 ｜絵グラフ

グラフの棒を絵（鉛筆、煙突、キリン…）で表し、上向きに読む文字を入れてください。

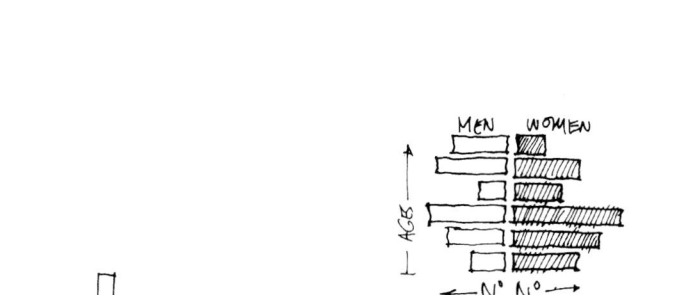

5 ┃ 経年変化グラフや階段グラフ

周期変動や突発的な変化量を比較するときに使います。棒グラフを加えると、左から右への流れが強調され、「歴史的」な側面が強まります。頂点を結ぶと、周期変動より傾向が強調されます。本文が縦組のときは、時間の流れを本文の流れに沿わせて右から左にします。

6 ┃ 人口ピラミッドの横棒グラフ

男女の年齢層ごとの寿命を表すグラフです。翼のような配置になります。変わっていく一組の数量を比較します。

7 ┃ 基準線の入った棒グラフ、柱状グラフ

標準からの変動を比較します。

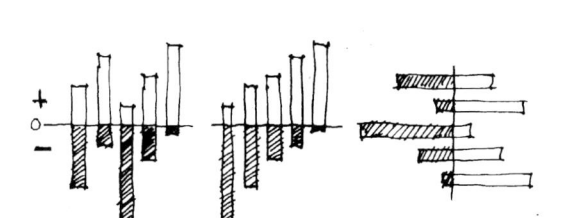

8 ┃ スライドさせた棒グラフ

基準線を追加すると、グループの中での変化がわかります。プラス要素は基準線の上か右に、マイナス要素は基準線の下か左にします。本文が縦組の場合も同じです。

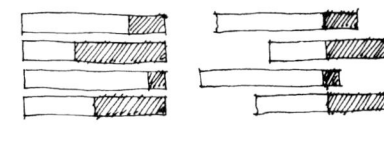

合計数値のほうが目立ち、区分の比較変化がわかりにくい場合、区分線で揃えると、違いがわかりやすくなります。

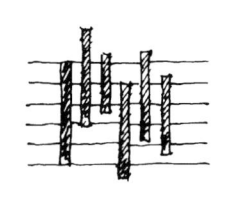

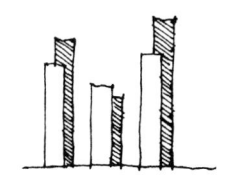

9 ┃ 浮きグラフ

浮かせて並べた棒グラフです。

縦棒の「長さ」で1セットの値を表し、「厚さ」で二次的なものや成長を表すことができます。

一組の数値を棒グラフで比べるときは、重要なものが副次的な要素の前にくるように配置してください。

10 | 区分された棒グラフ

合計と構成要素の両方を比較できます。1本で4つ以上の区分があると、わかりにくくなってしまいます。

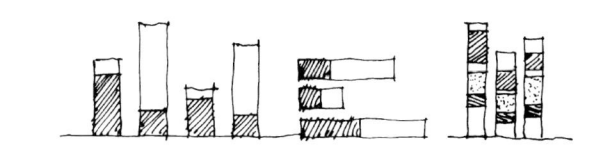

11 | 線グラフ

曲線グラフ、折れ線グラフは、データの節を線でつないだものです。時間がたつにつれての変動の傾向を表します。急勾配のジグザグ線は急変化を表します。たくさん節をつなぐと曲線グラフになります。
急坂の角度は増減率を示します。

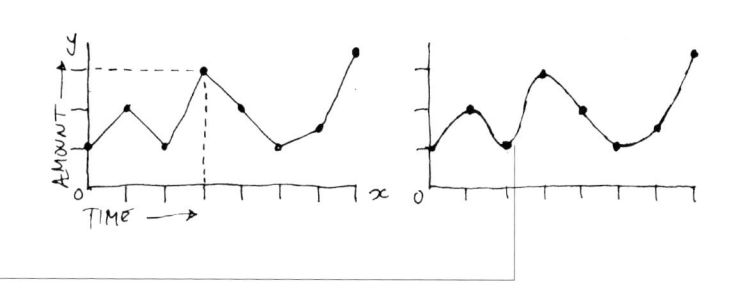

12 | 面グラフ

時間がたつにつれての変動の量を強調することができます。データ領域の縁をはっきり示し、縁（線）までの累積数を強調します。

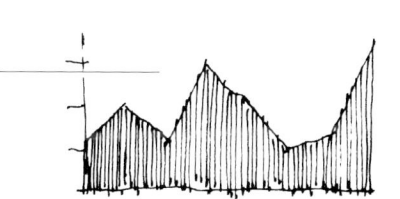

13 | 散布図やドットチャート

多数の点を詳細に座標に示します。そして平均的パターンを導き出します。様々なドットサイズで平均値に加重値を与えることができます。

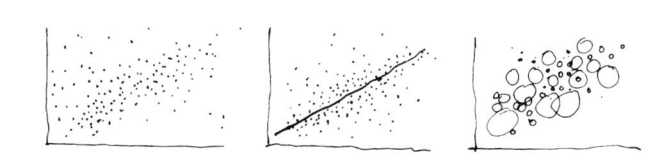

14 | 機構図や樹形図や組織図

人間の階層関係と責任系統を線で示します。それをどんな方向にも読むことができますが、ボスは伝統的に上か左にいます。本文が縦組のときは上か右。名前やタイトルを誇示するには、箱で飾ってください。関係を強調するためには、つなぐ線を太くし、箱はシンプルにしてください。

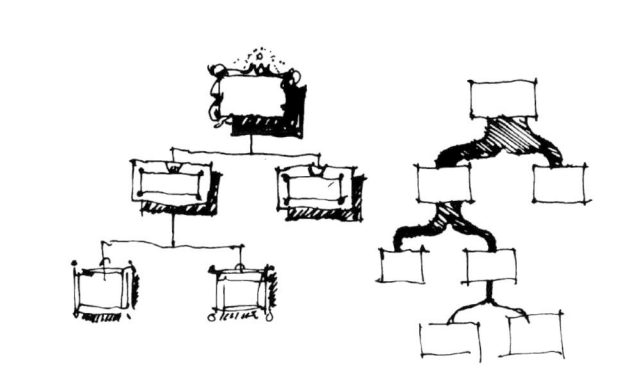

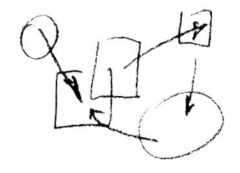

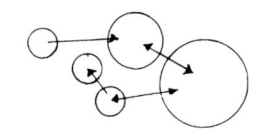

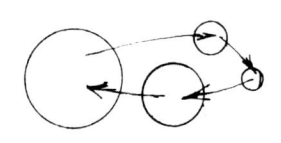

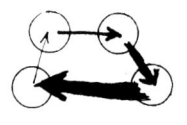

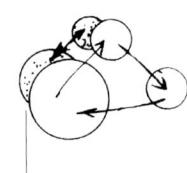

15 | プロボグラム（串刺し図）、バブルダイアグラム、配線略図、活動ネットワーク図

理論的概念を表します。さっとスケッチした図は自発的、柔軟性、アイデア生成（ナプキンの裏に描いたメモのような）を表現します。整った図は強さ、決定を表します。

円の大きさは、要素の表す重要性に対応しています。接続線の幅は繋がっていく階層構造を反映します。重要な要素を前に、サポートする要素を後ろに置きます。

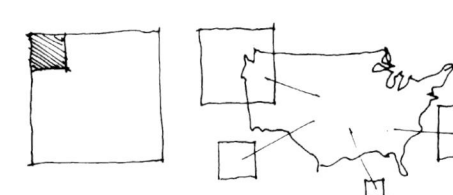

16 | 正方形面積図

領域の割合を明確に比較します。切り分けた部分は、円グラフよりはるかに正確に表せます。

17 | 地図

地図は、空間の中に場所を見つけて、関係を示したものです。科学的な資料などは正確に作りますが、それが周知のものであるときは、強調のために誇張することがあります（漫画化さえします）。このアメリカ地図のように。

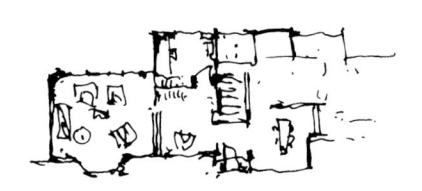

18 | 図面

図面は、対象物を配置して、互いを関係づけ、俯瞰すると、どのように見えるかを示したものです。

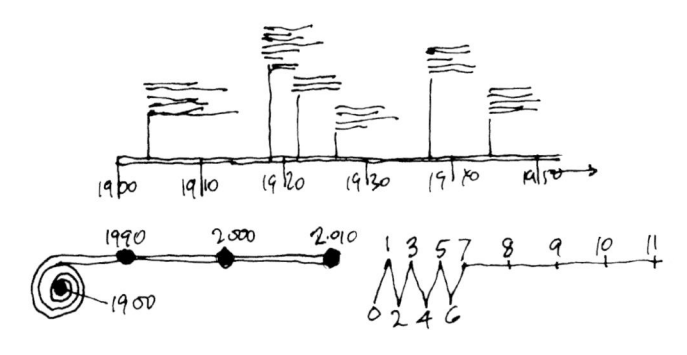

19 | 年表

左から始め（横組の場合）、時間がたつにつれての系列を記したものです。絞り込むために線自体を丸めたり、折り重ねることもあります。シンボリックなアイコンで重大事件を示すこともできます。

20 | フローチャート、プロセスチャート、帯チャート

思考の時系列を図にすることができます。情報のボックスがくっつき、重なると、流れはさらに強調されます。

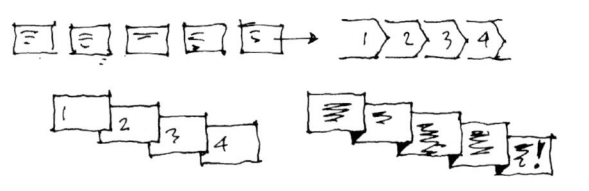

21 | ガントチャート

並行して進んでいる作業を期間に結びつけて図にすることで、決定の節目を明らかにすることができるシンプルな帯状の図です。帯の末端で連続、終わり、特定の出来事などを表すことができます。

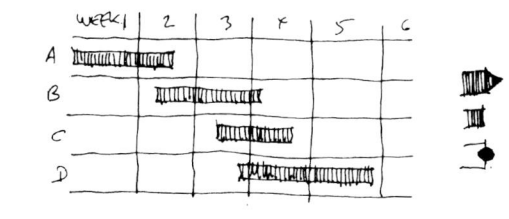

22 | デシジョンツリー（決定木）

優先順位マトリクスと同様に、「はい／いいえ」、「仮定／結果」など、論理的な系列を表現します。

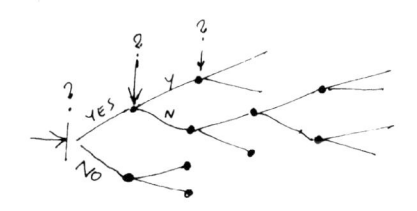

23 | PERT（事業評価テクニック）図と CPM（クリティカルパスメソッド）図

作業ネットワーク図です。プロセスと時間との複雑な関係を図式化し、作業が重なる臨界点に対して、管理者の注意を喚起します。線の長さはステップを終了するのに必要な時間を表します。最も長い（クリティカルパス＝最も時間のかかるもの）太い罫がほかのすべてをコントロールします。

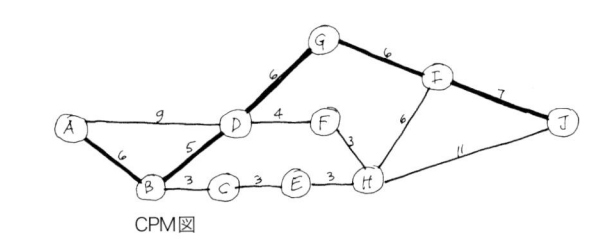

CPM図

24 | 優先順位マトリクス

品目に好みを記入したグリッドで、意志決定を絞り込みます。

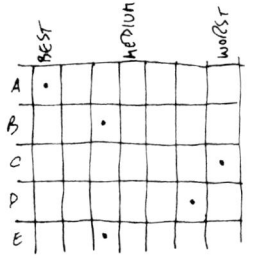

25 | 座標

デカルト座標（x軸、y軸）の上に比較する値や優先することを示してください。ゼロがセンターです。ここでは、x軸右の緑色が同左のピンクよりずっとよいと考えられます。意志決定に役立ちます。

19—ダイアグラム［44の法則］　171

通し番号は定期刊行物やレポートで表組に言及した場合、前後のテキストや他所参照のために使われます。表組は参照先のすぐ近くに置かれるべきです。番号など必要ないように。

タイトルには2つのスタイルがあります。1) 話題を明示する簡潔なラベル（学術的、科学的、技術的な出版社）、または 2) 話題と意味（教訓的でジャーナリスティックな背景）の両方について説明する完全な文。

サブタイトル（より小さな文字）詳しい解説やデータの意味。

表組

目的は小さいスペースに多くの情報を圧縮することです。理知的に組み立てれば、事実が把握しやすくなります。基本的に2種類あります。統計的な表（量、割合、頻度など）と、言葉（p.174〜参照）による表です。ほかのコミュニケーションと同じように、何をどう伝えるか、どのように読んでほしいかによって構造を考え、表の形を決めます。組み合わせ方は無限です。しかし、難しそうに見えるものも、シンプルな要素で構成されているのです。標準化されたパターン内で作ることは大事です。テクニックに走り、読者に首をひねらせてはいけません。内容に集中させるべきなのです。

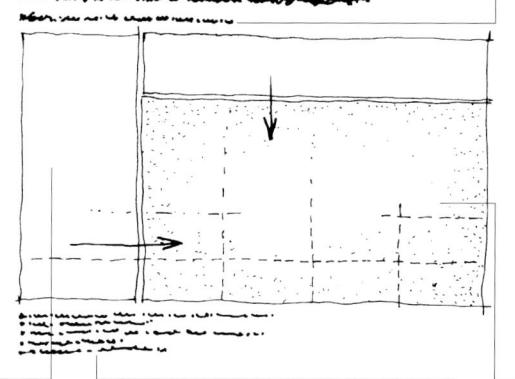

スタブは表組の左欄で情報がどんなテーマやカテゴリに分けられているかを記載します。

脚注は表組より小さい文字に設定し、読みやすく左揃えで、別々の箇条書きであるべきです。注のシンボルとしては：＊†＊＊‡§¶。「注」を最初に、「出典」は最後です。

表組の領域・本体 スタブと見出しで定義されたデータを記載する。

スタブ見出しは下の話題を明示しますが、表タイトルが明確にその役割を果たしていれば、省略も可。

コラム見出しは下の段組の変動要因を明示します。通常長すぎると表の幅に影響しますので、短縮して書かなければなりません。

スパン見出しは罫線や簡単な空間で2つ以上のコラムをいっしょにまとめます。

スタブのトピックスは対象をわかりやすく示せる長さが必要です。箇条書きの最初は左揃えにし、読みやすく改行します。

セルは水平と垂直な項目が交差するスペースの単位です。

カットイン見出しは、表組の垂直な流れを中断し、下の材料は異なる対象だと定義します。

26 ｜ 表組の幅

表組は段組より広くするか狭く設定してください。段組幅に揃えるとページはきちんと見えますが、灰色の本文組の印象と対比を作り「イラスト」のように目立ちます。

	Factor1	Factor2	Factor3
TopicA	mmmm	mmmm	mmm
TopicB	mmmmmm	mmm	mmmmmm
TopicC	mmmm	mmmmmm	mm

項目間の空きが広すぎる例

	Factor1	Factor2	Factor3
TopicA	mmmm	mmmm	mmm
TopicB	mmmmmm	mmm	mmmmmm
TopicC	mmmm	mmmmmm	mm

標準的な例：左と比較するとよくわかります。

27 | 幅が広すぎる表組

表の幅が広いと項目間の空きが広く、読みとりにくくなります。先に決められたスペースに合わせて、表組をするのではなく、与えられた要素から、必要とするサイズを決めてください。

	Factor1	Factor2	Factor3
TopicA	mmmm	mmmm	mmm
TopicB	mmmmmm	mmm	mmmmmm
TopicC	mmmm	mmmmmm	mm

簡単な例：項目は中心揃えにせず左揃えにします。

長い見出しは斜めにすることもある

	このばかに見出しは長すぎてスペースを食う		長い見出しは欧文に組む場合はこのように縦に組んだ見出し		長い見出しは短く改行し積み重ねる
TopicA	mmmmm	mmmmm	mmmmm	mmmmm	mmmmm
TopicB	mmm	mmm	mmm	mmm	mmm
TopicC	mmmmm	mmmmm	mmmmm	mmmmm	mmmmm
TopicD	mmmmmm	mmmmmm	mmmmmm	mmmmmm	mmmmmm

28 | 項目見出しの長さ

項目名が長すぎると表組幅が広く間延びしてしまい、頭痛の種になります。長すぎる場合は改行してください。

見出しを斜めにしたり、細かく改行して並べたり

（細かな文字がたくさん入る場合の、最後の手段）

長いときに自暴自棄になって文字を上のようにすると「目立ちすぎます」。

読みにくく、ありえない（和文では可能です）。

短い単語にする、略語を使うなどして、長体などの文字変形は避けたい。

29 | 表組を明示する

罫で囲む、上下罫線ではさむ、バックに薄く色を敷くなどして表組を明示し、はっきりした長方形を示してください。慎重に精密に作られた印象を与えます。

30 | 行のたどりやすさ

視線が左から右へ、右から左へスムーズに行をたどるように読みやすくし、表組の中の関係をはっきりさせてください。

	Factor1	Factor2	Factor3
TopicA	mmmm	mmmm	mmm
TopicB	mmmmm	mmm	mmmmm
TopicC	mmmm	mmmmmm	mm

十分な行間

	Factor1	Factor2	Factor3
TopicA	mmmm	mmmm	mmm
TopicB	mmmmmm	mmm	mmmmmm
TopicC	mmmm	mmmmmm	mm

項目や項目グループ間の罫は、項目の下に引かれた下線と混同しないように長くします。

3行ごとに行をあけ、読者が直感的にそれぞれのグループの中で、上、中、下の行と認識しやすくすれば、すばやい検索ができます。

	Factor1	Factor2	Factor3	Factor4
TopicA	mmmm	mmmm	mmmm	mmmm
TopicB	mmmm	mmm	mmmm	mmmm
TopicC	mmmmmm	mmmmmm	mmm	mmmm
TopicD	mmm	mmmmm	mm	mmmm
TopicE	mmmmmm	mmmm	mmmm	mmmm
TopicF	mmmm	mmmm	mmm	mmmm
TopicG	mmmm	mmmm	mmmm	mmmm
TopicH	mm	mmmm	mmmm	mmmm
TopicI	mmmm	mmmmm	mmmmm	mmmm

表の地に薄いグレーや色の帯を1行おきに入れます。グレーや色バックの文字は白地より読みにくくなり、濃すぎると飛ばされてしまいます。

	Factor1	Factor2	Factor3
TopicA	mmmm	mmmm	mmmm
TopicB	mmmm	mmm	mmmmm
TopicC	mmmmm	mmmm	mmmmm
TopicD	mmm	mmmmm	mm
TopicE	mmmmm	mmmm	mmmmm
TopicF	mmmm	mmmm	mmmm
TopicG	mmmmmm	mmmm	mmmmmm
TopicH	mm	mmmm	mmmm
TopicI	mmmm	mmmmm	mmmmm

言葉による表

株主によって反対された経営者の提案
- 来期収益10%の増益では不十分だと思われる
- 1株当たりプラス45セントの配当は言語道断で不正だと考えられる
- 33%の経営陣の給料増額は言語道断である
- 幹部社員のリムジン3台の購入は金遣いが荒いと判断した
- リア・ジェット機のリースは度を超えた浪費として却下する

株主によって反対された経営者の提案
- 来期収益10%の増益では不十分だと考えられる
- 1株当たりプラス45セントの配当は言語道断で不正だと考えられる
- 33%の経営陣の給料増額は言語道断である
- 3台の幹部社員リムジンの購入は金遣いが荒いと判断される
- リア・ジェット機のリースは誇示的消費で拒絶する

株主によって反対された経営者の提案
- ➤ 来期収益10%の増益では不十分だと考えられる
- 🖎 1株当たりプラス45セントの配当は言語道断で不正だと考えられる
- ☞ 33%の経営陣の給料増額は言語道断である
- 🖙 3台の幹部社員リムジンの購入は金遣いが荒いと判断される
- ✎ リア・ジェット機のリースは誇示的消費で拒絶する

経営者の提案が株主によって反対された
- **不十分だと考えられる**のは、来期収益10%の増益
- **不正だと考えられる**のは、1株当たりプラス45セントの配当
- **言語道断である**のは、33%の経営陣の給料増額
- **金遣いが荒いと判断された**のは、3台の幹部社員リムジンの購入
- **誇示的消費で拒絶する**のは、リア・ジェット機のリース

株主によって反対された経営者の提案
- 来期収益10%の増益では　　不十分だと考えられる
- 1株当たりプラス45セントの配当は　　不正だと考えられる
- 33%の経営陣の給料増額は　　言語道断である
- 3台の幹部社員リムジンの購入は　　金遣いが荒いと判断される
- リア・ジェット機のリースは　　誇示的消費で拒絶する

株主によって反対された経営者の提案

来期収益10%増益	不十分
1株当たりプラス45セントの配当	不正
33%経営陣の給料増額	言語道断
3台の幹部社員リムジン購入	金遣いが荒い
リア・ジェット機のリース	拒絶する

言葉で作られていますが、これも「ダイヤグラム」です。本文ではないからです。お互いに関係ある情報を提示しますが、比較データはありません。よくあるのが頭に黒丸をつけた箇条書きのリストです。情報の項目が多くなると、黒丸の代わりに数字を使います。

…決してセンター揃えにはしないでください。これでは箇条書きリストだと特定させる黒丸が隠れてしまいます。いつも黒丸を左に揃えて並べてください。

…飾り立てようと装飾的な約物(やくもの)に頼るのも禁物です。絵のような約物や色など、意味の説明に役立たない的はずれなものはすべて避けてください。

…メッセージを書き直して、考え方の骨組みを明らかにします。メッセージをより生き生きと伝えられるようにビジュアルを工夫しましょう。書体、サイズ、太さ、色で主人公たちを目立たせてください。

…情報をよりすばやく読みとれるように、左右で比較できる表にします。黒丸は忘れてください。視覚構造に主眼を置き、構成しましょう。

…表にできるよう最小限まで削って編集します。狙いは「考えを絵にしたもの」です。1セットの考えを視覚的にまとめるのです。それが「図表」です。

よりよい図を作るための助言

31 | 複雑にして混乱させない
絡まったスパゲティのような複雑なグラフは、混乱するのでやめましょう。情け容赦なく手を入れて編集し、主題に適切でないすべての材料を取り除きます。せいぜい4本までで比較してください。

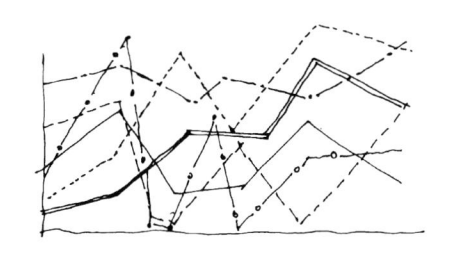

32 | 製図工になったつもりで
上品に機能的に情報をランクづけしてください。主要情報の線は最も太く、明るい色で差別化し、比較情報の線は中くらいの太さで、補助情報は最も細い線を使ってください。

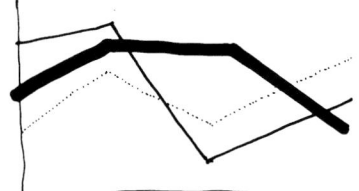

33 | 図中に注釈を入れる
交点に注釈を入れ、図からほかの文字を外し、見出しで補います。

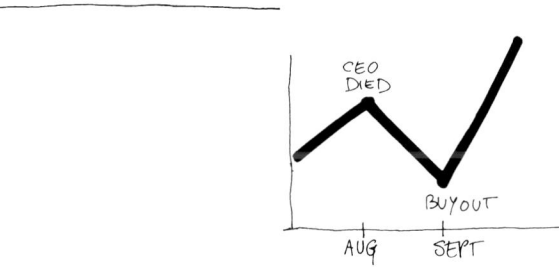

34 | 矢で視線を奪う
指示に気づかせるために矢をつけます。方向に気づかせるのです。また、データが許すなら、少しだけスペースから線を飛び出させてください。

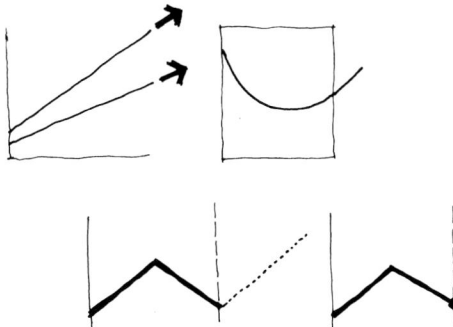

35 | グラフィカルに意見を表現
未来の予想を示すとき、細い線だと弱く遠慮がちになり、一方、太い線だと、将来への確信を表します。

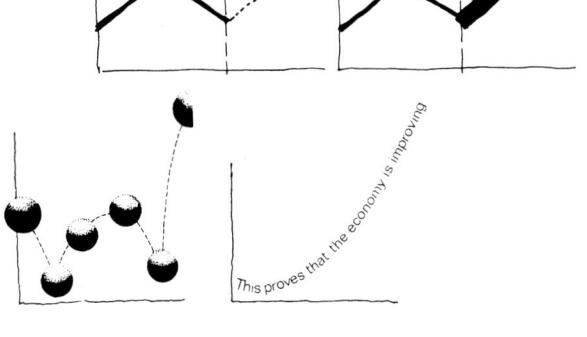

36 | 即座に伝える
言葉の代わりにアイコンを、アイコンの代わりに言葉を用います。しかし、慎重に。そして、決まり文句をフレッシュなアイデアで決めてください。

37 | 図中の要素に文字を入れる
すぐにわかるように要素自体をラベルにしてください。解読する時間と努力を要求する略語や凡例は避けてください。

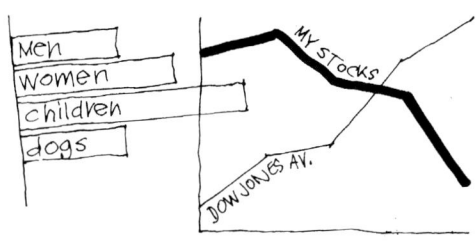

…これをしないでください。不正行為です。

私たちは習慣に従って、見るものを解釈します。下降グラフ線 ——— は、何か悪いことが起こっていると推論し、上昇グラフ線 ——— は、ものが上向いていると結論を下します。一定の線 ——— はほとんど変化を示しませんし、劇的な活動は変動で示されます。

38 グラフの表現は、正反対に変えられる

男性の線はひじょうに険しく上がるのでまずいと感じます。女性の線はかなり平坦に見え、幸せだと思います。どちらが正しいですか？ 両方とも正しいのです。男性の増減率は女性の緩やかな線よりはるかに劇的ですが、情報は同じです。スケールだけが異なっています。これを賢明なコミュニケーションと呼びますか、それとも明らかに不正行為でしょうか？

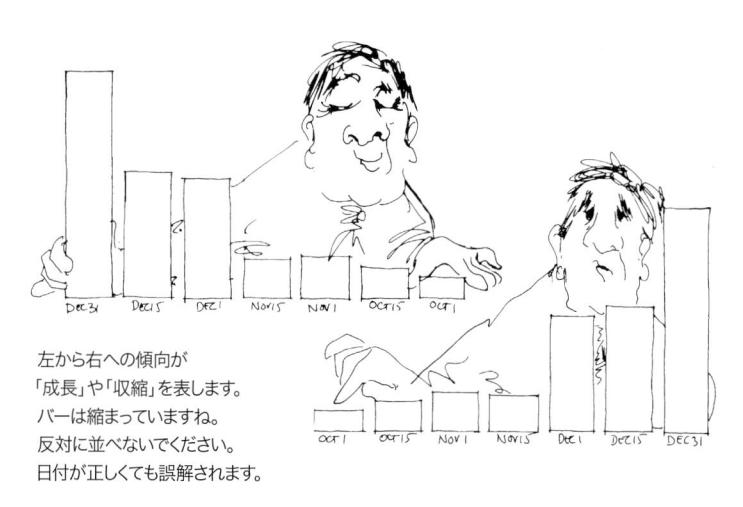

縦軸（ポンド）と横軸（月）は同じくらいの幅で表現されています。バランスのとれた実際のグラフの答えです。

縦軸（ポンド）は、高く狭い形となるように誇張されました。変化は急速で突然で壮観に見えます。

横軸（月）は、形を低く這うように広く誇張しました。変化は緩やかで平凡で、まったく重要には見えません。

39 横組では左から右が当然

左端から始まり右端で終わります。連続して起こる変化は、もちろん同じ方向に書き込まれます。習慣は、確固としていて直感的にわかります。

注：一般的に棒グラフや折れ線グラフの原点は左下ですが、これは本文横組に対応しています。本文縦組の流れは右から左なので、グラフの原点を右端にもっていき、縦組の流れに沿わせることもあります。

左から右への傾向が「成長」や「収縮」を表します。バーは縮まっていますね。反対に並べないでください。日付が正しくても誤解されます。

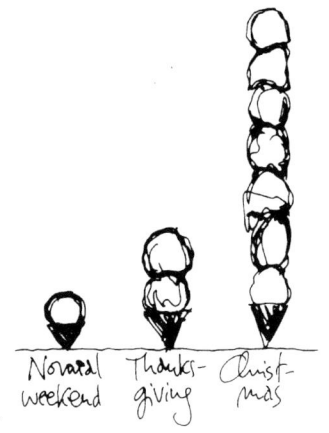

棒グラフの幅が同じなら、
高さは変化を示します。

棒グラフが絵のユニットに
置き換えられ、比較が簡単です。

棒グラフごと現実の絵にすると、
高さ（測定するべきもの）だけでなく、
横にも広がって、圧倒的になります。
高さは巨大に変わってしまい、
比較は歪曲されています。

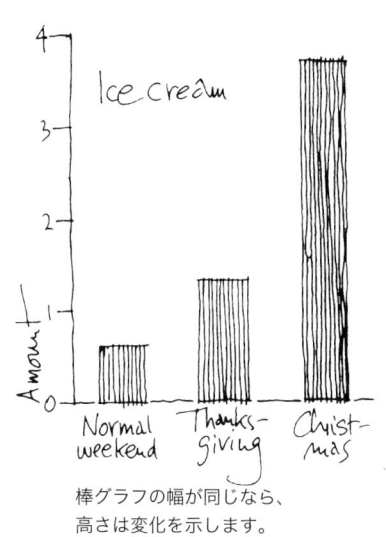

40 | グラフを絵的にすることの危険性

「最も背が高い」アイスクリームの
サイズは圧倒的で、ダイヤグラム
の意味は歪曲されています。高さ
を見ずに大きさを見てしまいます。

41 | 遠近法と角度の幻想1

見る場所によって物は違って見え
ます。すべて遠近と角度の問題で
す。商品棚の遠くより近くに立っ
ているときのほうが、オレンジジュ
ースのパックは、大きく見えます。
遠近法と角度を使って表現を歪曲
することもできます。

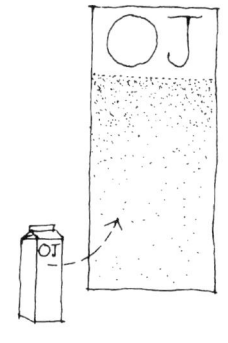

正面から見たジュースパック。
内部のオレンジジュースの
残量が見えるように透明な
プラスチックのグラスで
作られていると想像します。
3/4 入っています。

同じ正面をハエの
視点で見たもの。
すごく近いので
先端が巨大に見え、
ジュースの空きが
多く見えます。

ゴキブリの目の視点。先端が
とても小さくなるので、ジュースは
いっぱい入っているように
見えます。この3バージョンとも
絵は正確です。

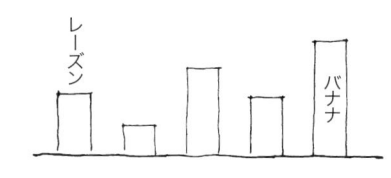

42 | 遠近法と角度の幻想2

遠近法と角度を使うと、ユニットを伸縮・
変形することができます。左端の箱には
レーズンが入っていて、右端のバナナが入っ
ている箱の高さの半分です。それが…

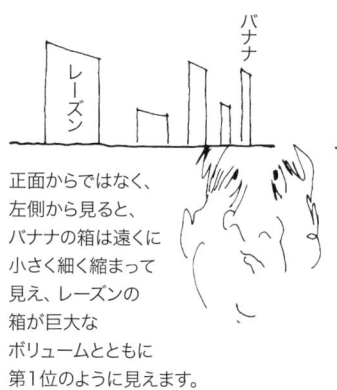

正面からではなく、
左側から見ると、
バナナの箱は遠くに
小さく細く縮まって
見え、レーズンの
箱が巨大な
ボリュームとともに
第1位のように見えます。

右側から見ると、
バナナの箱が最も
近くにあるので、
サイズは圧倒的です。
レーズンの箱は
小さく細く
縮まりました。

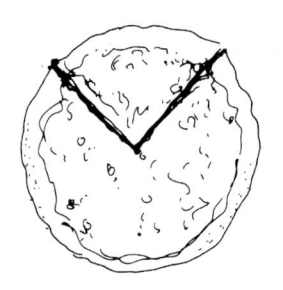

ピザを真上から見下ろし、特色のない表現法で1/4と3/4に分割し示しました。全体が等しく眺められます。

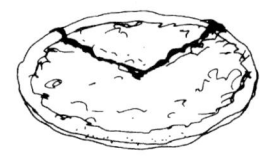

角度をつけて見ると、空間における関係の要素が導入されます。1/4部分は向こうに遠くなるので、ほかの人のものです。

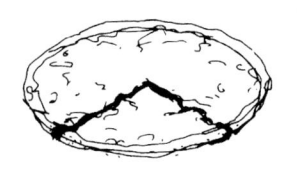

1/4部分が手前にくると、ピザ全体を見て、一番近い部分が私の近くなので、ほかの人は触らないで、私のだから!

1/4部分が円と切り離されて、私に向かってもっと近くに押し出されれば、どんな疑問ももうありません。つかみなさい。

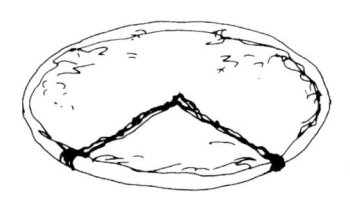

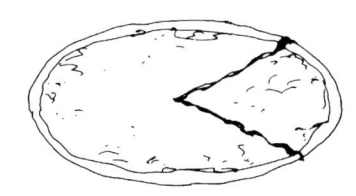

43｜立体的な表現

私たちは三次元空間にいるので、近くのものは遠くのものより、意識に強く入ってきます。手前からピザを見ると、一番近くの部分が自分のものになります。遠近の関係が、見ているものと私たちの意識を規定します。

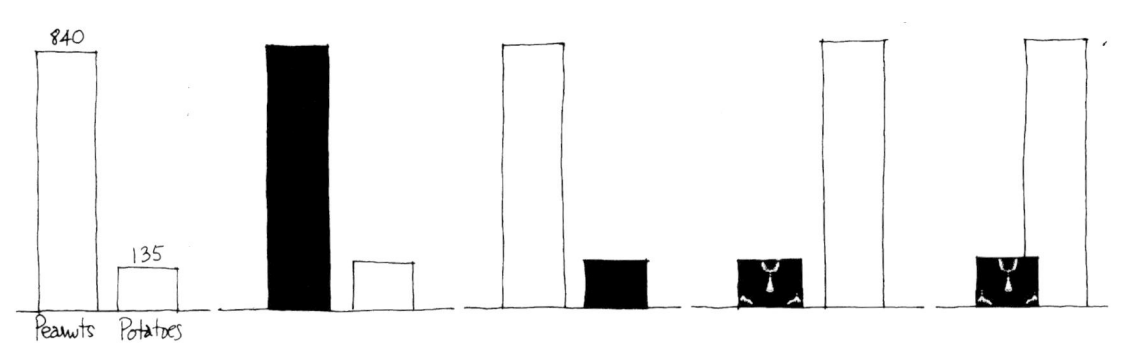

一見したところでは、どちらの1/4ピザが大きく見えますか? もちろん、手前にあるほうです。両方のピザは1/4部分に切れていて、それぞれ正確です。

1カップのピーナッツ(840)とマッシュポテト(135)のカロリーを、簡単な輪郭線の棒グラフにしました。意図はまったく含まれず、ただありのままの事実が示されます。

高いピーナッツのバーを黒くしました。黒のパワーは視線をそれ自体に引きつけます。結果として、ピーナッツのバーは小さなポテトのバーより著しく目立っています。

短いポテトのバーを、黒くしました。小さいサイズにもかかわらず、ピーナッツの重要性を減少させて、前のバージョンより目立ちます。

位置を入れ替えました。ポテトはピーナッツの前に見られ、大きいピーナッツバーを背景に支えているような役割になっています。

新しい手を加えます。重ねます。ポテトがピーナッツの「前」であると推論するように導きます。読者の近くに置き、主役の立場にしています。

44｜グラフィック要素の演出

グラフィック要素には意味があります。項目の表面の印象、トーン、およびパターンがどう演出され、どこに置かれているかで粉飾したり、注意を引くことができます。背景から飛び出させたり、背景に沈ませたりすることができるのです。

20 囲みと罫線［25の法則］

こんなに威張って
見えるのだから
これは重要なことに
違いない

小さく孤立して
あまり重要でなく見える

中に何があるのでしょうか？

囲みは活気を添え、飾り立てます。
それぞれの囲みは、
見出しを目立たせるチャンスなのです。

囲みははっきりさせます。ページの上部に
置けば、重要な事柄を目立たせ、
下に置かれればあまり重要ではなく、上ほど目立ちません。

デザイナーへの
アドバイス

囲みは出版物をまとめます。その形式を標準化し、
一貫して繰り返せば、雑誌に個性を与えます。

編集者への
アドバイス

囲みは記事をシンプルにしてくれます。ストーリーの
ネック（障害）となる部分を取り出して、わきへ押しやることができるからです。
さらに、記事のメインの部分が短く見えるので、威圧感が減ります。

読者は短く楽に見えるものなら何にでも引きつけられるので、
記事に引き込まれ誘惑されます。

囲み記事は、本文記事から補助的な要素を分離し、
メッセージと別の階層に分けます。

囲みは見せかけの仕切りです。三次元で物が置かれた状態を二次元で表現するとき、囲みが生まれます。

1 | 閉じ込める
左のように、囲われた領域に対象を閉じ込めます。それを二次元で表現します。囲いは空中の境界線になります。

2 | 空中に浮かぶ
左のように、空中に浮かぶ対象は……。

ページに浮かんでいる平面のように見せるため、下の面に影を落とします。

それを真上から見ると、このように見えるはずです(『シャドー』p.189〜参照)。

3 | 価値を強調する
クッションの上の宝石のように、シンボリックな設定に置くことで、対象が特殊性を帯びます。クッションは、色、テクスチャ、形で背景のように見えるでしょう。

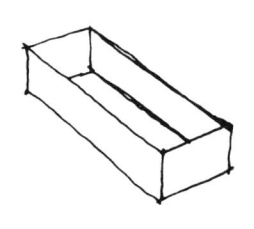

4 | 棺に閉じ込める
左に、飛行機から見ているような角度の箱があります(見下ろすと、牛の柵のような箱です)。棺桶が気に入らなければ靴箱でオーケー。

"内側"を壁のようにしたり(右上)、物が展示される台(右中)のようにしたりします(「氷」で作ったようにすると、トリックで内側も台もあるように見えます)。

外壁を省くこともできます。そうすると、地面にくぼみが掘られたような錯覚が生まれます。

5 | 対象物を陳列する
重厚そうなフレームでディスプレイし、壁に掛けて特別なものに見せましょう（上）。

……または、簡単な囲みでもよいし、線の太さを変えてもよいし。

……線のパターンを変えてもよいし。

……角の処理を考えてもよいし。

……形、色、影、網かけで、発展・展開させてください。

6 | 図画集のものを使う
……自分自身でデザインする必要はありません。もし、読者に伝えるのにふさわしいものが図画集にあれば、そこから借用してもいいでしょう。

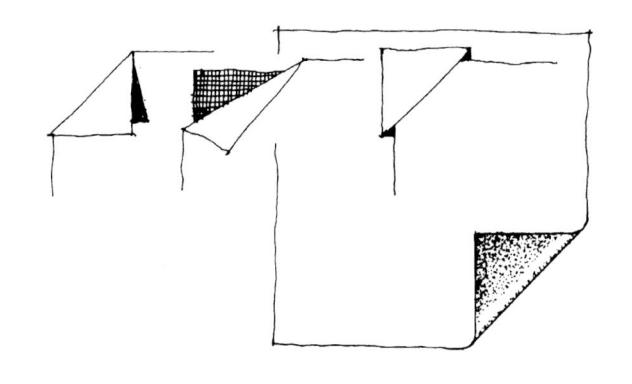

7 | 背景に手を加えバックを作る

ページをを平らな面と想像するのをやめて、以下、ちょっとした幻想を作ってバックにしてみましょう。

8 | 角を折り曲げる

ただの紙の角を折り曲げてください（折り目の縁は曲がっているのではなく、真っすぐなはずです。「目をだます」幻想を作り出すのです）。

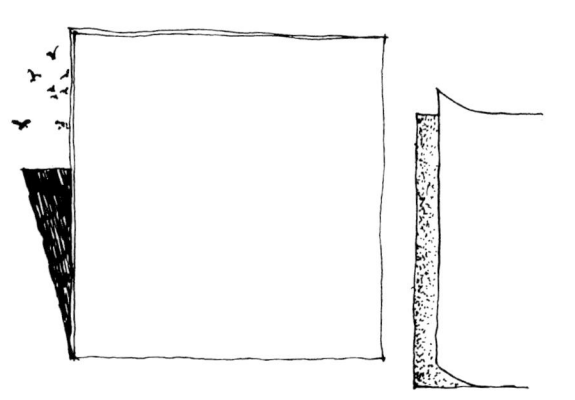

9 | 空間に立つ掲示板

背景に影を落とすようにします。さらに影の上に鳥を加えれば、すばらしい演出です。突然スケールが拡大しました。

10 | 絵の一部にする

左のように、サンドイッチマンやおかしな漫画にするのです。タイトルをこれで囲み、絵の一部としてしまう方法もあります。

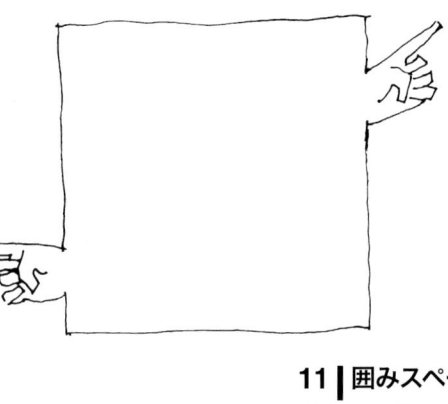

11 | 囲みスペースに侵入する

外部から絵を囲みスペースに食い込ませたり、逆に飛び出させたりします。意外なアイデアでしょう。

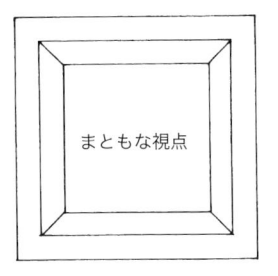

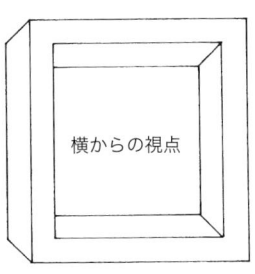

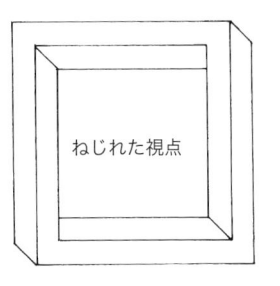

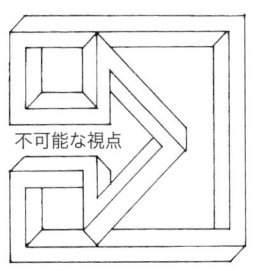

まともな視点　　横からの視点　　ねじれた視点　　不可能な視点

12 | 「不可能な図形」を作る

3本の平行線を等間隔に引き、四角形を作ります。内側の角を接合してください。いくつかは視覚的に正しく、あるものは間違っているように見えます。「間違っている」ものの内と「間違っている」ものの外を繋ぐと、不可能で非現実的な形になります。

13 | 囲みを突き破る

囲み罫を突き破って、素材を周囲のスペースに飛び出させることで、サイズ、偉大さ、脅威を表現します。

14 | ドラマチックなコントラスト

意外な背景の前面に文字スペースを置いてください。それが巨大だとわかっているサイだとしたら、ポスターは巨大に見えます（これはアルブレヒト・デューラーによる1515年の木版画です）。囲み枠を越えて言葉を外のスペースにはみ出させると、囲みの中にあるものがさらに大きくなります。

20—囲みと罫線［25の法則］　　183

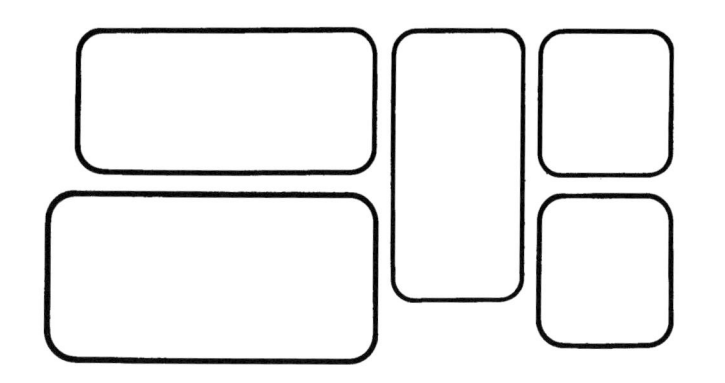

15 | 囲みを集めて並べる

1. 内容別にわかりやすい固まりにまとめて、ユニットを作ってください。
2. そして、ユニットを構造的に配置すれば、何かの関係を説明することができます。

角丸の枠にするなど、囲みに共通の特性を持たせて箱を結びつけてください。

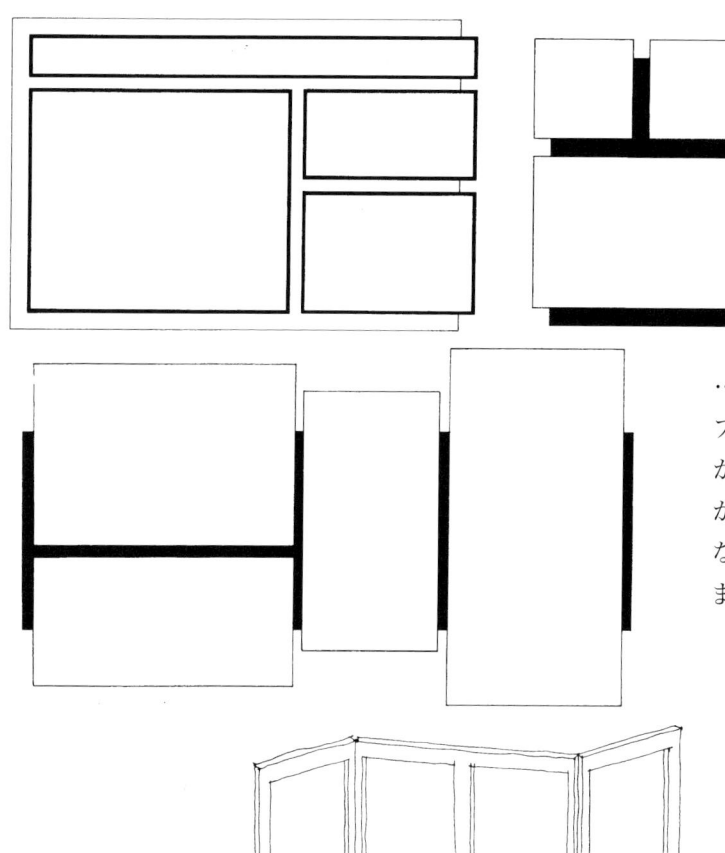

……また、背景の白地にくっきりしたフレームを作り、その上に配置するとか、背景に影を落とさせるとか、隙間から共通の色を覗かせて背後に大きな色面があるように見せることもできます（すべては錯覚ですが）。

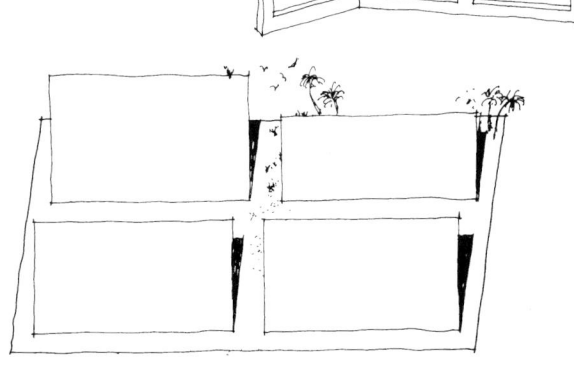

……または、背景からわざと切り離し、角度をつけた衝立のように配置することもできます。

……さらには、囲む枠自体は掲示板のように垂直のままにして、背景を傾ける方法もあります。

絵の中に囲みをはめ込んでください。そうすると絵が意味を持ち、状況が一目で伝わります。

……おもしろ半分に装飾を加えたりしてもいいでしょう。この2つは三次元のだまし絵です。梁の端がこちらに延びてくるように見せたり（右）、階段のようなパネルにしてみたり（下）……どんなふうにもできます！

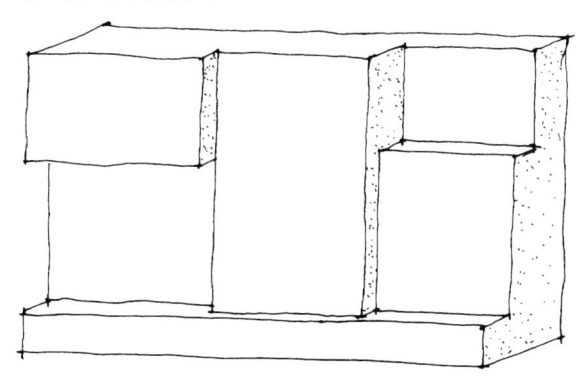

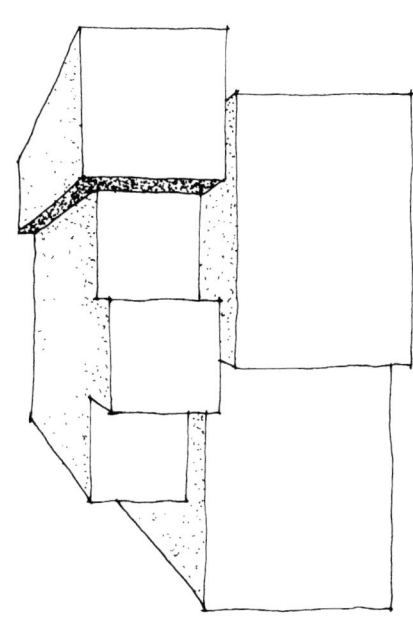

20―囲みと罫線［25の法則］　185

16 | タイトルとフレームの組み合わせ

タイトルの文とテキストを、フレームでいっしょにデザインします。ここにいくつかを紹介しましょう。編集者には、デザインパターンが決まれば、どのくらい書けばよいかわかるので簡単です。デザインが先に決まるので、デザイナーには作り直す必要がありません。

a — 囲みの中の角丸のレトロなテレビスクリーン風…

b — 薬ビンの白ラベルを貼ったような…

c — グレーラベルに白ラベルを二重に貼り重ねたように…

d — 大きく濃いラベルの前面に浮かぶ白いラベル…

e — 2枚のラベルが繋がれたような…

f — グラフ線の端をラベル領域から飛び出させます。

g — タブ風…ファイルカード風…

h — オープンスペース…

フレーム（額）の仕事は、
芸術にまかせますか？

罫線

17 | 罫線（略して罫）
太さとパターンに無限のバラエティがあり、すぐに利用可能です。すべての文字組ソフトに組み込まれています。

8-point	
4-point	
2-point	双柱罫
1-point	中細罫
1/2-point	裏罫
1/4-point (hairline)	表罫
double (equal thickness)	子持ち罫
scotch (thick and thin)	子持ち罫
coupon (dashes)	クーポン罫・太ミシン罫
leaders (dots or periods)	リーダー罫

18 | 罫は空間をまとめる
罫は、ページを組織化し、まとめる材料です。壁やフェンスのように、境界線を明確にし、さっと目を通す読者のためのサインとして、役立ちます。さらにページ上の要素をわかりやすくまとめます。

「よいフェンスはよい隣人を作ります」
Mending Wall, 1914, Robert Frost

　これは読みやすく、1行あたり約25文字以内の段組で細い書体で繊細な質感を出したものです。書体はヒラギノ明朝体3です。上品さがあります。これを使うのは、洗練と機微が記事の主題や読者や掲載の目的に適しているときにとっておくべきです。
　ところが残念なことに、そして明らかにここで誤用されています。その穏やかで薄い色の本文の横に、強引で攻撃的な垂直の8ポイントの縦罫を置いてコントラストをつけたため、単なるタイポグラフィのサンプルになってしまいました。

19 | 罫はページに「色」をつける
ページにコントラストがつけられます。何もなく薄いグレーに見える本文に黒く太い罫、または、繊細な髪の毛のように細い罫（ヘアライン罫）と大きく真黒いボールド体で試してみましょう。組み合わせは限りなくあり、ページに活気が加わり、輝きます。

このヒラギノ角ゴシック体6は暗く、
太く重い書体で、テクスチャの強さは、
行間に髪の毛のような細い罫を入れて
コントラストをつけることで、
さらに強調することができます

20 | 罫を機能的に使う
言葉にスポットライトをあてて強調したいとき、上や下に罫を引くことができます。単語に付け加え「より大きく」響かせます。

この短い声明はひじょうに重大な情報を含んでいます。
この文は重要な単語を含んでいません。

この狭い段組は右なりゆきで設定された本文組で1ページに4段がちょうどいいでしょう。1行に9文字しか入らないので、文節改行だと、右不揃えを目立たせています。その結果、右の端は本当にとても不揃いです。1段組の詩ならかまいませんが、細かく改行し何段も並べると横の段組との間（段間）の空間はだらしなく見えます。少しきれいさを回復させるために、縦の表罫を間に入れると、ぐちゃぐちゃすぎみっともない見た目に、打ち勝ちやすい幾何学上パターンとなります。この例の右の2段は、罫で切り離され、段組の中心に罫が置かれずに故意に段組の左端の近くに置かれています。そのほうが明確に切り離されて見えます。●この狭い段組は右なりゆきで設定された本文組で1ページに4段がちょうどいいでしょう。1行に9文字しか入らないので、文節改行だと、右不揃えを目立たせています。その結果、右の端は本当にとても不揃いです。1段組の詩ならかまいませんが、細かく改行し何段も並べると横の段組との間（段間）の空間はだらしなく見えます。少しきれいさを回復させるために、縦の表罫を間に

21 ｜ 罫はページをきちんと見せる

左揃え右なりゆき組の場合、罫を使うとページがきちんとします（少し粗すぎてだらしなく見える場合）。左の組を見ればそれがよくわかります。とても小さい文字ですが読んでください。見た目より短い文です。途中から繰り返しですので、もう読む必要はありません。8級・行送り12歯ヒラギノ明朝体3で設定。とても小さすぎます。

22 ｜ 罫で段を区切る

スペースを節約するために段組同士をくっつけて、段を切り離すための「段間罫」として使うことができます（この例は読む価値があるかもしれません）。

これは9級のヒラギノ明朝体3の箱組。小さいスペースに多くの語を混在させる例だとわかるように行間を増やしたり、きついトラッキングにしていません。ただの例で、推奨しているわけではありません。小さなスペースに多くの文字を詰め込んで読ませるのは、間違った節約です。もしも容認できないほど小さく密集して不快に見えたら、拒絶されるでしょう。つまり、読者に多すぎる材料を提供するのは生産的でなく失敗です。制作物が目的にかなわないので、貯金はまったくたまらず、すべてを詰め込むのに投資された全額が無駄です。1つよいことは、この滑稽さが少なくともヒラギノ明朝体3の水平比に手を加えておらず、適切に読みやすく潔白なままだと主張できることです。水平方向だけ95%にも変形すると、この書体がどうひどく見えるか確認してください。「うまく隠しおおせて誰も気づかないでしょう」。本当に気づきませんか？

これは上品で読みやすい本文組で、12級ヒラギノ明朝体3・行送り18歯、水平比と字間はベタ。例えば広告の隣に並べてみると、グレーの四角に見えます。おもしろい模様の罫で切り離します。

23 ｜ 罫で個性を

罫は出版物に個性を加えます。くねった線や色つきのリーダー罫のように、それ自身に細かいパターンがあればよいでしょう。

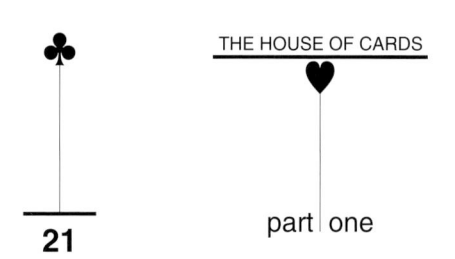

♣
21

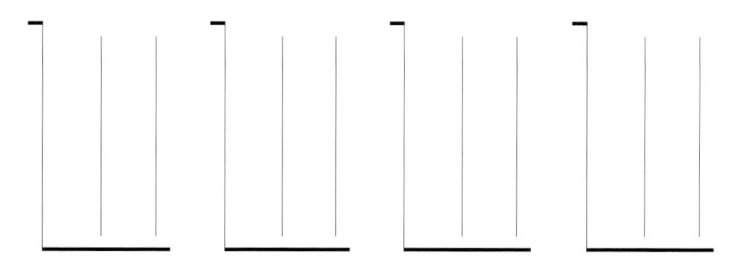

THE HOUSE OF CARDS
♥
part one

24 ｜ 罫で豊かさを

縦罫の頭と終わりにおもしろい飾りをつけて、何のページとはっきりわかるような目印にしてみましょう。うまくいけば、個性が出せます。上と下の組み合わせは、識別記号とノンブル、タイトルと章の数、など。

25 ｜ 罫でパターンを

罫を背景のパターンにすることができます。出版物の部分を繋ぐ要素として働き、続きページに特別な個性が加わります。

21 シャドー［7の法則］

デザイナーへのアドバイス

店頭で信用を得て成功したいなら、信頼できるようなオーラを確立しなければなりません。いかがわしさと虚偽は危険です。読者が何か変だなと感じただけで（何が不愉快にさせたのかはおそらくわからないでしょうが）、出版物の信頼は薄まります。

出版物が素人っぽく見えてしまうのは（その筆頭は、おそらく誤植ですが）、ページ上にリアリズムを作り出そうとして、それがちゃんとできていないからです。現実は影という幻想を引き起こします。自然現象なので自然法に従います。したがって、影が出版物のために働くのだとしたら正しいほうがよいのです。

編集者へのアドバイス

影は2つの理由で役に立ちます。まず、影は空間的な幻想を引き起こし、画像の質を高めます。

さらに、層状に重なって空間に浮かんでいるものを表現できます。層状にするのは、読者のために材料を系統立てたり、考えをランクづけたりできるテクニックです。近くに現れるものは遠いものより突き出ているので、ほかのものより注意を引きます。もし、そうする価値があり、正しく見えれば、その錯覚をうまく活かしましょう。

192ページの柱を描いたアーティストのように正しい図形描写の訓練を受けていないなら、照明と影を理解する方法は、模型を作って光を当てることです。時間と努力を注ぐだけのことはあります。

1 | 光源

光源は慣習上、図の左上45度に置きます。すると絵の右下に影が現れます。しかし、光源はどこにでも置けます。縦組の場合は、逆にすべきでしょう。

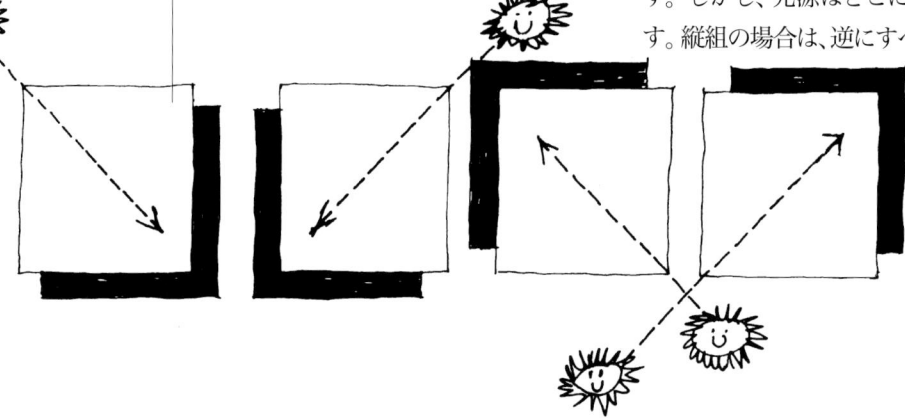

2 | 絵の上の影

絵の下に光源がくると、絵の上が影になり、珍しくて意外です。ハロウィンのときに懐中電燈で下から照らした怖い顔のようです。このトリックを使う場合は、うまくいっているかどうか確認してください。

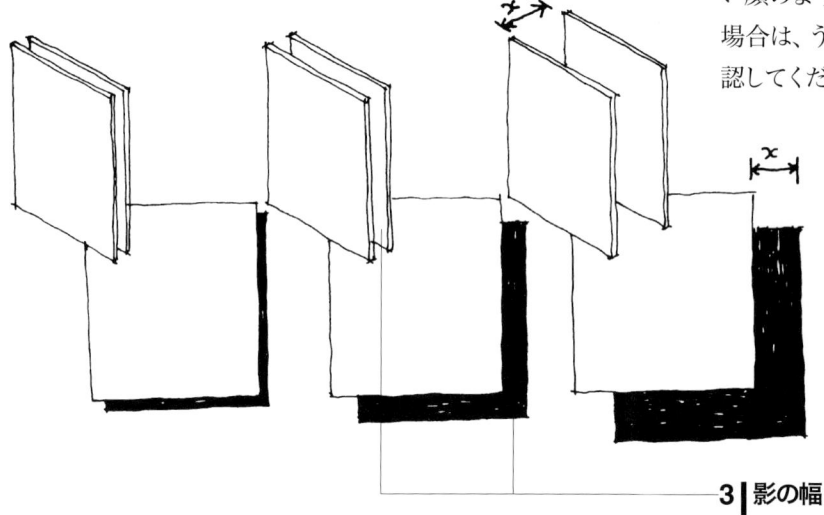

3 | 影の幅

自然界では、影の幅は物と影が落ちる面との間の距離によって変わってきます。距離が長ければ長いほど、影はより広いのです。$x=x$なのです（照明の角度も影響しますが、実際にはそれほど気を使う必要はありません）。

4 | うその影は、見破られる

右のようにたくさん重なる場合、影を前面と背景面に勝手に等距離に広げるのはやめましょう。うそだと見破られます。

5 | 正しい影を構成する

一番後ろの背景から始め、前面に並べてください。影の幅は物と背景の間の距離に比例して異なります。複雑に見えますが、一歩一歩構成すれば完全に描けます。

Aが背景面の最も近くにあるので、浅い影を投げかけます。

Bは**A**の上に浅く重なり、背景面よりさらに離れています。だから影はより深くなっています（絵**A**の角と重なっているところ以外。それが現実的に見せるトリックです）。

Cを**B**に重ねると、さらに背景面から遠ざかるので、影はその分より広くなります（それが絵**B**の表面で遮られるところ以外）。

したがって、**D**（**C**の前）は最も広い影を投げかけなければなりません（もっとも、**C**に重なる部分の影は狭いのですが）。理解できましたか？

6 | 影の暗さ

幅に関連します。影が近ければ近いほど、より暗く、遠ければ遠いほど、より薄くなります（物と背景面の間が遠ければ遠いほど、光がその間に入るからです）。

7 | 真実っぽく見える影

輪郭の一番外側が、最も暗い部分。内側になるにしたがって暗から明への階調をつけます（反射光を考慮します）。

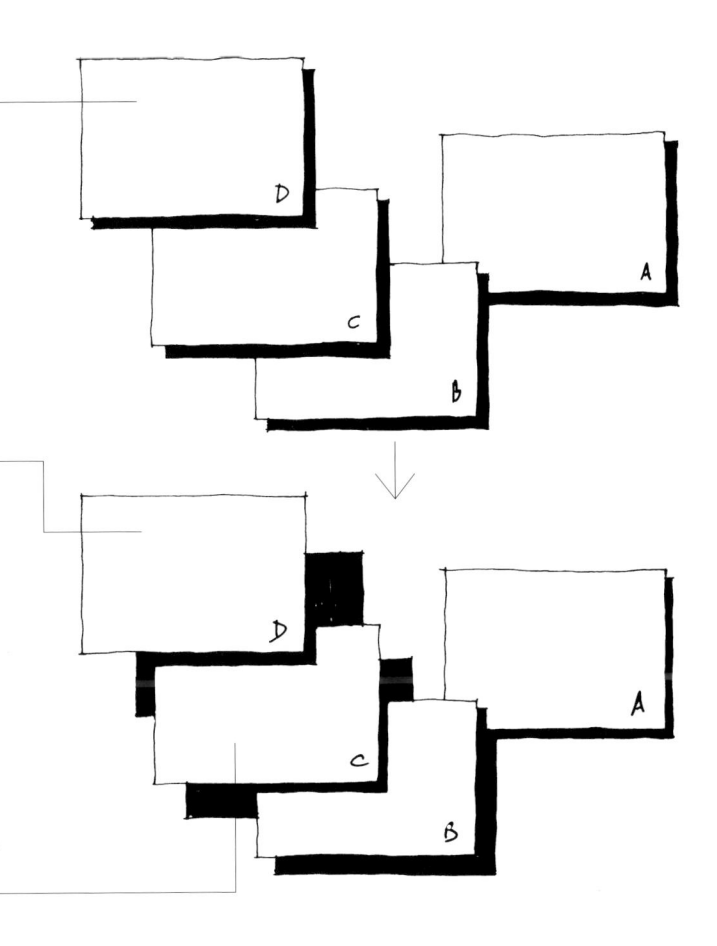

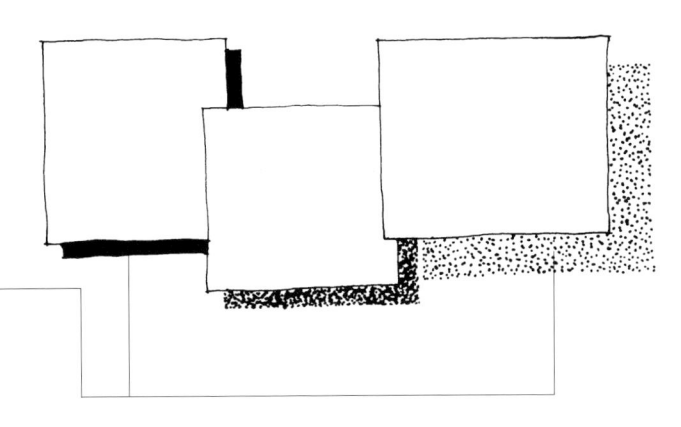

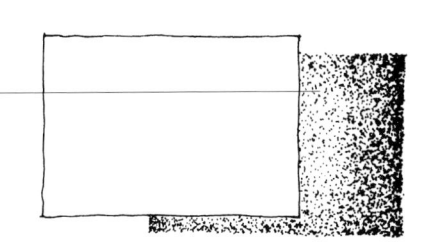

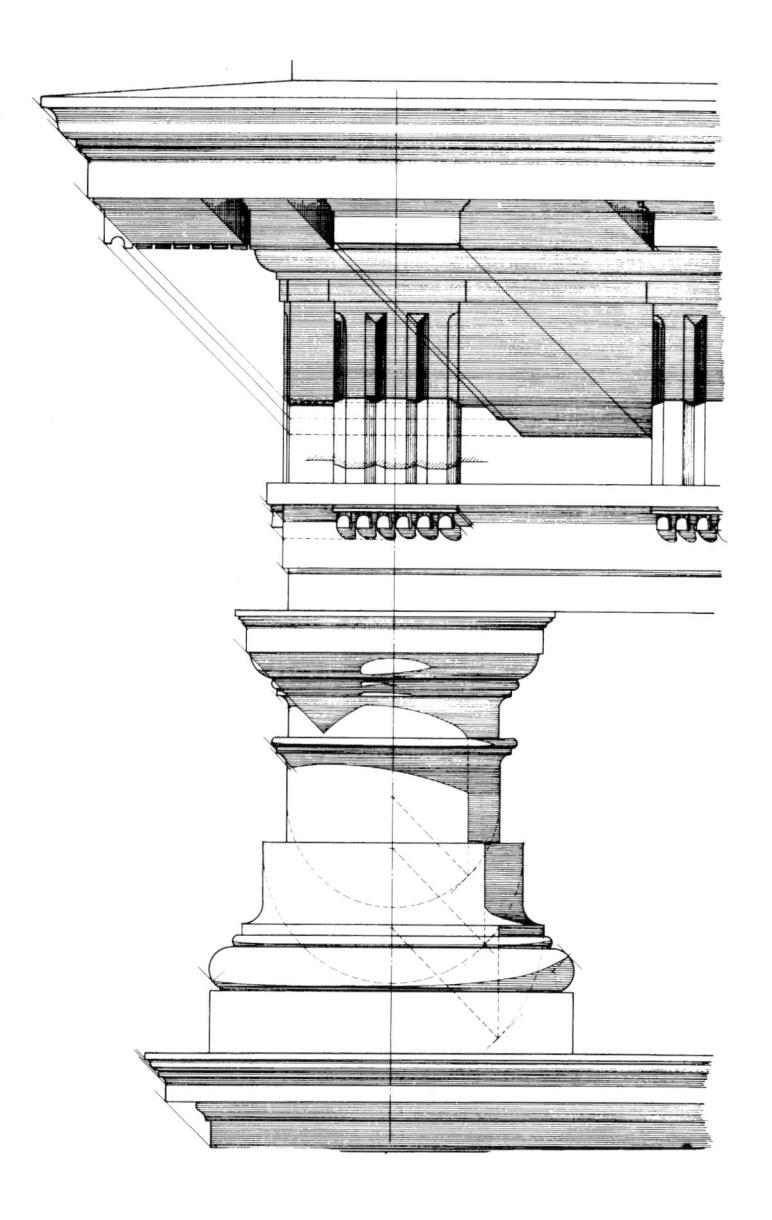

これをよく見てください。すべての陰と影が論理的に正しい場所にあるので、目を細くして見ると、このような硬質でメカニカルな線画さえ現実的に見えます（陰は光源に隠された表面で、影はほかの何かの表面に投げかけられた部分です）。抑揚のない影は現実にはありません。ドーナツには、いろいろなハイライトがあります。表面がガラス張りではないので、このように複雑になるのです。

22 表紙［10の法則］

表紙は、芸術的なデザイン表現をする場所ではありません。
競争の激しい店頭で、表紙で雑誌のブランドを確立しなければならず、
キャラクタを具体化し、センスを示さなければなりません。
そうさせるのは、過酷な商業主義です。表紙は最も重要なページで、
雑誌そのものを表すショーケースです。
さらに、表紙は次のような大切な役割を持っています。

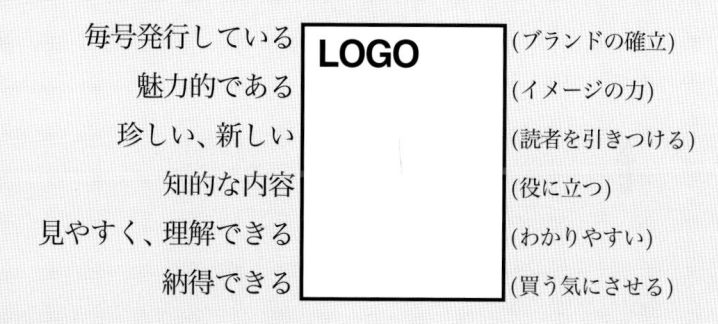

	LOGO	
毎号発行している		（ブランドの確立）
魅力的である		（イメージの力）
珍しい、新しい		（読者を引きつける）
知的な内容		（役に立つ）
見やすく、理解できる		（わかりやすい）
納得できる		（買う気にさせる）

デザイナーへのアドバイス

表紙は小さなポスターです。見た瞬間、高速でメッセージを運んでくる広告板のようなものです。ですから、わかりやすいように大きなスケールで考える必要があり、シンプルなほうがよいのです。微妙なニュアンスや細部に気を使っても成功しません（例えば、書店のマガジンラックに差してある2つの女性誌のロゴを差し替えたところを想像してみてください。あまり変わらないのではないでしょうか）。

その雑誌を特徴づけているものは何か、強調するべきものは何かを考え、表紙をデザインします。特徴づけているものは何か、何を強調すべきかの判断は、ビジネス側からの判断により決まります。重要度をランクづけするときは、よく考え慎重に決定してください。なぜなら、決定は妥協によっていることが多く、それによってマイナス面も含んでいるものです。デザイン的な好みの違いによって、結果に影響することはほとんどありません。もちろん、よい表紙を作りたいのですが、美しい表紙を作ることは二の次です。

よいデザイナーとは、よい表紙デザインをすると同時にデザインを通してビジネスの目的を実現させることができる人のことです。

1│売り場でどう見えるか考えてデザインする

会議室のテーブルでサンプルの表紙を検討するのは間違いです。つい、芸術的な視点で判断をしてしまいがちです。読者が書店でパッと判断するように、ほかの雑誌と並べて見ることが大切です。書店の店頭のマガジンラックに、デザインした表紙をほかの雑誌の間に割り込ませておいて見ることです。また、書棚に立ててある最新雑誌の間にサンプルを押し込んでみて検討してみましょう。さらに、新聞雑誌販売スタンドの実物大の写真を部屋の壁に貼り、そこにサンプルの表紙をピンで留め、できるだけ現実に近い状況を作り出します。スタンドで販売しない雑誌なら、机の上の整理箱の中に入れてみたり、ダイレクトメールといっしょにしてみたりと、より現実的な状況で検討してみてください。デザインの質の高さを最重要に要求されていないときは、デザインコンペと同じような姿勢で取り組まないように心がけてください。

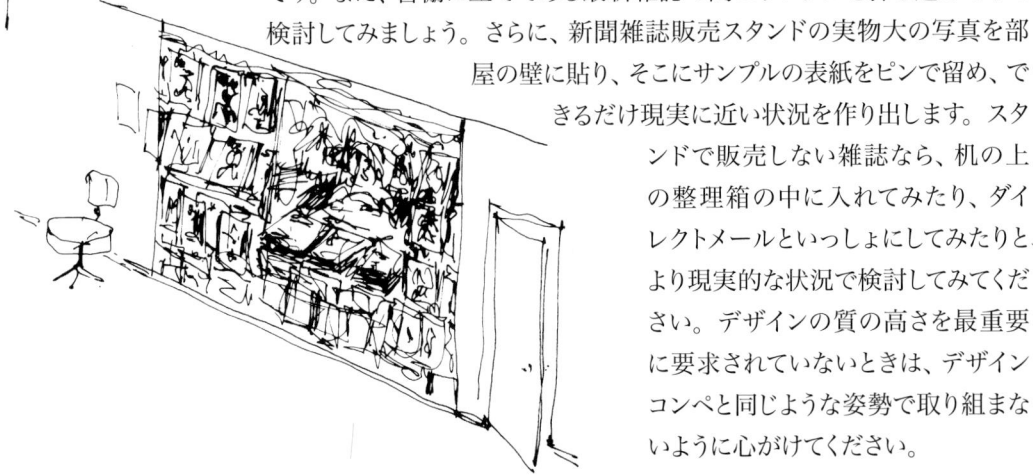

写真を裁ち切りにして使うと、表紙がポスターの役目をします。裁ち切られることで絵柄がより大きく感じられます。これが大きく見せるコツです。写真を全面に使う場合は、キャッチコピーは写真のじゃまをしないように小さく入れます。

フレームにすると、枠の中に注意を向けさせることができます。また、新聞雑誌売場では、この枠によってほかの雑誌と区別できます。写真を使う場合は、枠により写真のサイズが制限され、大きくは使えなくなります。

表紙にいくつかの写真を組み合わせて使うと、広い範囲を表紙していることをアピールできます。アピールする要素が多くなれば、1つ1つのアピール度が小さくなってしまいます。そこで、1つを大きくして、ほかの写真を小さく添えます。

2│写真はアイキャッチになる

写真は、読者に好奇心や注目を呼び起こします。雑誌の表紙の写真は毎号変わります。これによって最新号がわかります。また、体裁が同じなので他の雑誌との区別がつきます。写真の次に言葉が訴え、アピールし読者を引き込んでいくのです。

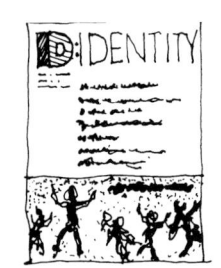

雑誌のロゴと見出しをメインにした表紙。視覚的な興味を引くためにイラストをサブでつけ加えています。繊細な色を使用すると、効果が出ません。

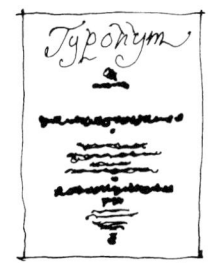

学術雑誌では、お手軽なイラスト使用はやめましょう。表紙に掲載した目次の内容こそ最高のイメージです。背景色以外の視覚的変化は気品を損なうことになるでしょう。

妥協としてでき上がった表紙。すべての人を満足させるために、すべてのものを表紙に入れて見ます。失敗しているようにみえるかもしれませんが、それが雑誌の正しいイメージでしょう。

3│最も重要なのは画像

デザイナー「もちろんです。大切なのはイメージです」

ライター「重要なのは言葉です。イメージは飾りです」

営業部は、マーケティングをします。

広告部は、最後に「どれもダメだ」と言い出します。

表紙とは、雑誌の特徴、読者、市場のすべてで成り立っているのです。

4 | フォーマットを標準化する

表紙のフォーマットは標準化しておきます。こうすれば、競合誌と比べてもすぐに区別がつきますし、何より制作が楽です。逆説的ですが、フォーマットの枠組みがしっかりと決められているほど、デザインの自由度が増し、すばらしくなります。フォーマットは、厳密に守らなくてはならないものではなく、筋が通れば変更してもよいものです。

5 | ロゴはシンボル

ロゴはシンボルです。イメージし、形にしたデザインから、すぐに雑誌の名前を思い浮かべてもらえるようにしなくてはなりません。ロゴは、書体を並べて名前にしたものではありません。単語をモノグラム(イニシャルなどを組み合わせて図案化したもの)にし、個性的なものにしなくてはなりません。また、ロゴの役目は、これを見ることで同じシリーズだと気づかせることです。

LOGO すっきりした書体

LOGO 手を加えた、個性的な書体

LOGO さらに、モノグラムにしたロゴ

6 | ロゴは豊かなグラフィック文字

雑誌のテーマがイメージで示せないときは、ロゴは特に重要です。逆に写真やイラストで表せているなら、ロゴはただの識別名としての扱いでかまいません。どちらの場合も、すっきりしているスペースに威厳を持ってロゴを表示してください。標語、日付、巻数、何やかやで取り巻くのは、ロゴを傷つけ、視覚のじゃまです。

7 | ロゴは左上の角

雑誌売場のラックに何種類も重ねられているとき、最初の数文字が目に入ります。そこにロゴを置きます。店頭販売をせずに、すべて定期購読者に配達するのであれば、ロゴはどこにあってもよく、配置は無制限です。写真・イラストなどのイメージ、表紙の宣伝文句に合わせて毎号ロゴを変えることさえできます。

現実的
表紙キャッチコピー
評価

ノー！　絵を損なう！　デザイナーは異議を申し立てます。

いいじゃないか、それで売れるんだし…　主張する出版社。

（読者が気にかける何かを言うほうがいい）
編集者はつぶやく。

可愛い書体で読者の気持ちをそらさないほうがよい！
販売部長は加える。

短くすばやく、あるいは動詞がある文にすれば？
コンサルタントは意見を述べる。

理想的な数はどのくらいですか？
指導者は、状況で異なるが必要なだけと断言する。

誰か、極めつきを知っていますか？
いいえ、皆、初めて同意する。

※雑誌ではよく使われる表紙コピー風に、
表紙コピーの現実的問題点をパロっているのです。

8｜表紙のキャッチコピー

キャッチコピーが雑誌を売ります。それはすばやく読まれるために存在しています。文字は、シンプルにしてください。自分勝手な書体遊びをして、どんなに可愛く見えても、読者は言葉の内容にしか引きつけられません。説得するための、キャッチコピーは、言いたいことを言えるくらい長くします。速読でき、しかも少ないスペースですむように、小文字を使えば大きく見せられます。すべて大文字だと印象的ですが、長いと解読しにくいのです。各単語の最初の1文字を大文字にするのは時代遅れなので使わないこと。

9｜表紙の大見出しの文字サイズ

配達された雑誌を見るときより、雑誌売場では大きな文字が必要になります。どんな場合も、メインになる宣伝文句を叫ばせてください。ただし、残りも14ポイントより小さくしないでください。買ってくれそうな人はその小ささでも雑誌を手に取ります。そこまでいけば、成功です。

10｜理想的な表紙

理想的な表紙の色は、単色です。出版物を大きく、上品に見せます。また、単色はけばけばしいライバルと差別化します。ただ、会議用テーブルでは、カラフルなものの中で見ると、埋もれます。目立たせるために高い明度・彩度の特色（黄～赤）を使います。雑誌売場でライバルに溶け込ませたくないなら、逆にその色を避けます。表紙のキャッチコピーは写真と張り合ってはいけません。互いに引き立てるように、対比させてください。そういう意味でも、文字は、黒か白が最適なのです。

23 目次［9の法則］

デザイナーへの
アドバイス

目次は多くの期待に満ちた、マルチタスクの容器なので、
特別に扱いにくいページだと思われています。
別のものとして考えてしまいますが、独立してはいません。
表紙からのワン・ツー・パンチの2打目として続きます。読者は表紙で見た
記事を見つけようとチェックするので、わかりやすくリンクしなければなりません。
──今すぐに。

表紙でまだ納得していない読者には、ほかのよいところを見せる場所、
売り込みの場でもあるのです。読者がメニューを理解し、
必要な部分を簡単に探せるような見せ方でなければなりません。楽に、そして
──すばやく。

ですから、読者が使いやすいように系統立てなければなりません。
慣習的に特集／連載／コラムと分ける方法は絶対でも、有効でもありません。
毎号同じスタイルの目次は、毎号の構成が変わらないので迷いません。
すべての読者が知りたがっていることは以下の通りです。
1) ほかに何があるか、2) 誰が…、3) どこに…──即座に。

ほかにも2種類の読者がいます：

1) 過去の号で何かを調べている人。彼らは話題、対象、
著者、日付、ノンブルによるチェックリストが
ほしいのです。表にまとめ、言葉のダイヤグラムにします。
重要なことは、書かれている方法、
どう組み立てられているか、そして、項目の配列方法です。
目的はスムーズなスキャニングです。
2) 広告主と広告代理店は読者ではありませんが、
雑誌の内容に首を突っ込んできます。自分たちの
製品やサービスを紹介する完全な環境に
お金を使いたがっているのです。したがって
雑誌の細部の価値を認めることなどほとんどありません。
ただ雑誌が取り上げる話題と割り当て誌面の大きさを知る必要があるだけです。
目次は手がかりを求めるところです。すばやく見ることができる目録です。

古き良き時代──1980年ころより前──本の前部分（FOB）、本の中部分（MOB）または「記事部分」、
本の後部分（BOB）という異なった分け方の言葉が使われていました。MOBの部分は特集記事にささげられた
きわめて神聖なセクションで、広告は立入禁止でした。魅力的な広告は前に上げられ、残りは邪険に
シベリア送りでした。「編集のサポート」（投書欄、コラム、新製品紹介などのような小さな記事）はFOBとMOBの
広告の間に差し込まれました。セクション間の違いは内容と規模の点から明確にされていたので、目次を表にして
掲載しうまく理解されました。今、「流れる構成」で広告は記事、コラムに侵入し、連載に勝手に顔を出します。
区別は不明瞭で、読者は迷子になりますが、目次の構造には古い考え方が残っています。

さらに、目次は文字のサイズ、色、分離、スペーシング、あるいは要約をしたりして、強調したり、軽く小さくしたりする方法で記事の相対的価値を明らかにします。

その上、好奇心をくすぐる絵をページに加え、何気なくページをめくる人を引き込みたくなります。
しかし、視覚の誘惑にスペースをつぎ込んでしまったら、もう場所がなくなって、適切にレイアウトを構成することができないかもしれません。
その絵は本当に必要ですか？
文字より大事ですか？

それに、隣りのページ (p.199) に示したすべてをどこかに無理矢理押し込まなければならないのです。

どんな目次も、そのすべてをかなえることなどできません。目次はそれぞれの出版物の個性と必要性を反映しなければならないのです。
様々な種類の50冊の雑誌を購入してください。
簡単に比較するために、その目次を切り取り、壁に貼って、分析してください。各雑誌の読者とねらいを、目次がどのように達成しているかを見つけてください。
自分の仕事を始めるのはそれからです。
まずあなたの雑誌の問題を明らかにしてください。
台割表を書くのは、最も難しいステップですが、それがあれば、物理的な配置は簡単になります。
「デザイン」は必要性から生まれてきます。なぜなら、解決の種はそれぞれの問題の中にあるからです。

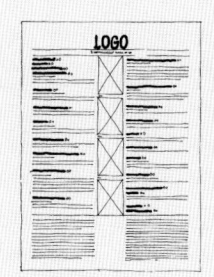

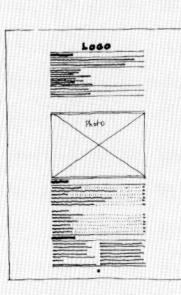

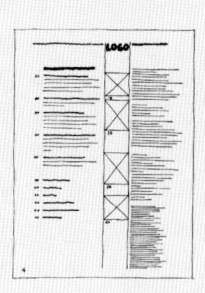

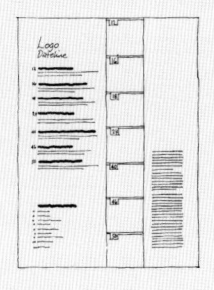

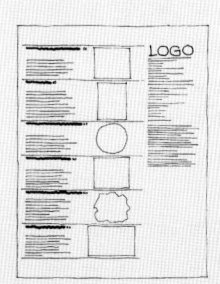

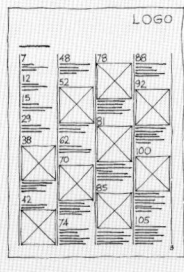

どれか1つ「ほかよりよい」のがありますか？
いいえ！　唯一の評価基準は、あなたの雑誌にどの目次案がぴったりかということです。
(目次の決定に会社側を参加させても、編集の自由を放棄したことにはなりません。)

1 | 目次は、がらくた入れではない

記事のリストは、できるだけ明確で便利であるべきです。それがこのページができた理由なのです。読者の使いやすさの極みです。ページいっぱいに埋めすぎると見た感じが混雑してしまいます。理由なしに要素を配置してはいけません。代わりに要素を分類してください。そして、グループごとにまとめ、行間を詰めてスペースを作ります。そうやって作ったスペースを使って別のグループとの間をあけるのです。表がすばやく簡単に目を通すことができる形になっているかどうかを、確認してください。

目次というタイトルそのものに、デザイン的なインパクトを与えるためにページ上部の最高の場所を使っています。それが役に立っていないなら無駄な努力とスペースの無駄でしかありません。

標語や雑誌のサブタイトルは上部に配置します。通常、表紙上部のロゴの近くに置きますが、周辺をクリアにしてロゴを印象的に目立たせるために、ここに標語を動かすことができます。

ロゴは雑誌タイトルロゴの体裁を踏襲するべきです。しかし、めったに目次に使われません。ロゴがデザインされたのは何年も前で、以来中身は変わっているからです。ここに小さく入れてください。表紙のミニチュアを使うと一体感が生まれます。

日付、巻数、号数は参照だけのためにこのページにあるので、あまり大きくしないでください。かなり小さくても、いつものスペースにおさまっていれば、見えます。（表紙にもチェックのためにあります。）

「1863年セメント会社として設立」のような**注意書き**は、信用を証明したり、法律的に昔の名前や商標を維持するために組み込まれています。小さく、細く、目立たなく入れてください。

表紙のミニチュアとその説明、クレジット。しばしば奥付欄の上に頭書きとしてロゴの代わりに利用されています。

ノンブルは楽しくて並べやすくて、きれいなので、ほかのすべてを圧倒します。ノンブルの目的は、ページを飾りつけることではありません。ノンブルがあるのは、見出しで見つけた驚きが、どこにあるか見つけることです。
テーマは何？
対象は何？
それは何のこと？
誰の責任？
へえ！ おもしろそう──で、どこにあるの？
このように考えていく過程における最後の（重要ではない）ものです。

編集担当者、役割とEメールアドレスを並べて記載する**奥付**。名前より役職名を太くしているリストもよくあります。リストにはアドバイザー、ディレクター補佐、編集委員などの名前を入れるべきです。通常、営業と広告スタッフは広告目次に記載されます。そのほうが論理的です。

ホームページのURLは、「サービス」のように思える小さな自社広告と自己販売促進といえます。目次には属しません。

次号告知はここに押し込んではいけません。次号の記事を紹介することで今月の記事と混乱させて、価値を下げます。ほかの場所に掲載します。

できれば、出版社の情報、住所、出版の頻度、および技術的なものを教える**索引**は、ほかの場所に置かれるべきです。それはスペースを食う脚注として、挿入されます。あまりに小さい文字で入れられるので読めない汚れのように見えます。

編集部の**連絡先**。単純な一文を載せます。新鮮な解決策として、Eメールアドレスを奥付欄の名前の横に置いてください。または、読者コーナーの一部として、次号予告、スタッフ紹介などの情報を入れてください。

2 | 表紙のキャッチコピーを繰り返す

目次で同じ言葉を繰り返してください（記事で出てくる見出しも同様に）。「そのほうがおもしろい」からといって、別々の言葉に変えて好奇心の強い読者を当惑させないでください。読者は、表紙と同じものを今すぐ見つけたいのです。

3 | 目次は3ページか5ページに置く

目次は、読者が最もよく探す重要なところです。格調あるページとして確立してください。このガイドページを探させるようでは、読者を得ることも影響を与えることもできません。

4 | 見開きで印象的に

目次は見開きならスペースが広いので効果があります。片ページが2つでは迫力は出ません。実際、混乱させそうです。その場合には、下のように、奇数（または偶数）ページを2つにします。反対側2ページを広告掲載スペースとして販売できます。

5 | 特集・連載・コラム

雑誌では、目次をページ順に表示するのは、やめましょう。読者の必要性というより編集者の都合です。しかし、ページ順にするなら、特集・連載・コラムをそれぞれ、特徴ある書体で明示します。特集が一番重要なので、大きく太い書体に色をつけます。コラムは特別なので、小文字を交ぜてもかまいません。連載は、より小さく静かに見せます。これで、見やすい目次になります。

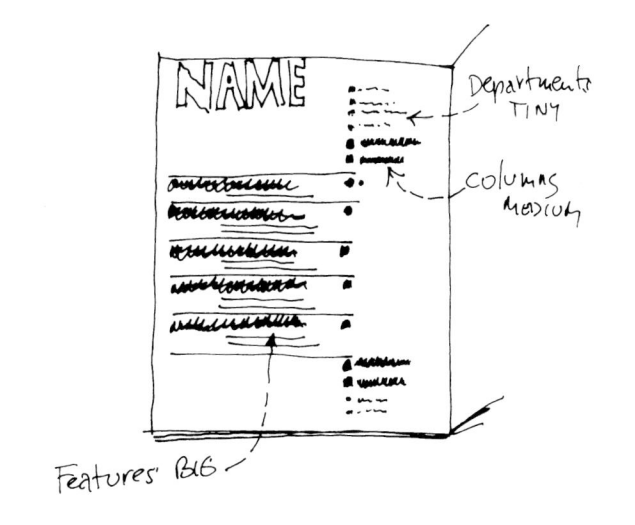

6 | 目次は道路地図

右の例は、出てくる順に次々に項目をリストにした、セールスツールの目次です。道路地図のようにページ順に記事を紹介してあります。みごとにページのミニチュアになっています。

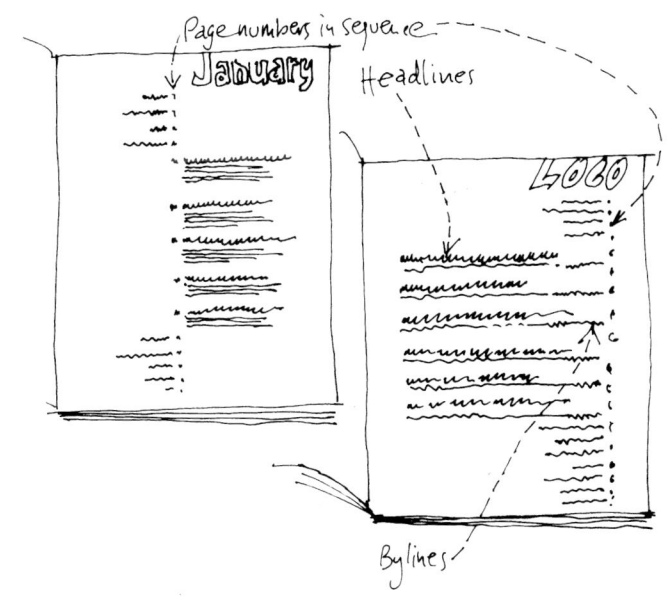

7 | トピックスを強調する

目次にある「トピックス」を強調し、目立たせます。トピックスを上に置き、下へさっと目を通せるように列挙してください。情報を見えるように格づけできると、情報検索が効率的になります。

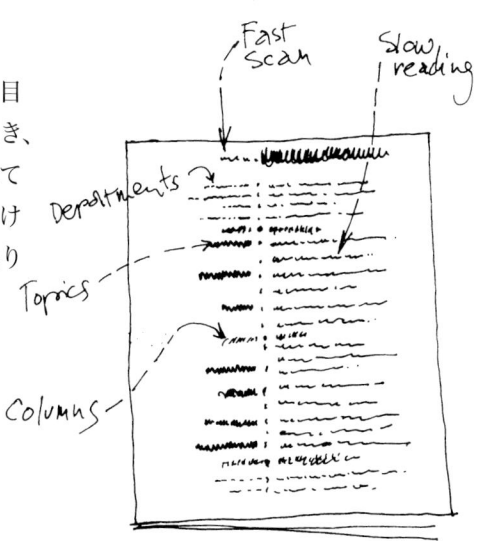

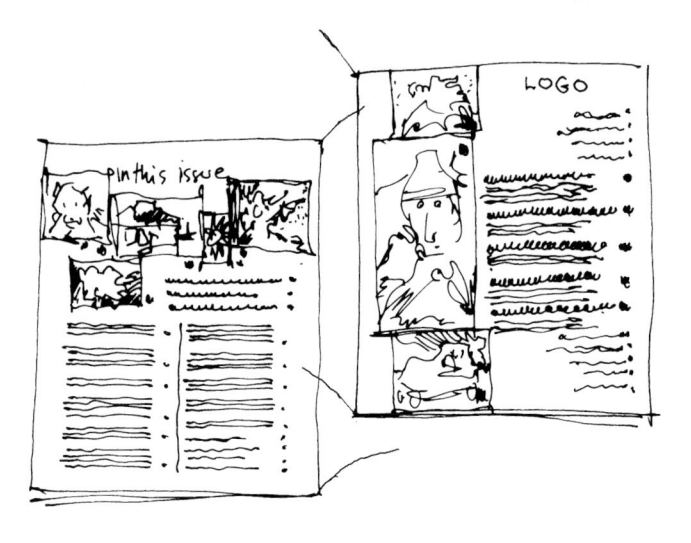

8 | 絵でおもしろく

絵は興味と魅力を加えます。画像は楽しみが即座に伝わり、好奇心をくすぐりますが、言葉は考えなければなりません。よい目次はその両方でできています。絵を使い、道路地図のように機能させてください。しかし、本末転倒にならないように。じっくり見ないので、絵は小さくしてください。じっくり見てもらうことは記事の中でできます。トリミングしてシンボリックな部分を使えば、興味をあおる広告になります。小さな切手が、どれほど強力なインパクトをもっているかを思い出してください。

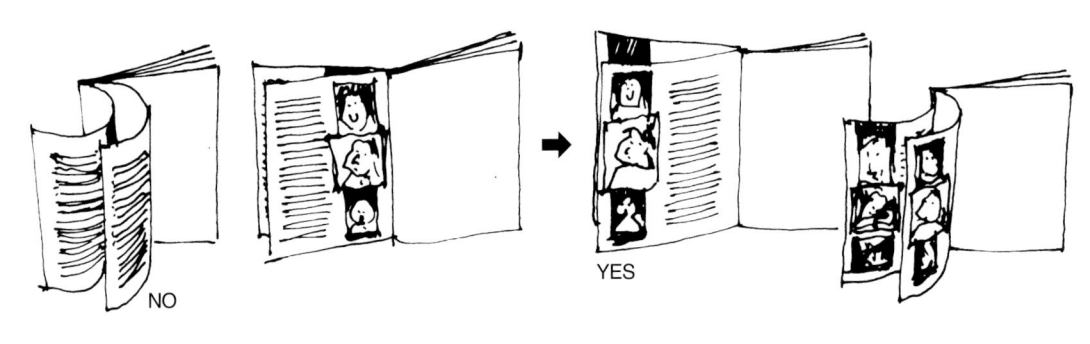

9 | 右ページか左ページか、それが問題だ

左右どちらに目次を入れるかで、目次のデザインは変わってきます。画像を使う場合は、ノドに隠れないように外側のよく見えるところに置き、ページをパラパラめくる読者を引き入れます。外側が最初に目が行くところです。ページがめくられるとき、左開きの場合は、右側ページの半分がよく見えます。そこに文字ばかりが見えると、活気がありません。外側に絵があると、目次は、生き生きして見えます。一方、記事をリストするなら、まずそれが目に入るよう外側に置くべきです。その出版物にとって適切だと思うほうを選びましょう。

NO （右ページに目次があるのはいいのですが、画像がノドに隠れます。）

注意　土壇場で広告が差し替わり、ページが左から右に切り替えられた場合は、デザインを変更するのを忘れないでください。

YES （右ページの例と同じレイアウトですが、左ページなので画像を外側に持ってきます。）

24 シグナル［19の法則］

シグナルと柱は、読者に出版物のどの部分を見ているかを
直接知らせる要素です。ロゴ、フットライン（行添え見出しp.208参照）、
ノンブル、続きを示す矢印（→p.○○）などです。

相互に関係するグループとして、すべてのシグナル装置を点検してください。
まず、それを別々に単独で見てください。
次に、グループとしていっしょに考えることができるように壁に貼って見てください。
シグナル、柱としての3つの機能を実現させることができるように、
見てわかること、使い勝手、一貫性を容易に実現する方法を探してください。

デザイナーへの
アドバイス

1. 認識定義。そもそも、すべての柱とシグナルは人目を
引くものでなければなりません。そして、その本質的な
「目につきやすさ」のために、印刷物やウェブサイトの連続したページという
鎖の中での大切な繋ぎ（連結子）の役割も果たします。
その鎖が雑誌やウェブサイトのビジュアル的な個性を作るのです。
そのようにして、全体をパーツの合計よりすばらしくする、のです。

編集者への
アドバイス

2. 位置選定。シグナルは、読者が出版物の中で
自分のいる場所を見定める手助けとなり、道路表示として
機能します。印刷物でもウェブサイトでも同じです。

3. ナビゲーション補助。読者を探しているものに誘導する道標です。
読者が急いでいるとき（いつもそうですが）、即座に見つけやすいことは
サービスの基本です。

シグナルは、制作物の至るところに組み込まれた道しるべで
案内システムの部品です。見映えのよい写真入り目次を
はるかに超えて活躍します。それには、ちょっと離して持ってパラパラと
雑誌をめくったときもちゃんと見えるように、ページを示すノンブルを
大きくするといった、サービスや工夫も含まれているのです。

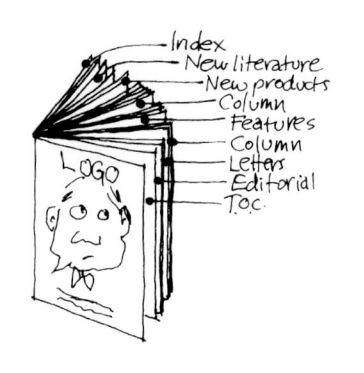

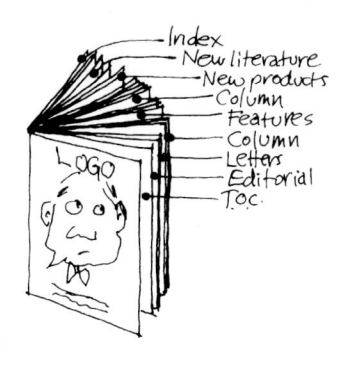

1 | 繰り返しの要素
出版物やウェブページの同じ場所に、繰り返し出てくるものを置いてください。読者は、いつものところでそれを見つけると、安心します。一貫した配置が習慣と親しみやすさを育み、その雑誌やウェブページを自分のものだと思うようになります。

2 | 見られるところにシグナルを置く
目的は気づかれることなので、シグナルを見られるところに置いてください。左ページの左上角か、右ページの右上角です。

3 | ノド（右ページの左上隅）にラベルを埋めない
ノドは、ページをパラパラとめくる読者には、目に見えないところです。ラベルは見えるところに出してください。

4 | 左と右のページは交換可能ではない
急に広告を入れることになり、左ページが右ページに動いたときは忘れずに必ず修正すること。いつも外にラベルを動かしてください。

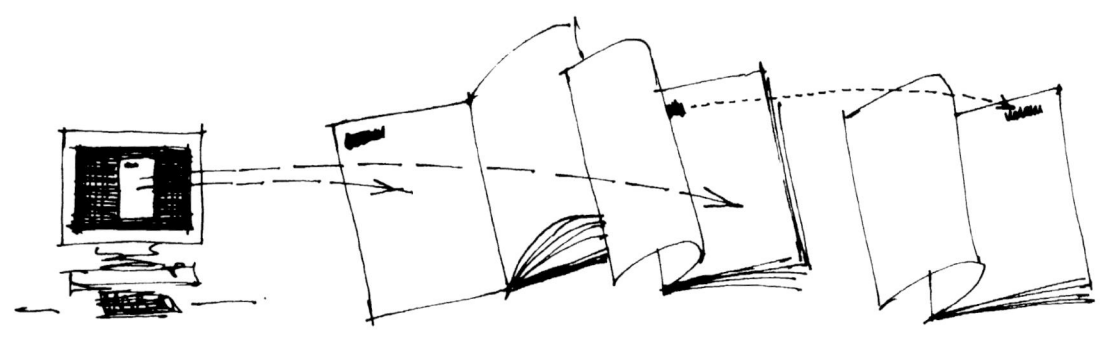

左ページが右ページになったら、外にロゴを移動することを忘れないで！モニターで見ているだけでは忘れてしまいます。

このページは
豚のページ

このページは
羊のページ

このページは
カバのページ

全部、動物園の話の一部分です。

5 | シグナル

ページの上に見出しラベルを置けば、グループ全体を繋ぐ鎖としても役に立ちます。それぞれが異なった動物でも、すべて動物だと認識します。個々のイラストは、わかりやすく（ページを説明し、グループをまとめるために）一貫していなければなりません。

6 | 表紙ロゴのグラフィック書体を反映させる

各章の柱を表紙ロゴ書体で作り、きちんと揃えます。出版物全体として一貫性と個性が印象づけられます。

7 | 柱を目立たせる

読者はその出版物に詳しくありません。デザイナーや編集者と違って読者は、その出版物の構成を把握していないのです。助けが必要です。それが柱です。

8 | マージンがあれば

マージンに置いたシグナルははっきり見えます。マージンがなければ、注意を引くために金切り声をあげなければなりません。マージンがあればラベルをより小さく引き締めて、上品にすることができます。この細部のデザインこそ、出版物の個性に影響します。体裁を構成するのに必要なものです。

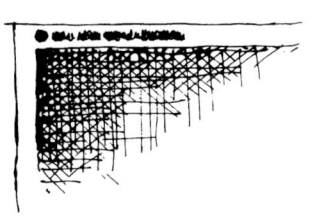

絞られたスペースの
小さいロゴは平凡です。

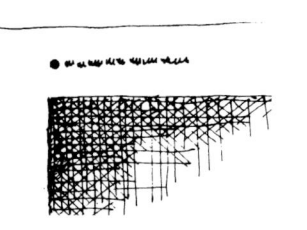

……しかし、十分なスペースがあれば
小さくても注意を喚起します。

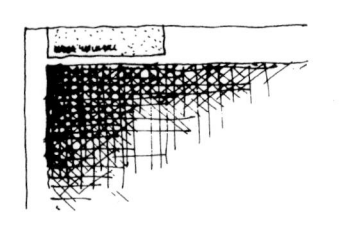

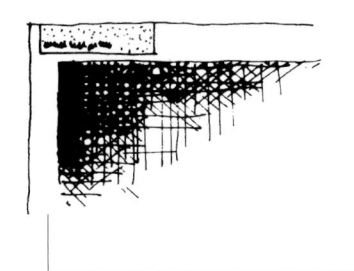

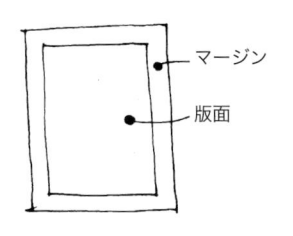

9 | 柱を版面から出す

きれいに見えないかもしれませんが、柱を裁ち落として、シグナルとして別にします。ページを繋げるものとして目立ちます。

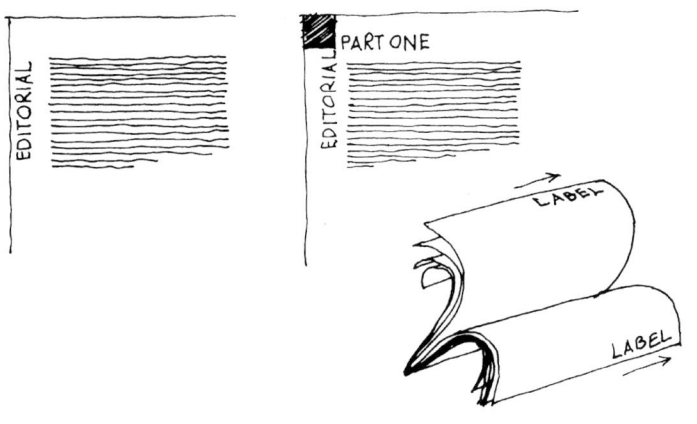

10 | 欧文文字の横倒し柱

テキストと一体にせず、分離していることを強調します（「耳のように」）。横倒しにすると、横向きに本を持ったとき、カタログのようにパラパラと見やすくなります（それが上向き横配置を左と右の両側に置く理由です）。同じ向きに2回、ラベルで知らせています。

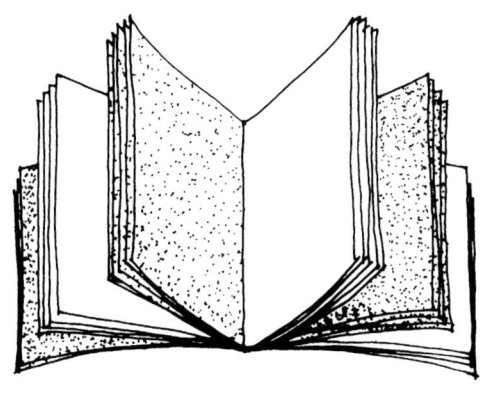

11 | 色をシグナルにする

異なった紙を1台（16ページ）使うとシグナルになりますが、難しい場合は、色を印刷するのはどうですか？ 例えば薄黄色の背景を全面に敷くのです。共通の背景色でまとめれば、広告と違い、黙っていても記事だとわかります。

12 | 親指タブ、ファイル分割タブ

索引のようなこれらのタブは、章ごとに記事をまとめたり編成したりするための、アイコンになります。材料をページごとに分解したら、タブで目立つようにして、「使いやすさ」を強調してみましょう。

13 | 表紙のキャッチと見出し

表紙のキャッチコピーと、目次、本文に出てくる特集の見出しを同じ言葉で揃えてください。編集者によっては、変えることでその号に「おもしろさ」と「バラエティー」が加わるといいますが、それは思い違いです。急いでいる読者 (すなわち全員) は何も見つけることができません。いらだたしく思うどころか、激怒してしまいます。同じ単語 (言葉) の繰り返しは、明確にスピーディに情報を伝達します。変えたければ、大きさや傾きなど、書体をアレンジすればよいのです。

14 | ジャンプ見出し

見出しの中のキーワードを、一目でわかるようにした見出しです。パズルのようなものを読ませたり、考えさせるのは避けてください。シグナルは一目でわかるもので、キーワードを繰り返すのが、識別の形としては簡単でダイレクトです。

15 | 続きを示す見出し

「p.00に続く」と「p.00から続く」は、読者にとって大切です。単語やシンボルの代わりに矢印を使うこともできます (続きが明らかな場合には必要ありません。記事の後半が見開きの対向ページや裏ページに続くようなときは、使わないでください)。

異なった表現で紛らわしい例：
子供たちはすぐに教室でもっと幸福になるでしょう。

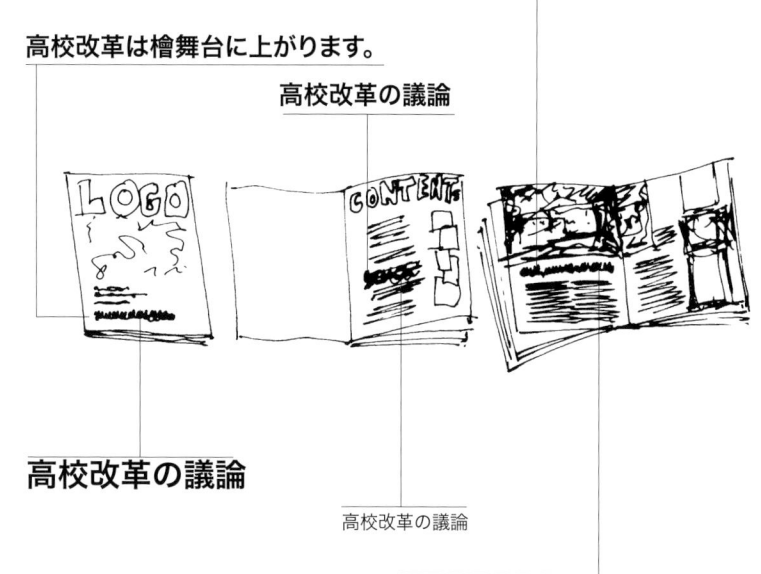

高校改革は檜舞台に上がります。
高校改革の議論
高校改革の議論
高校改革の議論

文字の変化で異なるように見える例： **高校改革の議論**

メイン見出し	高校改革が檜舞台に上がります。
だめなジャンプ	檜舞台 — ただの比喩としての檜舞台は愚かで、紛らわしい隠喩です。この記事は芝居とは関係ありません。
平凡なジャンプ	高校 — 高校は平凡であたりまえすぎる言葉です。しかし、(英語の場合) 最初が大文字で書かれるので、容易に認識可能です。
よいジャンプ	改革 — 記事の意味を要約するだけではなく、見出しの1番目 (その結果、最も目立つ) の単語を繰り返しています。

continued on page 135　　>135　　☞135

continued from p.27　　<27　　← 27

| 4 | | 雑誌名 | 発行日 | | 5 |

伝統的にはノンブルと雑誌名は左ページ、
ノンブルと日付は右ページですが、
現在しばしばまとめています。

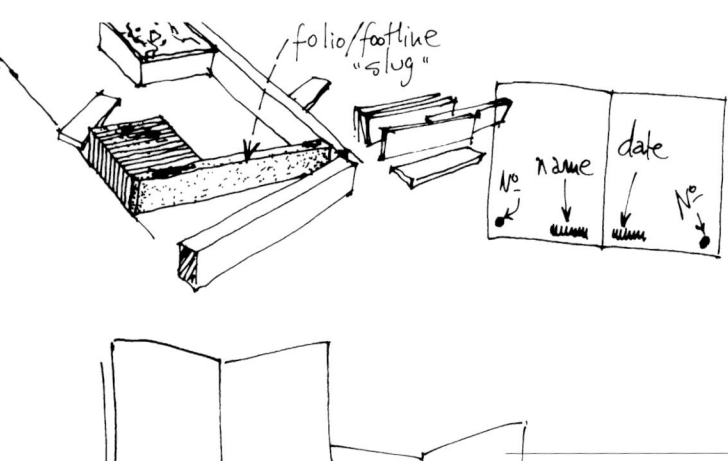

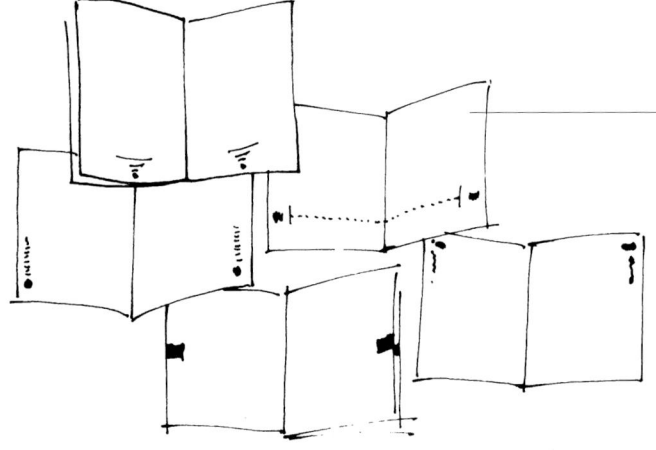

16 | フットライン（フォリオ）

雑誌名、発行日、ノンブルはページを汚すやっかいものではなく、大切な個性的なシグナルです。読者が見つけやすい下の隅に置いてください（なぜ普通そこに置かれるのでしょう？ 活版組版者の習慣でノンブルを外に、名前や日付が内部にある状態で、ページ幅の1行に活字と埋め物（スラグ）を使って作っていました。下（フットライン）から上へページを作り、ページを固定しました。絵のまわりを埋め物で囲みました）。

17 | 置きたいところに置く

習慣を破り、置きたいところにフットラインを置いてください。ページネーションとフットラインの要素が確認ができれば、思うように変えてよいのです。

18 | フットラインのデザイン

「識別／命令／合図」のシンボルを繋ぐ不可欠な部分としてデザインされなければなりません。雑誌の名前はロゴを縮小して使います。

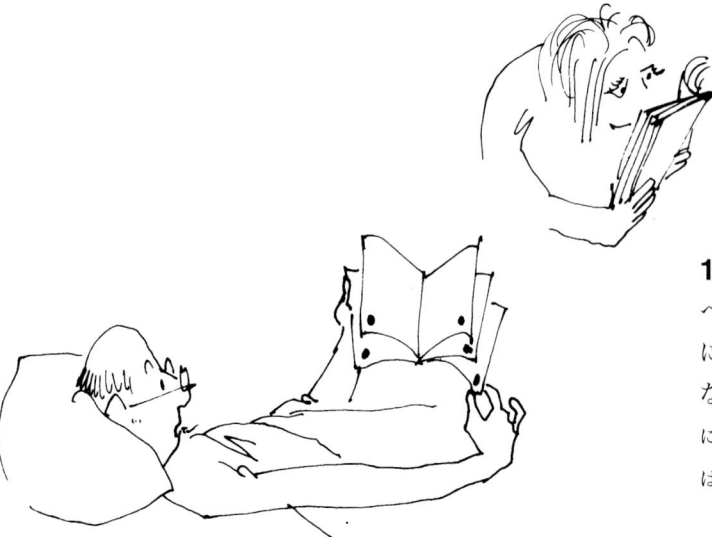

19 | ノンブルの大きさ

ページをパラパラとめくるとき、確実に認識できるくらいノンブルは大きくなければなりません（遠くから見ると上品に小さいかもしれませんが、実際に読むときには、逆にいくらかしつこいかもしれません）。

25　色［39の法則］

色はまさしく、スペース、文字、絵のように、手を加えていない
ただの材料です。
賢く使うには、ただ「タイトルを青にする」とか、
ページのいくつかを「飾る」だけではいけません。
確かに色はイメージをよくしてくれますし、目に好ましいのですが、
それではまだ十分ではありません。
啓発するものであること。意味から生じ、
意味と一体をなす幅広い意義を持つことが必要です。
こうした実際的な有用性は、読者にとって、色のきれいさより
はるかに価値があります。たとえどれほど刺激的だとしても。

デザイナーへのアドバイス

効果を上げている印刷物においては、色は主として美しさを伝える手段ではなく、機能的な目的のために適用され、重要なテクニックとなっています。認識…強調…連結…組織…説得…、そして時には、意図的に美を創り出すこともあります。
ただし、いつもはただの機能にしかすぎません。

編集者へのアドバイス

「**一**見した価値」は職業上のキャッチフレーズではなく、印刷における機能的なコミュニケーションの真髄です。
言葉で貴重な考えを強調し、同時に、それをレイアウトの中で明らかに
見せていきます。それゆえ、「執筆／編集」と「デザイン」は一体となり、
1つのプロセスとなることを求められます。機能的な材料として色を使うには、
次のことを守りましょう。
1. メッセージの要旨をはっきり示す。
2. 読者にとって、一番貴重なことを決定する。
3. 言葉とイメージをブレンドして、色をわかりやすい配置にレイアウトする。
　言葉と連動したわかりやすい視覚言語を使い、アイデアを明確にし、
　生き生きと覚えやすくするために、色を使うのです。

1 | 自分の好みで色を選ばない

色の選択は、目的に合った効果を慎重に計画してください。普通、ぶつかり合う色どうしより、穏やかな調和のほうがうまくいきます。関連する色を選んでください。安全策をとり、以下の1つ以上の関連がある色を選んでください。

1. 色 (色の種類—例えば、赤さ)
2. 潤度 (強度、明度、彩度)
3. 明暗 (陰影、暗さ、淡さ)

印刷の最も重大な要素はコントラストで、物を際立たせることです。物を際立たせることが、色を使う大事な役目です。

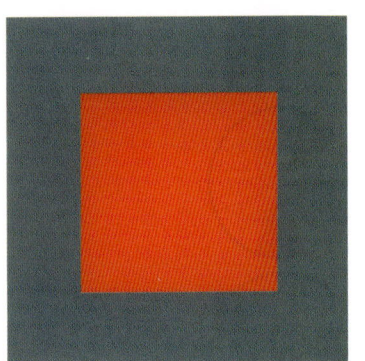

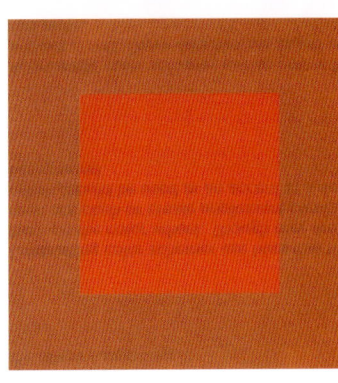

2 | 色はトリックを演じる

同じ色が、背景色によって違って見えます。明るい背景では、より暗く、暗い背景では、より明るく見えます。冷たい背景色では、より暖かく、暖かい背景色では、より冷たく見えます。また、ざらついた表面と滑らかで輝いた表面は違って見えます。どんな素材に印刷されるかで見え方が変わります。また、モニター上でも異なります。正確な配色 (芸術的な) が重要なのではありません。色がどう見えるかより、どう使われるかがはるかに重要なのです。

3 | 色で解釈する

食べ頃の新鮮なバナナは、金色の房に茶色の星が散り、おいしく、身体にもよさそうです。しかし、腐っていたり、凍っていたり、石の彫刻のようだったり、紫色（芸術的演出?）だったり、子供がクレヨンで塗ったようだったり、バナナではなく赤くて酸っぱいバナナもどきの果物だったりしたらどうでしょう。

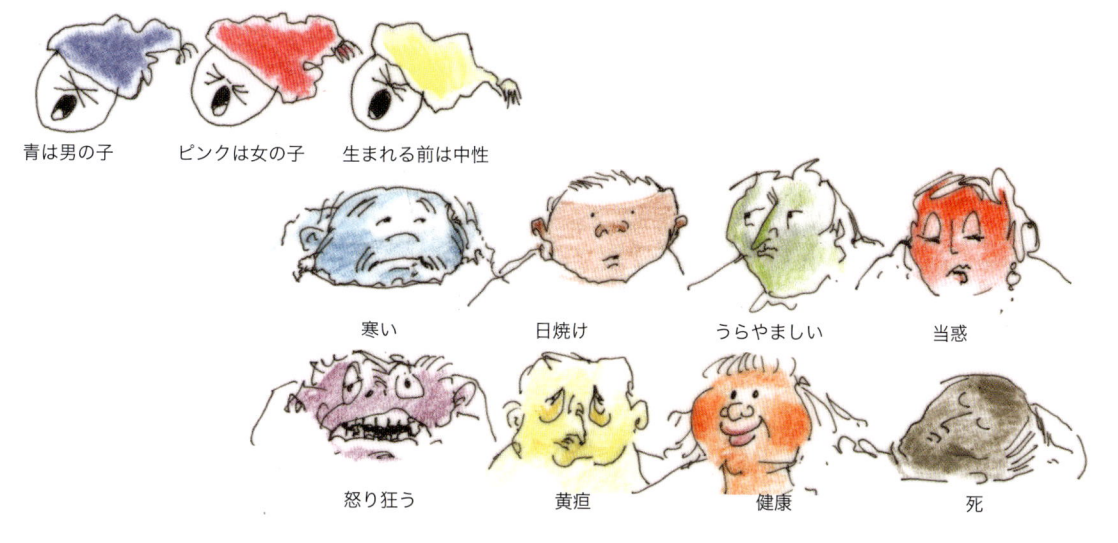

バレンタインデー
復活祭
米国独立記念日
ハロウィン、クリスマス

青は男の子　　ピンクは女の子　　生まれる前は中性

寒い　　日焼け　　うらやましい　　当惑

怒り狂う　　黄疸　　健康　　死

4 | 色で演出する

絵の内容を、色で演出することができます。銀行員は、赤字が嫌いです。黒字を好みます。「ばら色の色眼鏡をかけて（＝楽観視）」いない限り。

レッド
熱い、情熱的、血だらけ、ぞっとする、燃える、革命的、危険、活動的、攻撃的、愛着、精力的、衝動的、露骨、無一文、停止！

ピンク
肉づきのよい、感覚的、少女趣味

オレンジ
暖かい、秋、優しい、非公式、手頃、熟している、賢明

イエロー
エネルギッシュ、明るい、楽観的、愉快、日当たりのよい、アクティブ、刺激的、目立つ、忘れ難い、知的、想像的、理想主義的、臆病、警告！

グリーン
自然、肥沃、安らか、穏やか、壮快、経済的、繁栄している、若々しい、豊富、ヘルシー、うらやましい、病的、衰退、進め！

カーキ色
軍事関連、冴えない、戦闘的

ブルー
平静、穏やか、忠誠、明確、涼しい、平和、静穏、すばらしい、水っぽい、正当、衛生的、遠方、保守的、慎重、霊的、リラックス、信頼できる

ダークブルー
ロマンチック、月明かり、がっかりしている、嵐

ブラウン
土、熟している、収穫の準備ができている、頑固、信頼できる、良心的、鈍重、けち

セピア
古風、色あせている、年老いた

パープル
ロイヤル、強力、ぜいたく、教会の、もったいぶっている、儀式的、無駄な、郷愁、悲しみ、葬送

ホワイト
クール、純粋、本当の、潔白、清潔、信頼できる、簡単、正直

グレー
中立、安全、安定、熟している、うまくいっている、裕福、安全、レトロ、慎重、冬の、古い

ブラック
正式、礼儀正しい、強力、濃い、現在の、実用的、厳粛、暗い、病的、絶望的、不吉、空虚、死

ゴールド
日当たりのよい、厳然、豊か、賢明、光栄に思う

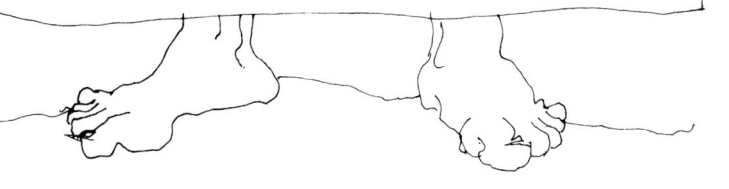

5｜色は常識で選ぶ

色は心理学的な意味を持っていると言われていますが、ここに記載した常識的な色を選んでください。国籍、時代、環境、社会的・経済的階級、そしてムードなど、すべてが、人々の反応に影響してきます。左の例のように、それぞれの色を文字で表してみました。じっくり読んでみてください。また、色は環境に影響されるということです。ほかの色に対する割合で、色の効果は変わります（p.210参照）。光の影響も受けます。暗いオフィスでは、彩度の高い色や大きな文字の印刷物のほうが効果的です。明るい日光のもとで見るのなら、微妙な色や小さな文字も使えます。決まりはまったくないのです。

虹の7色 (赤…オレンジ… 黄… 緑… 青… 藍…すみれ)
(自分の覚え方を発明しなさい)

パステル色 (淡い青、ピンク、黄、薄い灰色)
女らしさ。優しく、情愛深く、気遣い、柔らかく、霧のようで、感傷的で、春を連想させる。

瑞々しく清潔な色 (黄、明るい青、明るい緑)
健康的。冷たい水、日の出の露に濡れた芝生、レモンとライムの匂い、瑞々しい摘みたての果実、アウトドアを読者に連想させる。

天然色 (アースカラー、茶色、オレンジ、濃緑、赤、金)
安全、信頼。有機質土壌で伝統的に栽培された食物を表す。健康によいもの。おばあちゃんが作ったやり方。古風な書体とイメージが結合して郷愁をそそる。

強烈な色 (第一に、赤、黄、青。次に、オレンジ、緑、紫)
支配。活気に満ちて面前に飛び出す。注意を求めて大きな声で叫ぶので、攻撃的であると解釈される。

衝突色 (様々な意外な組み合わせ)
興奮させる。けばけばしさがファッショナブルな時代には、現代的と見なされていた若者に訴えかける。ダイナミック。革新的。

落ち着いた色 (ぼかした地味な色なら何色でも)
リラックス。受動的、好意的、平和、気どらない。背景に沈む傾向があり、年輩者や富裕層に好まれる。

暗闇色 (黒、灰色、銀、紫、茶)
抑制して最小限度に使用すれば、男性的で洗練されている。アスコットの貴賓席で着るタキシード、灰色のモーニングコートとシルクハットを思い出させる。1990年代にはハイテク。

上品な色 (銀、金、茶、灰、栗色、濃紺、黒)
ハイファッションで、高級。品質と費用。

6 | 色の好みは常識的に使う

いろいろなテストや調査では、概して、女性は暖かく、淡色を好む傾向を示し、男性は、より暗く、クールなものを好むと言われます。女性は青より赤を好み、男性は赤より青を好みます。子供が好きな色は黄、白、ピンク、赤、オレンジ、青、緑、紫の順、大人たちは青、赤、緑、白、ピンク、紫、オレンジ、黄の順。これは役立ちませんか? いいえ、たいして。あいまいすぎます。「赤」や「オレンジ」と言っても、微妙な色合いが無限にあるので、リラックスしてください。その色を「何に」使うのかのほうが、その色自体よりも重要なのですから。

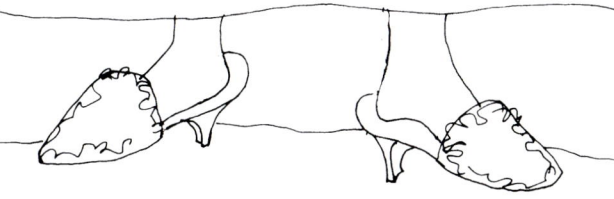

7 ｜色は黒ではない

色で最も価値あることは、黒ではないということです。読者の目を重要な点にうまく導くことができるのです。それを無駄にしてはいけません。十分に明るく、大きく、目立つように、珍しい場合にだけ、色を使うべきです。少ないほど効果的です。

8 ｜色は大胆に

決然と強く大胆に使ってください。それがコミュニケーションを高めます。小さな色面では目立たず、せっかく色を使ったのに価値はほとんどありません。価値のあるものは色で示すべきです。そして、ページから読者の目に力強く飛び込む価値のあるものにしてください。

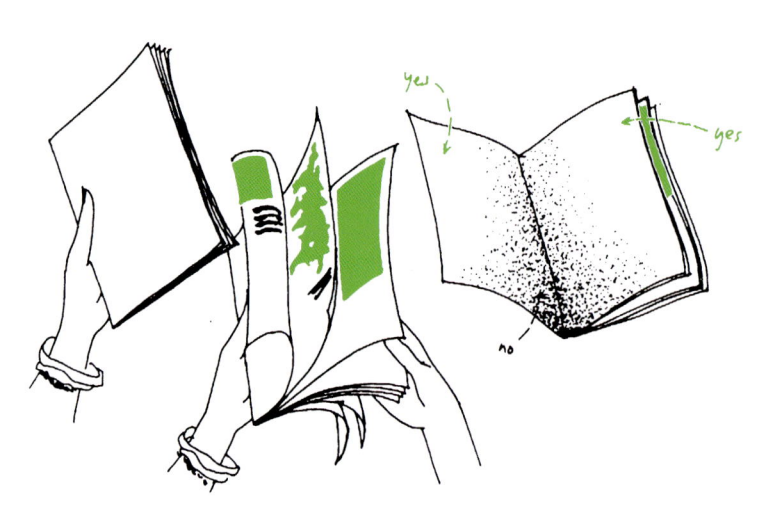

9 ｜色は見られるところに使う

そうすればとてもうまくいきます。ノドは隠さないでください。ページの小口で色を目立たせれば、読者を招き入れられます。出版物は手に握られるもので、ページは裏返ります。それを色で利用しましょう。

10 | 色の明るさと量で情報を格づけする

重要なほどカラフルにします。地位の低い軍人は小さな赤いスカーフと帽子、中尉は赤いジャケットを着ています。司令官は鮮やかな赤できらびやかです。

11 | 重要なものを目立たせる

重要なものには、強くて目立つ攻撃的な色を使います。「暖色系」の色は、読者の目の前に飛び出してきます。臆病でおとなしい浅い色を使って軽視させることもできます。「寒色系」の色は遠くに後退するように見えます。

12 | 色調の使い方

面積が広大であればあるほど、色はより明るく控えめであるべきです。面積が小さければ小さいほど、より生き生きと明るくなります。色調の観点からよりも、面積とその割合の観点から考えてください。

13 | 最初に背景色を選ぶ

次に、その色のアクセントになる色を決めてください。色同士の関係を考えるのです。どんな色もそれ自体では存在しないので、いつも背景色を考慮に入れることです。また、色同士の割合が変われば効果も変化します。原則は、試行錯誤と経験しかありません。見本帳に注意点を書き込み、記録をつけておきましょう。

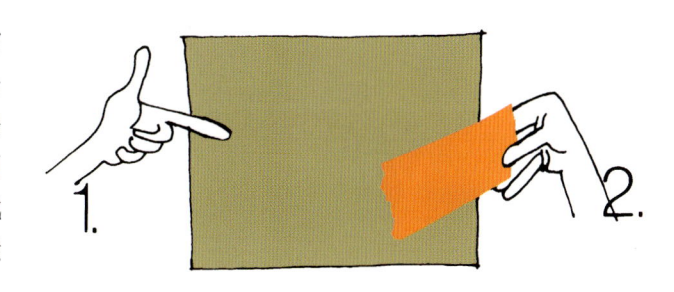

14 | 色の割当ては慎重に

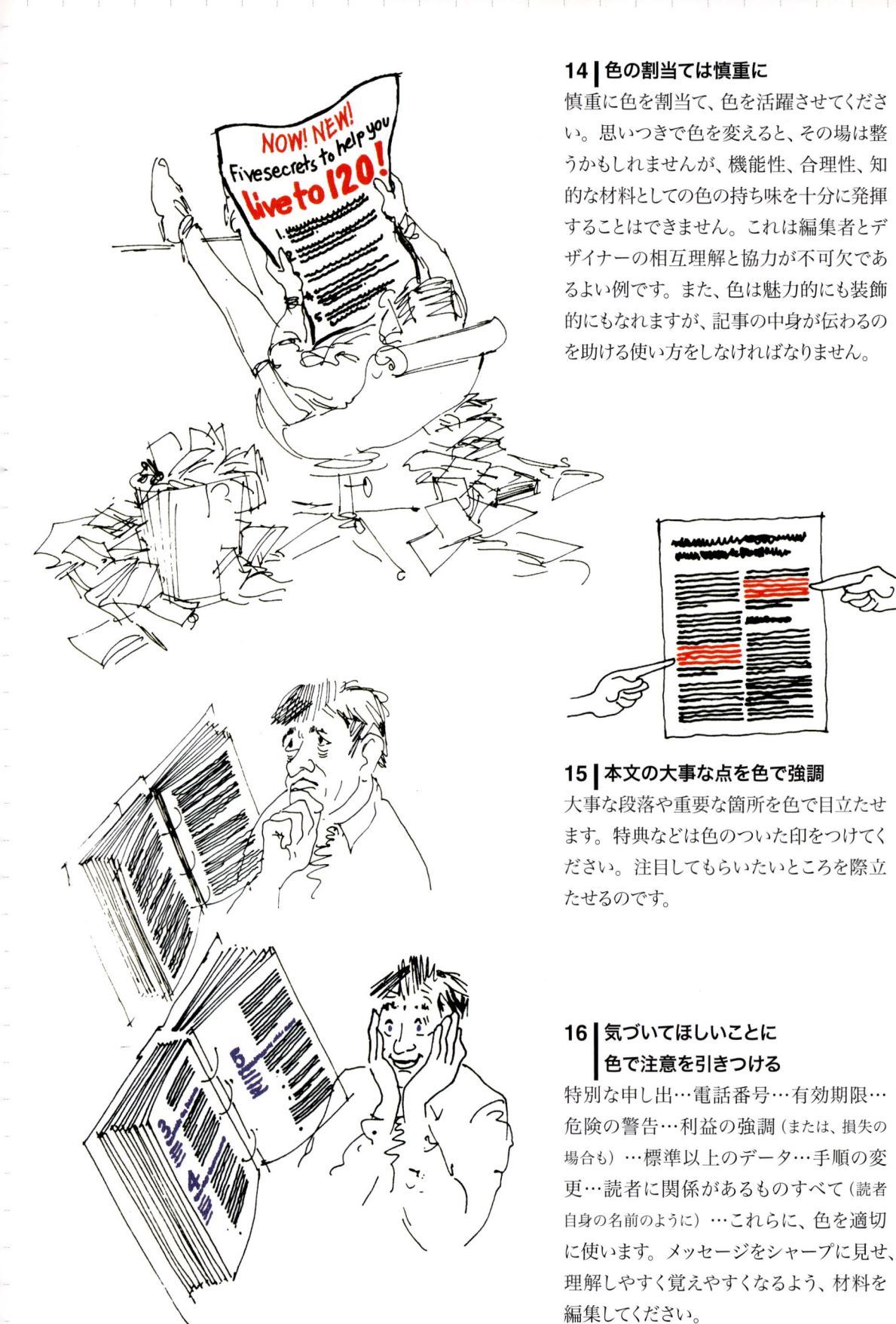

慎重に色を割当て、色を活躍させてください。思いつきで色を変えると、その場は整うかもしれませんが、機能性、合理性、知的な材料としての色の持ち味を十分に発揮することはできません。これは編集者とデザイナーの相互理解と協力が不可欠であるよい例です。また、色は魅力的にも装飾的にもなれますが、記事の中身が伝わるのを助ける使い方をしなければなりません。

15 | 本文の大事な点を色で強調

大事な段落や重要な箇所を色で目立たせます。特典などは色のついた印をつけてください。注目してもらいたいところを際立たせるのです。

16 | 気づいてほしいことに色で注意を引きつける

特別な申し出…電話番号…有効期限…危険の警告…利益の強調（または、損失の場合も）…標準以上のデータ…手順の変更…読者に関係があるものすべて（読者自身の名前のように）…これらに、色を適切に使います。メッセージをシャープに見せ、理解しやすく覚えやすくなるよう、材料を編集してください。

17 | 2組のデータを色で比較する

新しい情報と古い情報の区別、現状と計画の区別、去年と今年のサッカーチームの成績…仕様書の改訂箇所など。色をつけたデータが黒のデータより重要と見られるかどうかは、色の割合とタイポグラフィカルな強調にかかっています。見せ方を2つのレベルに整理して、一目見ただけで読者が簡単に解釈できるように色をつけます。

18 | 情報を色で編成し、区別し、体系化し、分類する

補助の情報を切り離して囲みに入れてください。この、色のついた囲みの中の記事は、補助的なことと思われ、飛ばされるかもしれませんが、必要なら読んでもらえます。

19 | 色で本文を短く見せる

色を使って要約・結論・伝記・概要・指示を本文と切り離します。記事はまだ同じスペースですが、まるで本文が少なくなっているように見えます。付属の要素を切り離し、色によって異なるように見せたからです。

20 | メッセージを分ける

ノンブル、ヘッダー、柱、ロゴなどを色にし、本文のメッセージと分離します。その要素を毎号カラーで掲載します。ページは、よりシンプルですっきりと見えるでしょう。これで、記事に集中しやすくなります。

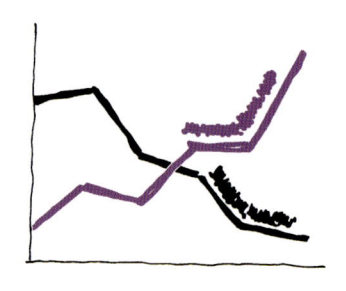

21 | 関係ある要素を色でリンクする

紫色のグラフ項目は、直観的に紫色の線と結びつきます。ちょうど、紫色のドレスの女性がパーティですぐに同じ色の相手を発見するように。リンクは用心深くしてください。うっかり使うと、ページ上の関係ない要素と関連していると誤解させてしまいます。

22 | 色言語を開発する

読者に認識させ理解させる色言語を作るのです。最初に茶色を肯定的な意味としたら、次に茶色を見たとき、肯定的だと解釈されるということです。

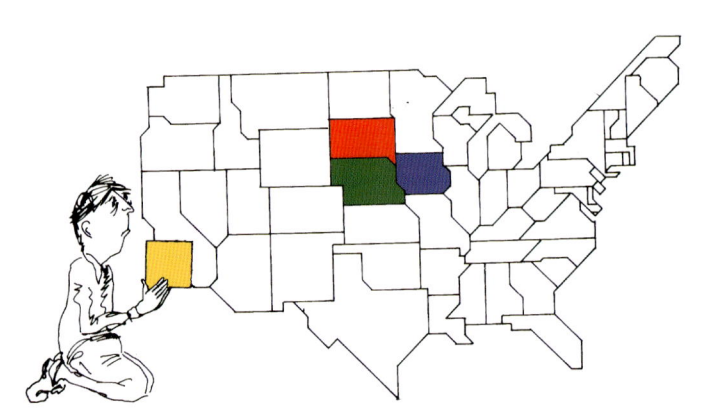

23 | 色分けをシンプルに保つ

色分けするとき、黒以外に4色以上使わないこと。でないと毎回、色と該当する項目の関係を説明しなければなりません（読者は調べるのに時間とエネルギーがかかるのでカラーキーを避けたがります）。黒プラスはっきりした3色なら簡単に思い出せるでしょう。

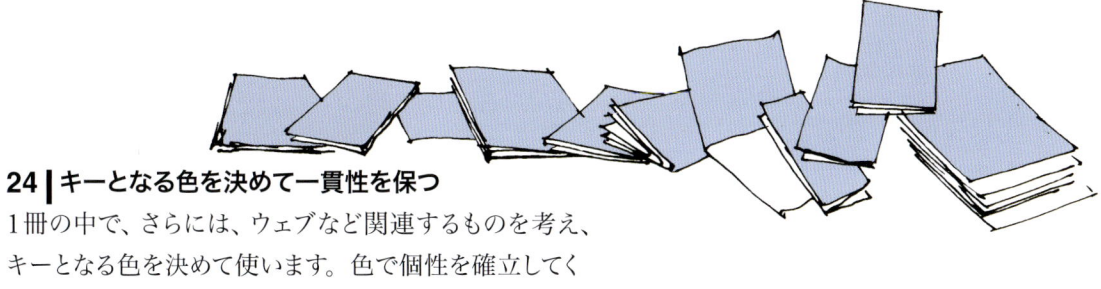

24 ｜キーとなる色を決めて一貫性を保つ

1冊の中で、さらには、ウェブなど関連するものを考え、キーとなる色を決めて使います。色で個性を確立してください。

25 ｜色の継続

外観の色が一貫した出版物はまとまりがよく、多様だとバラバラになってしまいます。背景には1色のみを使ってください。同じ色の繰り返しは部分を見慣れた感じにします。同じ色を使えば、ページ、記事、シリーズ、定期刊行物のイメージ作りに役立ちます。

26 ｜色で、繰り返し出てくるものを認識しやすく

法令集のような大きな出版物では、流れを中断して区切り、各部分を小さくし、近づきやすく、全体を使いやすいと感じられるようにします。色を使うと、繰り返し出てくるページを識別しやすくなるので、章扉、主題イラストや声明、制作過程図、場所を示す地図、補助的な表、自己テスト、概要説明などに用います。

27 ｜カラー用紙で区切りを作る

カラー用紙でセクションを作ります。ただし、タイポグラフィカルなスタイリングは保ちます。色でほかのセクションとの違いを出しながら、その他のすべての要素で「帰属性」を感じさせます。

このテキストは故意に小さく、きつい詰めで設定されています。白地に黒で印刷されると、かなり簡単に読みとることができます。白に黒が最大の明暗コントラストなので単語が最もよく際立ちます。自然で簡単なので、普通に使われ、好まれるのだとわかります。これは推薦ではなく、ただの例ですが。

同じテキスト（故意に小さく、きつい詰めで設定）も色つきのバックに黒で印刷されると読みにくいのですが、色が明るければ、うまくいきます。背景色が薄ければ薄いほど、色調のコントラストが大きくなり、その結果、読みにくさはさほど感じません。

同じテキスト（故意に、小さく、きつい詰めで設定）が色つきのバックに黒で印刷され、背景色が暗いと、このように読むのはとても困難です。こんな災難を通り抜けてまでわざわざ読もうとする人などいるでしょうか？

これはしてはいけない例です。

このテキストは、上より大きく設定されていて、それほどきつくはありません（広めの字間）、より大きな文字サイズ、より短い行長、より広い行間です。白地に黒は、少し格好悪く見えることがあります。

このテキストは、より広い行間でより短い行で、それほどきつくなく、大きな文字サイズで設定しています。バックは明るい地色に黒で印刷されていて、読みやすいので、まあまあです。

暗い色つきバックに黒で印刷されていますが、上の例ほど不快ではありません。まだ理想的ではありませんが、どうしてもと言うならなんとか使えるでしょう。

28 ｜ 色つきバックに黒い文字

スミのせの場合、背景色が濃いと、黒い文字は読みにくくなります。

この原稿は故意に小さく、きつい詰めで設定されています。黒い背景に白ヌキで印刷されているので、読むのがとても困難です。明暗のコントラストが強すぎ慣れません。目が疲れます。そのうえ、小さく細い文字はインクで潰され、解読するために努力を強いられます。

このテキストは故意に小さく、きつい詰めで設定されていて、暗い色つきのバックに白ヌキで印刷されると読みにくいです。慣れていない色調コントラストなだけでなく、もし版ズレなしで印刷されていなければ、文字の小さく細いストロークがインクの層で潰されます。この種のものを決して読者に押しつけるべきではありません。

この原稿は故意に小さく、きつい詰めで設定されています。薄い色のバックに白ヌキで印刷されると、読むのは困難になります。十分な色調コントラストがないので、単語を区別し、認識するのは難しいです。なぜ解読するのをとても困難にするコントラストを読者に強制しますか？

このテキストはサンセリフ体で、それほどきつい詰めではありません（広めの字間）。より大きい文字サイズ、より短い行で、より広い行間で、より太いです。

この原稿は左と同じです。
簡単で、
ストロークは均等な太さで、
リズミカルな規則正しい字間をキープするために
行末揃えをしていません。

大きくし字詰めを緩めスペースをゆったりとり、行間を広げ、行を短く文字を大きくサンセリフ体にしても助けにはなりません。

これをしないでください。

29 ｜ 色つきバックに白い文字

白ヌキは、濃い色とのコントラストなら読みやすいです。黒地に白は飾り気がなさすぎです。サンセリフ体の文字を使って、セリフでスペースがいっぱいになるのを防ぎ、またインクで潰れないように太すぎる書体は避けます。

30 ｜ バックの色面濃度を均等化する

色地に白い文字より白地に黒い文字のほうが読み続けやすいので、優先されます。読みやすい行が、先に気づかれ、優先されてしまいます。背景色の濃淡のバランスをとれば、不均等さはなくなります。

この色地に黒文字は真ん中の行より重要でなく見えます。

この白地に黒文字は、強く飛び出します。

白地に黒文字のコントラストのほうが強いからです。

この3行のように薄い色に黒文字は明確に読めます。

2行目は色が異なりますが、

色のトーン・バランスがとれているから読めるのです。

このテキストは故意に小さく、きつく詰めすぎて設定されています。イエロー100％（黒12％に相当）での印刷は、ほとんど目に見えず、まして読み取れません。シアンで印刷されるとき、シアン100％は黒67％相当なので、はるかに容易に読みとれます。黒67％のスクリーンは暗い灰色です。白地に対するコントラストがより大きいので、単語は解読できます。

色の薄さを補うために、
文字を太く、
大きくし、
行間を広げ、
行長を短くし、
行末不揃えで組んでください。
文字組をシンプルに保ってください。
サンセリフ体の活字を使用し、
奇妙さ
大げさを避け、
極端な平体、
長体、
斜体、
薄く見えるイタリック、
長すぎる大文字組を避けてください。

本文を故意に大きく設定しても、
イエロー 100％（黒12％相当）の
ひじょうに明るい灰色のような色で
印刷されると、ほとんど目に見えず、
まして読みとれません。

シアン100％で印刷されるとき、
シアンは黒67％と同等なので、ずっと
簡単に読みとれます。黒67％の
ヒラアミは暗い灰色です。白地に
対するコントラストが大きいので、
単語は解読できます。

色に叫び声を あげさせてください。

31 ｜ 白地の色つき文字
色は黒より淡いので、コントラストが減少して読みにくいものです。暗い色にし、さらに文字組をシンプルにして補ってください。

その組を以前見たことがないなら、たぶんそれ相応の理由があるはずです。

背景がまだらでは、文字を黒、白、またはどんな色にしても読みにくいです。2人以上の人（あなたとお母さんとか）に読んでもらうつもりなら。

32 ｜ 色をつけた背景の色つきの文字
危険です。きれいさや輝きではなく、コントラストで色を選んでください。高い彩度の文字が明るい背景色の上にあると、目が疲れます。避けてください。テストをすることです。

33 | カラーグラデーションは動的

グラデーションは変化（〜から〜へ、外へ／内へ、前 後）の幻想を引き起こし、動くように見えます。自然な変化は、左から右に動きますが、どの方向に変化させるかは、色で変えることができます。目はまず冴えた色に引きつけられ、そして、鈍く重い色に移ります。どんなところに置かれていても同じです。

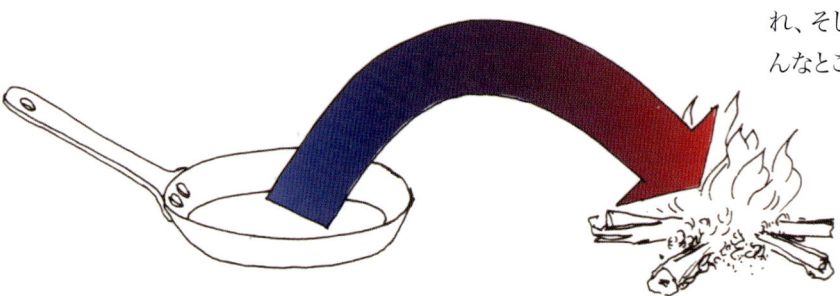

34 | 色の変化

湾曲した形の一方からもう一方に向かって色のグラデーションをつけると、特に色が重要な場合、動きがよりドラマチックになります。フライパンから炎の中に飛べば、フライパンの中にある矢の端の寒い色も加熱されているように見えます。

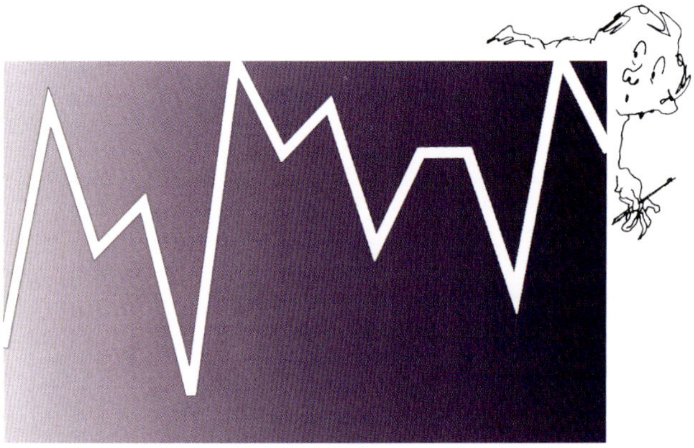

暗い紫に対する白線なので、右上の線（「最新情報」）の終わりは強調されます。一番左（「古い部分」）は、薄い背景ではっきりしないように見え、弱められます。グラフ線が黒の場合は正反対のことが起こります。

35 | 色調コントラストが大きいと通知能力が大きい

薄い色バックなら暗い色…暗い背景には薄い色のものが重要だと読者を誘導できます。これは色合いや明るさにではなく、明暗対比を利用しています。このテクニックは、伝えたいことをはっきりさせたり、読者を誘導したりするのにも使えます。

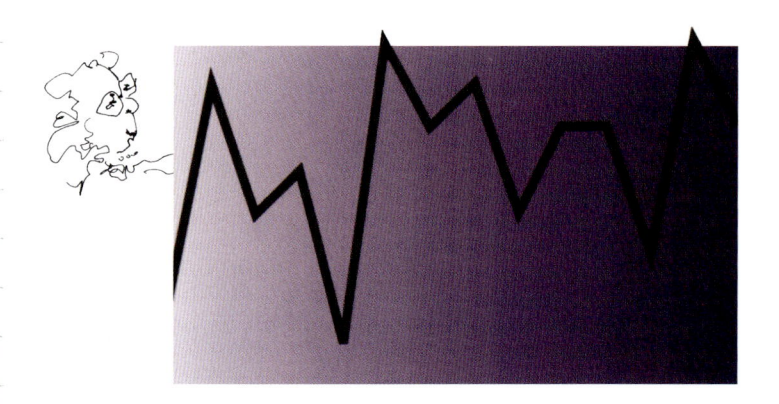

36 | 色面は慎重に扱う

出版物全体を統一する特別な色が決まっていないなら、カラー写真のそばに置く色は、総合的効果を考えて選ぶべきです。ここで、青い色面は黄土色の写真と衝突しています。そうしたい理由がありますか？ もし、ないのなら…

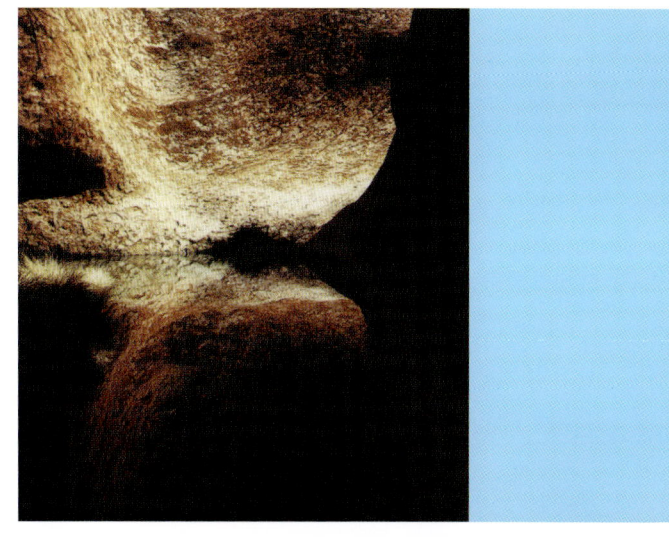

37 | 写真の色に合わせる

絵のパワーが上がります。選ぶ色によって、注意を向けたい写真の一部を強調できます。ここでは岩石（オーストラリアのエアーズロックまたはウルルと呼ばれる）の色です。

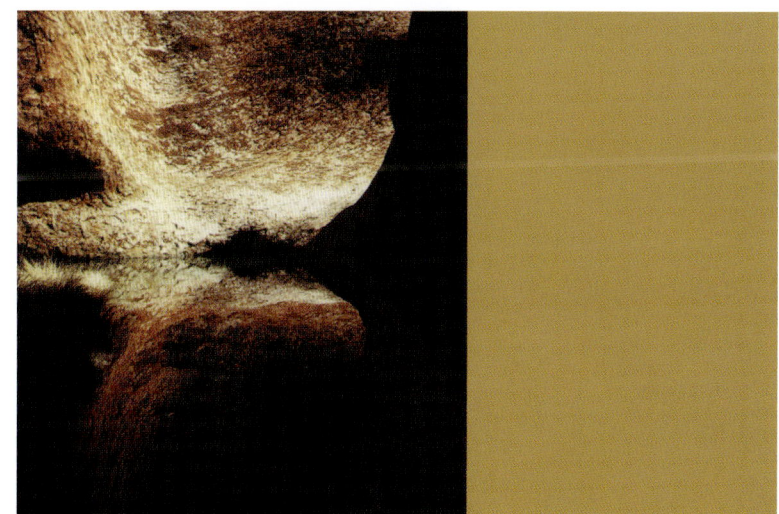

38 | グラデーションにする

さらによくなります。フルカラー写真に似た色にします。現実には一様な色はまったくないので、グラデーションは平板な色面より自然に見えます。平板な色は印刷のような人工的な状況にだけ存在しているのです。空の色も上から下へ変化します。壁は平板な色に塗られているにもかかわらず、照らされ方によって様々に表情が変わります。

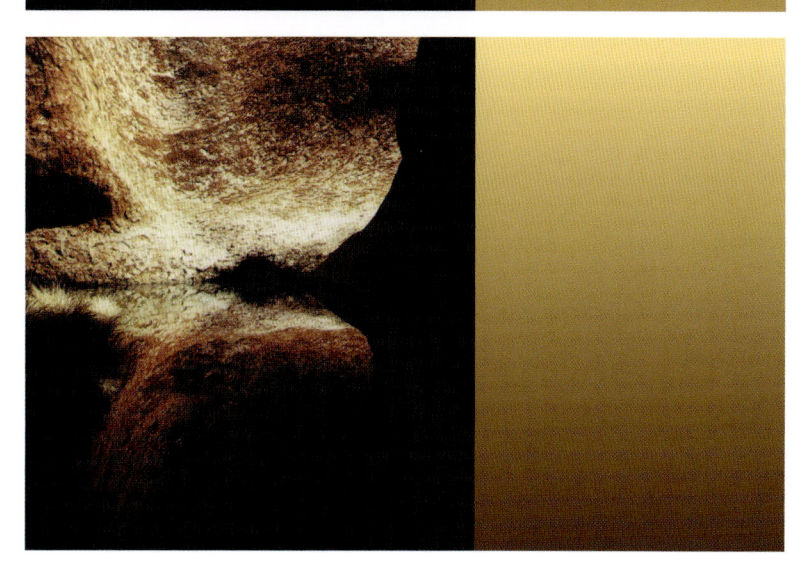

25—色 [39の法則]　223

39 | 写真の構成要素を浮き彫りにする編集テクニック

カラー写真の色を操作し、構成要素を浮き彫りにします。これは「編集」方法の1つです。よい写真は手を加えずに、そのまま使います。これに対して、悪い写真は画像に何らかの操作をすることで、メッセージの伝達スピードと明快さが上がることもあります。

簡単な例。ガラパゴス諸島の青い足のカツオドリ。下の「改良された」2つのバージョンはオリジナルよりよいですか? どちらが必要でしょうか? オリジナルの画像の純粋さをいじった結果はどうですか? 解決策は純粋に美しいかどうかではなく、編集としてどう考えるかにあります。私たちは何をしようとしているのか、読者は何を必要としているのでしょうか? どうすれば生き生きと率直に伝えられるのでしょう。

オプションA
写真のほかの部分の色を調節します。カツオドリの青い足をフルカラーで残して、それ以外のすべてをモノクロにします。

オプションB
写真はそのままにし、周囲をカツオドリの足の色に合わせた枠で囲みます。

オプションA

オプションB

26 オリジナリティ[21の法則]

デザイナーへのアドバイス

よい出版物は、少なくとも次の1つか2つにあてはまっていれば、よいのです。ほかと違っている必要はありません。時事的、挑発的、独断的、わくわくさせる、論争好き、魅惑的、啓発的、解明、教訓的で誠実。

生き生きとした出版物は編集者の勇気を反映します。あるものは、ほかより大胆で創作的、独創的な路線を貫いています。
しかし出版物の制作は、創造性、革新性、鮮やかでおしゃれなデザインを必死に探求することばかりではありません。
見た目を誇張すべきではなく、目的と読者に合わせるべきです。
私たちは読者のために出版物を作っているのです。
自分の好みでパレードのバンドをずんずん先に進ませないでください。

読者は期待どおりのものを欲しがります。よく知っていて心地よいからです。
納得できるフォーマットをなんとか編み出すことができたとします。
それがあなたの目的にかなっており（なかなか難しい仕事ですが）、
あなたの虚栄心ではなく雑誌購読者へのサービスになるのならば、
そのフォーマットを使い続けてください。

独創性が機能しているとしたら、新しいアプローチと期待感のバランスがうまくとれているのです。
形式と内容の両方ともが独創的でないと、期待は退屈さにさえ変わります。
要は、臨時の特集といつもの形式を分離することです
（この本ではみごとにそれに反しています。形式と内容が混ざり合っているので。しかし、今だけは切り離して考えてください）。

いつもの形式は期待感と認識をもたらします。
ジャーナリスティックな内容を斬新に処理すれば、
活気、驚き、興奮が生まれます。しかし、あまりに異なった形式でまとめてしまうと、全体としてその号への期待感をそいでしまうかもしれません。期待感と独創性のバランスをとらなければならないのです。

編集者へのアドバイス

もちろん、出版物には光り輝いて「刺激的」であってほしいと思います。
しかし、皆あまりに一生懸命やりすぎるのです。視覚的な華々しさを加えれば、注意を引き、もっと読者を集めるだろうと考えがちです。
たしかに、人目は引くでしょうが、間違った理由からでしょう。
飾りに頼らず、テーマのすばらしさと重要性を信じるべきです。
納得して買って、読んでもらえるように、一番大事な問題が何かを見極め、それを陳列し、展示するのです。

「オリジナル」である必要はありません：

1. ページに過剰に詰め込まない

材料が有益であってもぎゅうぎゅうに詰まっていると、読み飛ばされるでしょう。出版物に値するには、1. 注意を引き、2. 貴重に見えなければなりません。見るだけの価値があるなら…もっとページ数を増やしてくれるように経営陣を説得してください。

2. 情報を構成している部品 (情報ユニット) に分ける

多くの人が視覚的な手がかりで情報を覚えています。どのページか…次が何だったか…どんな色だったか…どれくらい大きかったか…。部分を材料にしてページを作ってください。情報ユニットを独立した要素としてページをディスプレイしてください。

3. スペースを整理し明確なゾーンを作る

余白の「堀」や罫線の「壁」でゾーンを切り離してください。バックに色を敷いたり、様々な書体を使って領域を明確にします。それをテクスチャや大きさで変化させてください。整列を急にやめたり、整列から取り外したりして領域を覆すのもあります。きちんとしていないように見えるかもしれませんが、読者には、効果的です。

4. 材料に適切な形を工夫する

テキストと絵を、2、3、4段の垂直な縦割りのグリッドに何も考えずにはめ込んだりしないでください。材料にとって、そして記事の中で組み立てられた道筋にとって、意味がある枠組みを作ってください。書くことで構造化された考え方を発展させてください。その組み立てにしたがって材料をページに配置していけば、見た目で何らかの手がかりになるでしょう。バラエティの源になるだけではなく、ビジュアル面での方針を決める手段となるものです。

5. 内容に合わせて視覚的テクスチャを変える

本文は次の材料とは違うように見えるべきです。…黒丸つきのリスト…順番に番号がふられているもの…すばやく目を通せる表示用文字…抜粋…概要…署名記事…引用文。そうしていくと、テキストの性質がそれぞれ区別しやすくなり、何なのかが認識されるようになります。また、視覚的に違うと、覚えるのも簡単になります。

6. 1つの情報ユニットは1つの情報タイプで

潜在的な視覚の違いをできるだけ利用してください。

抜粋 (目的と範囲を紹介するすばやい概観)
レビュー（章の終わりでのまとめ）
概念 (何であるかの定義)
構造 (何が組み立てられているか、またどう組織化されているか)
手順 (するべきことをどうしているか)
過程 (何がどう作動するか)
分類 (要素のカタログ)
比較 (賛否、前後、善悪)
説明 (脚注)
相互参照 (解説、ほかの類似情報)
運動 (自己診断、レビュー、習慣、予想)
インデックス (目次、図書目録、用語集などのリスト)

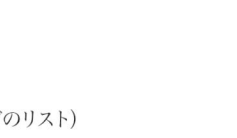

7. コントラストをつけて見やすく

重要なことを太くしたり大きくしたりしてページの上のほうに置き、目立たせてください。さらに余白の外へはみ出させると、空気が流れ込むように感じられ、誌面を広く見せます。あまり重要でないものを下に隠し、より小さく薄くします。

8. 一貫した視覚テクニックを使う

ページからページ、号から号をまたいで、出版物から出版物へ、繰り返します。材料に合えば退屈にはなりません。それどころか、理解のスピードアップの助けとなるような視覚言語に発展します。さらに、そうしたユニークな言語は、見た目で奇妙だからではなく、道理にかなっているため、あなたの出版物を他社のそれと区別し、価値を高めてくれます。

9. 言葉と視覚──材料に選ばせる

本文中の可能なところに、図、グラフ、地図、写真、ダイアグラム、アイコンなどを導入してください。統計を視覚的な表現に変え、次に、情報がダブらないようにテキストから該当する言葉をカットします。テキストがより短くなり、統計はより容易に把握可能になります。

インスピレーションがひらめき、アイデアが浮かぶことなど、めったにありません。その大部分は熱心な思索と集中の賜物です。
「天才は1%のインスピレーションと99%の努力」と、トーマス・エジソンは言いました。彼は知るべきでした。アイデアがひらめく方法を！

アイデアに詰まったら？

10. 努力を続ける
意識して、突然わくアイデアをつかまえる準備をしてください。消える前につかまえて、小さなメモカードに書き留めましょう。そして一晩寝かせるのです。

11. ファイルを展開し、手入れして維持する
どこでもアイデアやインスピレーションを集め、注釈をつけておきます。そうすれば切り抜きのファイルに目を通し、いったんは捨てた古いアイデアの中から、今ならうまくいくかもしれないものを復活させられます。それは、盗作でも研究でもありません。インスピレーションの探求です。

12. 気を楽にする
問題を楽しんで、あまり真剣に悩むのはやめましょう。偏見のない心を保ち、危険を冒す気持ちも捨てないことです。ただの雑誌のある号です。すぐに次の号が出ます。誰もあなたの誤りを覚えていないでしょう。あなたが思ったような効果が上がらなかったことなど誰も知りません。人は、あなたほどがっかりしていないのです。悔やんでいることを知りませんから。

13. 自分を許す
何かが支障をきたしてうまくいかないときは、信頼できる友人とネットワークを築き、危険を減少させましょう。

14. 否定を否定する
「前に1度もしたことがない」、「決して買わないでしょう」という理由でノーと言わないでください。「誰も理解しないでしょう」なんて、誰がそんなことを言うのですか？　すべての仮定を再考してください。古い先入観に挑戦しましょう。何もためらわないでください。自分自身がマイナスの裁判官になるのをやめましょう。

誰にとっても視覚的アイデアを思いつくのは簡単ではありませんが、
有効だとわかったいくつかのテクニックがあります。主な効用は、不安による
緊張感をゆるめてくれる、という事実の中にあります。緊張感がゆるめば、
思考能力がほぐれ、いくつかのツール（トリック?）が使えるようになります。

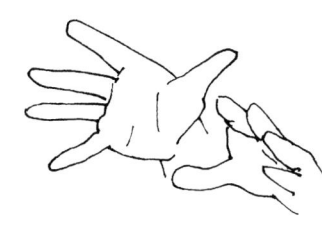

15. 手を使って
方向…内包…動き…を表現しましょう…その際に、手で例証します。手は、矢と同じくらい表現力豊かです。

16. 言葉で対象を説明
次に、その言葉を表現するビジュアルを考えましょう。しかし次の誤解をしないように注意しましょう。「マンモスパレード」は巨大な行列で、マンモスのパレードではありません。

17. パターンを探す
明らかな混沌から秩序を作り出すためにパターンを探しましょう。おそらく、共通項はビジュアル化できるはずです。

18. 絵のような比喩
主題の代わりに用いましょう。理想的なのは矢です。誰でも知っているあの古くさい矢です。意味と解釈を無限に作り出すことができます。

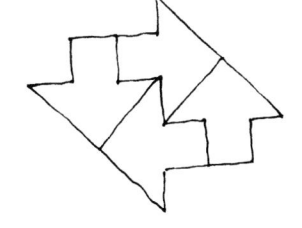

19. ディテールを使う
全体を象徴する部分を見つけられたら、小さな特徴をシンボルとして使いましょう。

20. なじみ深い世界を変える
あたりまえの世界を誇張して、奇妙で驚異的な世界に変えましょう。ほかの誰かの観点から見てください。別の職業の人はどのように同じ問題に反応しているでしょう?

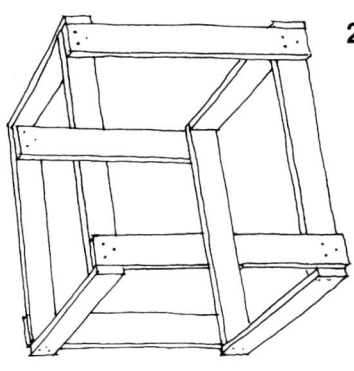

21. 新しい角度を探す
以下のように実際の質問をすることで、主題の新しい角度を探しましょう。原因はどこから来ましたか? どのように届けますか? スケール、容積、密度はどのくらいですか? いったいどこで、起こっていますか? どこから見ることができますか? 歴史的にいつ起こりましたか? 時刻と天気はどうですか?

白黒印刷の時代、ぜいたくで珍しい原色写真は驚異的でした。最近は原色写真でないほうが稀です (元が白黒の絵でないなら)。インク以上の何かが必要です。ただ絵や写真だけでは驚きません。そこに意味がなくては。そこで、「編集デザイン」の出番です。

グラフィカルな驚きを創り出したいなら

感情に訴える力強い雰囲気は角度、色、明暗によって作られます。

ピンボケ写真で、乱暴な行為と動作を。

写真やアートワークでの**珍しい配色**。

直接読者の目を覗き込む**個人的な親密さ**。

ページに印刷された**実物サイズ以上の画像**。

意外なスケールの組み合わせ
(モナリザにペンキを塗るこの小さい男性のような)。

巨大な単語に膨らませる (本当に重要な場合にだけ)。

普通の目の高さではなく、どこか**見晴らしがいい地点**。

1つのイメージに、同じテーマの**いくつかのバージョンを組み合わせる。**

不規則に混ぜられた形状で**画像をバッティングさせる。**

変化の順序を年表で表す。

意地悪な (危険な)
コメントの**人を動物に変える。**

大げさなサイズ、色、何か異常なプロポーション。

不釣り合いな組み合わせは、普通ありえない組み合わせのグループをなします。

自然の写真に
平面的な漫画を交ぜる。

何でも大丈夫。

27 チェック［16の法則］

モニター上で見るものは仮想です。
現実ではありません。やがてあなたの制作物を受け取る読者は、
モニター画面のプリントアウトではなく、紙でできたへなへなとした印刷物を
受け取るのです。
したがって、絶えず物体として
考えてください。紙として。

**デザイナーへの
アドバイス**

各ページをコピーし、ミニチュア版を作るのは、紙という現実を
思い出させるためで、スクリーン上でミニチュア版をディスプレイして
見るより効果的です。そのうえ、紙に印刷した続きページをめくって
見ていくことで、立体的な流れに沿って考えられます。

紙のミニチュアは読者が見るものに最も近いものです。というのも、
小さいスケールのパターンは、最初に読者がパラパラめくって全体を見たときに
意識するものだからです。読者がディテールを意識するのは、あとになって
読むことに集中しているときです。紙のミニチュア版があれば細部で
途方にくれることなく、パターンをチェックできます。それはビジュアルの工程としての
目視でやらなければならないことで、想像しているだけではできないことです。
また、スクリーン上で見ることがあらゆる世代に通用するとは思えません。
紙で作るミニチュア版のリアリティには手間をかけるだけの価値があります。
一貫性と、配列上の問題を探すことでその号はよくなるからです。

**編集者への
アドバイス**

一つの仕事を終える直前に、いくつか
チェックしてください。見出しに
誤植がないかどうか確かめると同時に、
意味も確かめてください。最も恥ずかしい誤植は
いつも見出しに発生するからです。
どこかにこっそり潜んでいる
悪いスペーシングのようなばかげたミスを、
注意して根こそぎにしてください。

SKIP ANTS
SKI PANTS

上：アリを跳べ
下：スキーパンツ
（上が間違い）

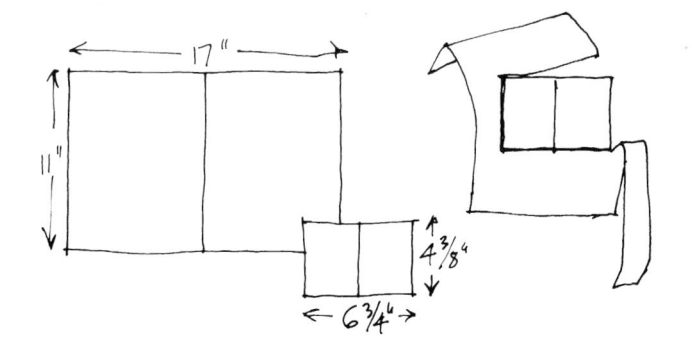

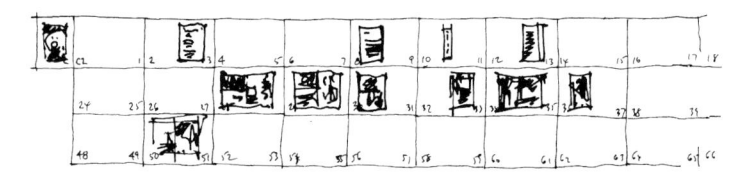

1 | 縮小プリントでチェック！

すべてのページを仕上がりサイズの約40％に縮小しプリントしてください。パターン（見たい）を見分けられるくらい大きく、細部（見たくない）が消えるくらい小さくなります。余分な紙を切り取り、壁に貼ってください。レイアウトがほとんど完成に近ければ、流れ…コントラスト…驚き…活気…繰り返し…早い記事と遅い記事（p.21参照）…をチェックしてください。記事から記事へのコントラストを比較したり、スペースと時間の関係を考えてください。

2 | インパクトレベルをチェック！

次に、感情を交えず無理矢理にでも各ページに「興奮度」を割り当ててください。目視による感情的なインパクトを図にします。真ん中の線より上が「おもしろい」、下が「退屈」。できるだけ流れをよくするために記事の場所を入れ替えてください。リズム、やま場、大げさな部分を探してください。各記事（ユニット）は見分けがつき、独立していて、互いに異なり、その結果、活気を加えていますか？ インパクトレベルの低い箇所をはっきりさせ、修正してください。

3 | 色校でパターンをチェック！

色校正を点検後、分割して部屋の周りに貼ってください。左端の表紙から始めてください（縦組の場合は右から）。あらゆるページ（広告も）を見渡すことができるように校正紙を2部用意します。パターンを探してください。繰り返すべきところで繰り返しているか、あるべきでないところに変則はないかのチェックを繰り返してください。スタッフとの簡単なミーティングがあるときはいつも、定期的にこれをしてください。

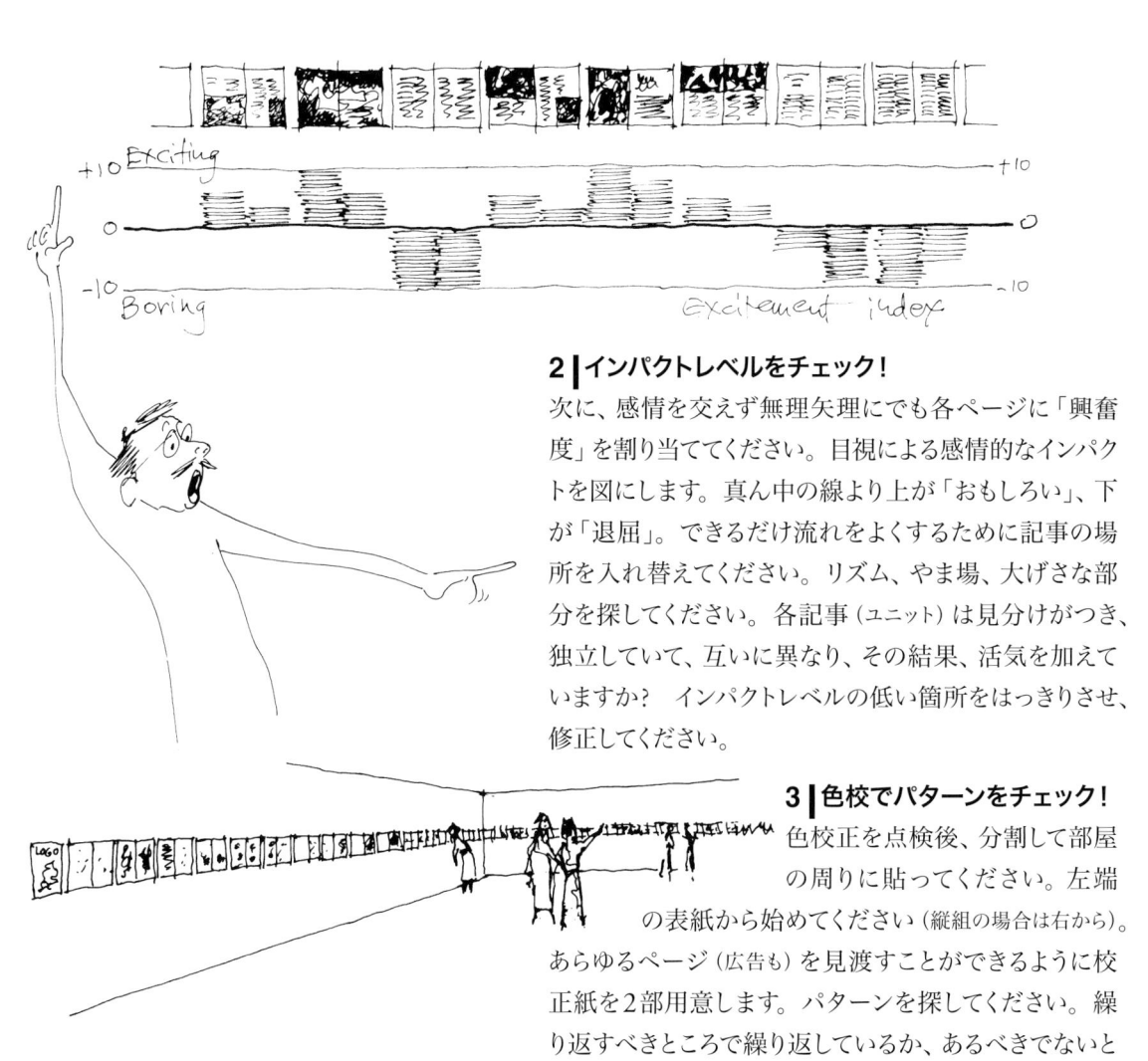

4｜仕上がりの形でチェック！

ページデザインを判断しているとき、通常、それを壁にピンで留めます。それでは、作業空間から切り離され、非現実的に見えます。平らな状態で見ることになりますが、実生活では決して平らではありません。スケールも変わっています。距離をおいて見ているので、大きい要素が目立ち、普通雑誌を見るときの距離（30cm）から見えるディテールが消えてしまいます。

5｜束見本でチェック！

プリントアウトを印刷物の中に差し込んで見ることです。校正紙を折り、表と裏の位置が合っているかどうかチェックしてください。ただそれが、そのまま完成品になるのが当然だと思わないでください。事故はつきものです。問題は、読者にいいかげんで不注意な腕前だと思われること。出版物の威信が傷つきます。だから、矛盾や調整不良を油断なくチェックすることが大切なのです。

6｜ページを広げてチェック！

一列に並べ、ラインがきちんと揃っているかどうかチェックしてください。これは、扇形に広げたり、すばやくめくったりするだけでは、はっきりとわかりません。

7｜「裏写り」をチェック！

紙が薄すぎると、紙の裏側の画像が透け"裏写り"が起こります。「表ページ」、「裏ページ」の両方を損なう嘆かわしいことです。しかし、紙の表裏で前ページの絵の位置がきちんと合っているかどうかをチェックするのに、役立つ場合があります。もっとよく見るにはそのページのプリントをライトボックスに置くか、ガラス窓に当てて光に透かして見ましょう。

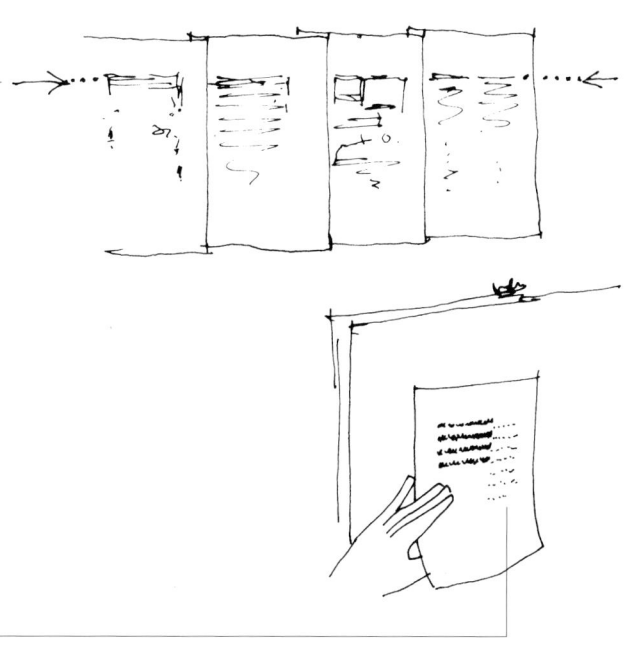

27—チェック[16の法則]　233

この大げさな例のような特に狭い段組では、箱組にすると、段組の中を流れる余白が「川」のように単語スペースを作り出してしまうことがあります。隙間は、なめらかな読解のじゃまです。

In particularly narrow columns like this exaggerated example, justification forces disturbingly artificial word spacing which results in "rivers" of white space flowing inside the column. Gaps inhibit smooth reading.

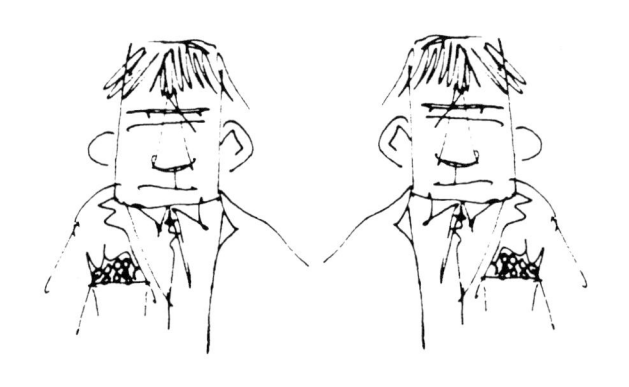

8 | 天地を逆さまにしてチェック！

レイアウトを逆さまにひっくり返して、抽象的な物のように見てください。画像は長方形に変わり、ページ全体の構図もはっきり見えてきます。また、逆さのトリックはタイポグラフィの異常を浮き彫りにしてくれます。180度回転したテキストの単語の間に白い川が目立たないかどうか、点検してください。和文組では、ほとんど気になりません。

9 | 写真の逆版をチェック！

絵の裏返りは、左と右の間違いだけでなく、人物写真では、その人特有の見た感じを狂わせます（すべての人の表情は左右対称ではないので）。胸ポケットが逆になったり、または背景の道路標識のSTOPがPOTSになったりしていないか、もう一度注意して見ましょう。

10 | 不用意な言葉をチェック！

ドロップキャップで大きくした文字が、好ましくない言葉になっていないかどうか注意してください。この例ではSTOP!と読めてしまいます。特に見出しに、このような予期せぬ災難が降りかかる頻度は驚くほど高いものです。

11 | 見出しをチェック！

各見出しを読んだあとに、「それで？」と声に出して自分自身に問いかけてください。答えが「まあ、どうってことない」なら、空虚で、気が抜けていて、必要とされない見出しです。書き直し、動作を表す言葉を加えてください。「あなた」を意味に入れてください。少しの単語を足すだけで魅惑的に引き込めるなら、短くする必要はありません。

落とし穴を探す

12 | 本文に埋め込まれた絵
「本文を分割する」ために絵が中に押し込まれています。本文の段組の形を検討してください。インデント、不定型な組、段組が頭から始まっているものはいくつありますか？ 本文領域がパズルのように切り裂かれていませんか？ それは読み続けやすいようになっていますか？ それとも、中断ばかりして読者が途中で読むのをやめてしまいたくなるほど、じゃまをしていませんか？

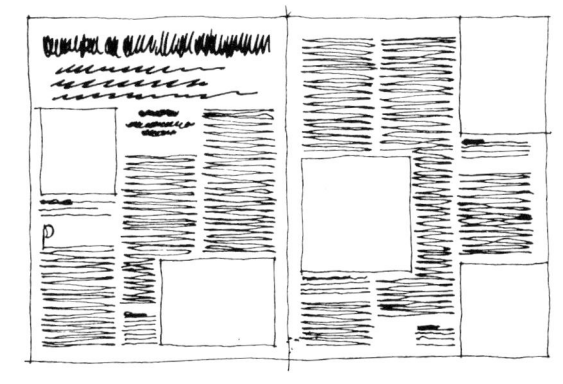

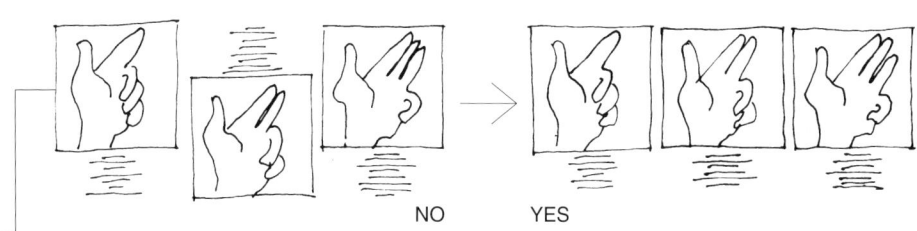

NO　　　YES

13 | 市松模様
機能的な理由もないのに市松模様にしないでください（おもしろ半分に「格好よく見える」からといって）。勝手なパターンはどんなものでもうさんくさく見えます。長方形の中の絵はシンプルですが、きわめて重大な関係をぶち壊しかねないからです。

14 | 色つきの大きな数字
数字自身に注意を引きつけます。可愛く見せたくても、そんなに重要そうに見えてはいけません。ただし、「5つの方法があります」という記事なら、1、2、3、4、5と金切り声をあげてもいいでしょう。

15 | クリップアート
レイアウトの穴をクリップアートが埋めています。余計なものを入れなくてすむようなレイアウトを心がけましょう。

16 | 隣りどうしの整合性
隣りの写真とのスケールの整合性など気にせずに、ただスペースを埋めるためだけに写真を拡大してはいませんか？

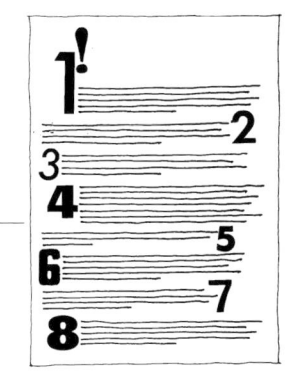

大失敗？　リラックスしてください。最大限の注意を払っても誤りは避けられません。
次号までには忘れてもらえるでしょう。

28 Q and A［16の悩み］

要するにこういうことです。私たちは世間の人に証明しなければならないのです。私たちの出版物を、彼らは必要としていると。それに気づきさえすれば、世間の人も（おそらく）注意を払うでしょう。成功するためには、自分の仕事を世間一般の人々の観点から見なければなりません。それは作り手にとって、とても大きな想像力を必要とします。というのも作り手側の私たちは、中身で何を伝えようとしているかがわかっているので、そのすばらしさと有用性は明白なのです。残念ながら世間の人々はまだ知らないので、すばらしさも有用性も彼らにとってはわかりません。彼らに出版物を欲しいと思ってもらうためには、出版物の価値がぱっと目につくようにしなければなりません。

どうやって始めたらいいでしょうか？　はがきを送るとき、ほとんどの人は最初に相手の名前と住所を書きます。そうやって相手に焦点を合わせます。いったん相手を想像するとメッセージを書くのは簡単です。それこそが、専門家がしなければならないことなのです。

すばやく簡潔に伝えるためには、考えを明確にしなければなりません。「私が渡した名刺にすぐ書けないのなら、君のアイデアは明確ではないのだ」と、偉大な演劇監督デヴィッド・ベラスコは100年前に言っています。アイデアが明確だったら、そのアイデアに入り込み、そのアイデアをたどり、理解し、そこに戻るのは簡単なはずです。

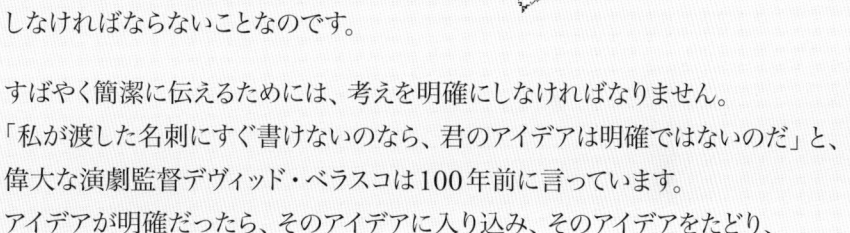

さらに、出版物の価値は劇的であるべきで、そうでなければ、気づいてもらえないでしょう。また、まず最初に「その人にとってどんな価値があるか」がわかるように編集しなければ、読み始めてももらえません。

そのほかの秘訣として、私の講演でよくある質問を話題別に分類して次のページから掲載しました。頬の赤い熱心な学生から白髪交じりのシニカルなベテランまで、様々なジャーナリストグループやデザイナー協会の人々に話をしました。彼らの所属や作っているものも、大手出版社から個人的な刊行物まで多種多様です。ニュースレター、タブロイド判、華やかな国際的な雑誌、技術資料、少女雑誌。27カ国で1800回のセミナーを開催しました。どんな言語で、どんな出版物にしろ問題は驚くほど普遍的でした。次のページから始まる悩みは、私たち伝達者の職業病とも思えます。

デザイナーです。どうしたら編集者とうまくやることができますか？彼らのことがよくわかりません。

　編集者です。どうしたらデザイナーとうまくやることができますか？いじめられているように感じてしまいます。

■編集者を理解して、あざ笑うことを覚えなさい。編集者は「芸術」に弱いと感じていて、危ない橋を渡りたくないのです。そして保主的な鎧を身にまとい、デザイナーの最もよい新鮮なアイデアに直観的に「いいえ」と言う傾向があります。「効果的だと証明されていないのに、なぜ今、始めるのですか？」と。

■あなたの解決策が、編集者の目的にどれくらいうまく役立つかを示してください。「よいデザイン」だからでは解決になりません。デザインが一番大事だと思っているのはあなた1人です（それが正しかったとしても、ほとんどの編集者は理解してくれません）。

■視覚的な表現と同じくらい、言葉で説明することにも熟練してください。美だけではなく論理的な思考を受け入れてもらえるように説明し、説得できるようになってください。ライターや編集者と同じくらい広範囲の教養を身につけてください。「芸術家」でいるだけでは不十分です。それでは限定的で彼らをうんざりさせます。読み、学び、成長してください…。

■取材旅行にデザイナーも同行派遣してくれるよう管理部を説得してください。編集会議や企画会議に同席させてくれるよう主張しなさい。その制作物の外観だけでなく、中身にも同じくらいデザイナーがかかわることが必要だと主張してください。

■仕事場をできるだけライターと同じようにしてください。周りからマナー、服装、見た目が変わっていると見られないようにしてください。認識と品位の問題です。

■机の周りに奇妙な文字を貼ったり、ショッキングなアバンギャルド芸術を置いたりして、周りの人々を怖がらせるのはやめてください。流行の先端を行くのはすばらしいのですが、無精で、ごちゃごちゃした場所で仕事をして、物をなくしたとか、気味の悪い服装とかには弁解の余地はありません。

■デザイナーだからといって遅れていいわけではありません。残念ながらデザイナーはいつもライターの遅れで圧迫された、締め切りぎりぎりで最後に材料を受け取ります。したがって、2倍、目につきます。

■メダルや賞状と一緒にレイアウトを壁に飾り、美術品のように賞賛しないでください。商業デザインとして見てください。1冊の中での連続した印象、その中の束の間の印象なのです。すぐに次の号が始まります。この仕事は一時的で、はかないという事実を認めてください。それでも重要なのです。

■交際費を使っていっしょにランチに出掛け、交友を深めてください。デザイナーが自分で交際費を出せるくらい高い地位を獲得したときに、ようやくチームは成功するのです。

■デザイナーはパートナーであり、その貢献が、鋭い編集と明快な文章と同様、制作物の成功に不可欠なのだと理解してください。

■この本は出版する価値があるのだと腹を決めてデザイナーに説明すれば、理解し協力してもらえるでしょう。

■「ここは重要なので刺激的に見せてください」と書いたメモをデザイナーに決して送らないでください。口頭で説明すれば、みごとにやってくれます。読者の目を引くのには、どんな要素を強調すべきかデザイナーといっしょに決めてください。そうすればデザイナーは、浅薄なデコレーションの代わりに適切な材料を使って興奮を作り出しやすくなります。

■「好きじゃない」という個人的な好みでレイアウトを拒絶しないでください。そんな主観的ないじめは相手を怒らせるだけです。レイアウトがその記事をうまく伝えていない理由を説明する手腕を鍛えてください。デザイナーに理解してもらうことができれば、修正できるでしょう。

■見た目は二の次だと思うのはやめてください。デザインは、しばしば言葉よりうまく情報を運びます。言葉と絵は互いに補足し合います。混ぜ合わせて$1+1=3$を作ってください。

■読者は最初に絵を見ます。だから読者の気持ちになって編集してください。絵を「芸術」として見るのではなく、内容から判断し、さらに全体的に見て視覚的なすばらしさを加えてください。主観的な「好み」ではなく客観的な論理に基づいて選択し、デザイナーにほかのすべての理由と同じく、その論理的な根拠を明らかにしてください。

■画像を加工するのは許されています。大事なのは記事です。使用する際は写真家にことわり、クレジットを入れ、イメージを切り取ったりいじったりするときは特にけちけちしないで償ってください。

■タイポグラフィは声の調子を反映できるということを理解してください。ただ文字として見ないで、「聞いて」ください。単調で退屈な話し手のような本文組の連続に満足しないでください。原稿を調節し、表情豊かな、見ておもしろいものに変えるようデザイナーをうながしてください。ほかの刊行物のわくわくするような記事を研究してください。

■デザイナーが専門知識（への関心）に欠けるという事実を受け入れてください。その魅力と意味を教えるのは、あなた次第です。推測させないでわからせてください。

編集者です。「デザイン」におびえています。どうしたらよいでしょう？

■高校時代、レポートの表題は真ん中に書くように教わりましたね。2行おいて真ん中に名前、10行おいて真ん中に学校名、1行おいて真ん中に住所、1行おいて真ん中に日付、それでやっと受け取ってもらえました。綴る、改行する、不定詞を分けない、参考文献や相互参照をするなど、ビジュアルの正しさは潜在意識に深くとどまるようになりました。あなたは直線を引くことができなかったので「芸術」をあきらめましたね。だから、今、芸術のことを何も知らないかもしれませんが、自分は何が好きかがわかっています。そんな過去を忘れてください。

■デザインは編集過程で不可欠な部分です。自信を持って編集できるなら、同じ気持ちでデザインすることもできます。もちろん、制作物がどんな体裁になるかは重要です。しかし、理解できるかどうかがもっと重要です。

■印刷によるコミュニケーションとは、1対1で話す代わりに書き、聞く代わりに読む会話です。したがって、文字は抽象的な芸術形式ではなく、目に見えるように書かれたスピーチです。目的に集中してください。どう声に出し、話せばよいか……タイポグラフィ表現でわからせるのです。目を開けて聞いてください。

■絵は感情と好奇心に訴える同じ目的の言語なので、とても重要です。正しいイメージは、ページで最も重要な言葉（見出し）によって読者の注意をとらえ、テキスト（キャプション）に引き入れます。

■色の最大の価値は黒くないということです。変わってもいます。この特性は、要素を強調、分類、分離、組織化する必要にそなえてとっておくべきです。色はきれいでもあります。しかし、主な利点はメッセージの明確化です。

■媒体がメッセージなのではなく、私たちにはメッセージを伝えたいのです。内容に集中してください。そうすれば形はついてきます。美としてのデザインを忘れてください。役立つものとみなしてください。

■デザイン芸術はまさに編集芸術そのものです。関係を制御し、いくつかの要素を強調し、ほかを控えめに扱います。

■あらゆる処置には代償があります。何かが達成される代わりに、ほかの何かが犠牲にされるはずです。費用と利益の比率を天秤にかけてください。編集にどう役立つか比較して、費用のみならず利益を決めてください。

■誰もあなたが何をするつもりだったか知らないので、どれくらいひどい失敗をしたかわかりません。自分を許すことを学んでください。次の仕事が待っています。

なぜ、いつ、どのようにリ・デザインしますか？誰がしますか？

■ただ「創造的に」するために不自然なほど変えないでください。必要性と身近な材料によって特別な事情が決まり、そこから価値のある独創性が決まるのです。

■視覚キャラクタ以外で問題を解決し、自分の賢さを目立たせようとリ・デザインしないでください。制作物に退屈しているからといって。

■編集方針や編集技術が新しく変わるときにだけ、リ・デザインが必要です。または、ライバルにリードされたので、やむを得ず自分を見直すとか、タイポグラフィが少し古くさく見え始めたとか、新鮮なエネルギーの注入が必要だとか、営業部が広告代理店に感銘を与えようとしているとか、予約購読者の新しいグループにアピールしようとしているとか。

■自分でリ・デザインしないでください。専門の外科医でさえ自分自身の盲腸の手術はできないのです。専門家に頼ってください。投資は新しいアプローチでうまく行くでしょう。

■専門家（デザイナー）は必要な要素を読者の心へ早く有効に届けるアクティブな手段を工夫してくれます。それは最適で芸術的です。

■編集者や出版社が何をやろうとしているのか、そしてなぜなのか、できるだけ詳しく説明してください。そうすればデザイナーは単に流行に合わせて制作物を飾り立てるより、深い目的のために解決することができます。彼らは、あなたの雑誌が編集で成しとげようとしていることに純粋な関心を寄せているはずです。

■自分たちに記念碑を作るように制作物を作ってはいけませんが、それ自体が記念碑となるようにしてください。

■正しいリ・デザイナーは1ページユニットや見開きの代わりに、誇らしげに制作物全体を見せるでしょう。片ページの効果（雑誌作成ではなく、広告にとってすばらしい）よりむしろ、流れに沿って適応させてほしいのです。

■リ・デザインした作品を提出し、そのデザイン計画がどう編集目的を満たしたかを説明すべきです。まあ、それは秘密ですが。

■言葉でうまく伝えられるデザイナーを探してください。無味乾燥で灰色の文字組を変えてくれ、ライターと気が合う人です。それはページの装飾よりもっとよいことです。そのために、新しい計画を熱烈に支持し、雇ってもらうようにチームを説得しなければなりません。言葉による技術を要求するのです。

雑誌の個性をどう確立したらよいでしょうか？

■うまく広告サイズの都合がつけば、雑誌自体の判型を変えることを考えてください。B5やA4サイズが退屈だと感じたら、左右を少し広げたらどうでしょう。大きくすると定価が上がるので販売効果は期待できないかもしれません。

■タブロイド判（新聞紙の半分の大きさ）のサイズは扱いにくいものです。雑誌としては大きすぎます。

■雑誌のページが切り離されて壁に貼られていたら、あなたの雑誌であるかどうか、わかりますか？

■見出しに使われたすべての書体の数を数えてください。どうりで雑誌が高級仮装パーティに似ているわけですね。理想的な使用書体の数は1です。

■ロゴや連載の見出しは連結された連続信号なので毎号使うべきです。それはグラフィックな個性に不可欠の部分であり、書体と合わせてデザインするべきです。

■ロゴはごちゃごちゃした要素で囲まないで、表紙の上のすっきりしたスペースで際立たせてください。

■表紙でロゴとほかの見出しの間に十分なスペースをとり、切り離してください。

■読者に最初にチェックされるのは、本文以外の要素でそれは、連続的な視覚個性を作る重要な部分です。すべての図、グラフ、ダイアグラムのスタイルを統一し毎号持続させてください。

■スタイリングを工夫して、繰り返される要素はすべて一貫して使い続けます。シグナル（ロゴ／目次／連載見出し）、本文書体、見出し書体の表示、コラム見出し、筆者名、略歴、写真クレジットの取り扱いなども同じです。

■2層のカラーパレットを確立してください。パレットは、最も目立たせる場合の色（派手さで人目を引く）とニュートラルな背景（カラー写真などがあるコラムで枠内に敷く色）の色です。いったんルールを確立したら、最後まで一貫させてください。

どのように権威を確立したらよいでしょう？

■読者の興味を調べてください。読者を誘い出す最良のテクニックを使って書き、レイアウトし、振り向かせてください。長々と書いている時間はありません。読者は急いでいるので、短時間で伝えることです。不確かなことは除外してください。

■役に立っているという感覚が一番大切です。重要な話に話題になるタイトルを付け、読者が興味を持つように明確に伝え、リードで見出しを膨らませてください。目立つ色を使ったり、大きな文字を最初の文にはめ込む（ドロップキャプ）など、その情報の妥当性や実用性を強力に表せるものなら何でも使いましょう。

■直接読者に話しかけてください。わかりやすい言葉、適切な声の調子で話してください。「あなた」と呼びかけるか、または誌面でそんなふうに感じさせてください。

■画像は同じようなものを何枚も使い、記事はたいして内容のないもので、タイトルばかりが目を引くようなことはしないでください。虚報を伝えるような誇大宣伝は、失望し怒らせます。

■ベスト10とワースト50のリストを出版してください。

■年間最優秀賞や栄誉の殿堂を設立し、広めてください。

■出版統計を比較・分析してください。誰がたくさん買ってくれていますか？

■重要人物の話では、大きな肖像写真、もっとよいのは鋭い似顔絵を載せてください。

■意見を収集・調査し円卓会議を開き、議論してください。

■いつ、どこで、どのように、そして、なぜそれが重要かを読者に知らせ、巻き込んでください。

■読者との個人的な関係を育むことによって、繋がりを確立してください。それぞれの原稿が読者とあなたの1対1の対話だとしてください。

■寄稿家や編集者の証明書のような写真を、仕事中やロケ中のスナップショットに置き換えると、キャラクタや個性が伝わります。

■余白の手書きコメントやポストイット・メモ帳の走り書き、ノートに残した意見の相違、脚注、注釈などで編集者の個人としての個性が伝わるようにしてください。

どうしたら特別になれますか？

■サービスの個性と質を際立たせてください。気づかれるのが当然だと思わず、見せびらかし、大声で知らせてください。
■主要なコンテンツを背表紙に記載してください。
■項目がいくつ掲載されているかを見せびらかすために、表紙、目次、記事に数字をつけます。
■外側の一番目立つところに置かれた小さな記事は人気があります。とっつきやすいのです。
■目次の後ろに概要をつけます。
■読者参加を有効に活用してください。新製品紹介の近くに読者参加コーナーを作り、読者が気になる商品の下に四角い空欄を設け、照合の印をつけるようにしてください。
■複雑な写真が何を示しているか説明するためのダイアグラムを作成してください。
■写真が何を伝え、示しているかをわかりやすく説明するために、指示矢印を書き込んでください。
■年間索引を作ってください。集めるのはたいへんで、貴重なページを使いますが、読者の本棚に置いてもらうために必要なことです。
■ここ以外では見つけることができない特別なデータベース・サービスだと強調してください。言及された会社や人物のEメールアドレスを載せます。より詳しい情報のためのウェブページを開設します。編集者の写真とEメールアドレスを公開します。そのほか、広告主のリスト、広告代理店のリスト、人名リスト、会社リスト、健康雑誌での病名のような対象インデックス、参考文献リスト……役に立つサービスであるどんなインデックスでも。

読者の注意をどのように向けさせますか？

■好奇心の心理。読者は、カタログで買い物をする客と同じで、見返りを感じたら、手間は惜しみません。だから、見返りを約束し、実行するのです。利点や積極的な特質を目立たせてください。
■読者の私利に役立たなければなりません。「なぜ」をはっきり納得させ、「どのように」を見せて出版物を欲しくさせるのです。そのテクニックは「押す」より、むしろ「引く力」です。
■見出しは、利益を約束できるくらい長くなければなりません。牛が卵を産めば＝ニュース。牛が金の卵を産めば＝もっと価値あるニュース。牛が産んだ金の卵の大売り出し＝またとないチャンス。
■記事がうまく働くように編集・デザインしてください。2.5秒ですばやく概要がわかり、5分で詳細が精査できるように。
■誌面の見た目を工夫すれば、スキャンしただけで重大なことに注目させやすくできます。文字、絵、罫囲み、引き出し説明文、余白、色、構成、スケール、などの組み合わせを利用するのです。
■入り口を明確にして要素から要素への流れを「レイアウト」し、メッセージの最も重要な部分が最初に読まれるように、ボールド体にして目立たせるなど、タイポグラフィでコントロールします。
■写真は、情報が欲しいという気持ちにさせます。その下に見出しをキャプションのように置いてください。ワン・ツー・パンチを食らわせます。
■写真は、ただ何か（誰か）に似ていることを示すのではなく、何かを言わなければなりません。
■写真を編集することは、内包された意味を明らかにする画像を探すことなのです。
■だらだら長い文はさっさと素通りし、拾い読みする人のために、章扉などに短い目次を作ってください。これは販売促進ツールなので、できるだけ大きくしてください。説得者であり、誇りを持っているように見せてください。狭苦しくではなく魅惑的にします。その続きには、特集記事や連載記事（私たちだけに重要なカテゴリー）を、続けてください。

どうしたら力強く生き生きとさせられますか？

■偉大なタイポグラフィックデザイナーのアーロン・バーンズは「第一印象は1度しか効果がない」と言っています。すばやく理解させるための計画を立ててください。読者は2.5秒は待ちますが、それで伝わらなければ、次のページをめくります。

■初めの絵と見出しはワン・ツー・パンチで結合してください。単語とイメージは、意味と配置の両方で密接に関連づけます。見出しの最もよい場所は写真の下です。

■絵と文章を同時に編集して、統一されたメッセージにまとめます。これは「テキストをバラバラにする」の正反対です。ことによると、外観に変わりはないという結果になるかもしれませんが、感覚を改良します。

■まるで独立した見出しであるかのように、すべてボールド体で表現してください。それによって、大事な要点がはっきりします（ぱっと見する読者は早く情報を集めることができるでしょう）。好奇心を喚起する「フック」であるとみなしてください。

■横組の場合、見開きの左側に大きな画像を配置してから始めてください。右ページで始めるとそれが、どんな記事でも、見開きの左側と注意を競い、印象が弱められてしまいます。

■読者が探しやすいところ、ページの上部に見出しを配置してください。見出しが下部だとしたら、よく目立つように、もっと大きくしてください。

■長い段組は威圧的に見えるので避けてください。短い段組に区切って並べたほうが楽に読めそうです。

■レイアウトは内容を映し出すべきです。単に物をうまくおさめるためだけの棺であるべきではありません。

■コントラストをできるだけ利用してください。
  サイズ：大きいか小さいか、重要であるかないか。
  テクスチャ：滑らかか粗いか、軽快か濃厚か。
  形：垂直か水平か、四角か自由な形状か。
  バランス：対称か非対称的か。
  量：1つかグループか、満たされているか空か。
  配置：大きいか小さいか、左か右か。
  スケール：広いか狭いか。
  重さ：重いか軽いか。
  明度：深い色調か浅い色調か、白黒か色がついているか。
  定義：別々であるか結合されているか。

■画像は記事とページにドラマを付け加えます。ダイアグラム、図表、グラフは関心と知識を加えます。いつも統計上の事実を説明するために、何かなじみ深いものから始めてください。高さ16フィートの恐竜は大きくはありませんが、人間と比べると、恐ろしく見えます。

どうしたらスピーディに読めるように作れますか？

■誰もまず、知識を獲得しようと、すぐにページをざっと見ます。十分おもしろいかと。

■横組でスキャンするときは、早く、不規則な縦の動きです。際立つ要素が必要です。読むのは遅くて、安定した水平な動きです。きちんとした、滑らかな流れを必要とします。両方に合うように編集・デザインします。

■見出しで述べたことを、リードでぜったいに繰り返さないでください。テキストでも、見出しで述べたことを繰り返さないでください。テキストで引用文を繰り返さないでください。ぜったいに、です。

■読むのに時間がかかる本文は、すばやくスキャンできるリストのように書き直してください。

■リストを表にし、整列させ、異なった書体で、本文とはっきり区別してください。

■見出しで各リストを紹介してください。十分なスペースでそれぞれを切り離し、さらに項目の間に十分なスペースを入れてください。

■左揃えで黒丸や数字、インデントか何かを入れて、わかりやすいリストにしてください。

■統計を図のような視覚フォームに変えてください。

■キャプションをおもしろくしてください。重要な部分を大きい文字にしてください。

■太い文字を使い、飛び出して見えるように強くし、何かが伝わるように書いてください。

■強調された太く黒い表示と周囲の薄く灰色に見える本文組が、強いコントラストになるよう書体を選んでください。

■早く読ませるために、見出しをすべて小文字にします。正式名称は頭のみ大文字にして、目立たせ、気づかせます。すべて大文字にするのはいくつかの単語に制限し、決して頭文字を大きくするスタイルを使わないでください。

■早く、簡単にスキャンするために、左に飛び出させる見出しのために広い余白を残してください。

■写真を撮影するときは、寄りのショットにします（あるいはありネガをきつくトリミングする）。それは写真の言葉を編集しているようなもので、重要さを浮き彫りにするためです。

材料があまりありません。

■持っているものをできるだけ利用してください。より少ない投資で、より多くのインパクトを獲得してください。何にこだわるかを決め、達成できそうもないことはやめましょう。
■最初の一目で価値あると思うものに気づかせ、スポットライトを当ててはっきり示してください。
■記事を補強してください。もっと視認性を高め、より少ない色で、パターン、反復、同じ色で、価値あるものだと気づかせてください。
■余白に囲まれた材料がオーラを得るように、見出しの下の余白を標準より広くしてください。
■数字。数には魔法があります。1ダースとか、ベスト10とか…。
■美しさだけにとらわれずにレイアウトし、さらに多くのインパクトを与えてください。意味のあるはっきりしたものにすれば、スムーズに簡潔に読めるものになります。速くなければならないので、2.5秒で全体がわかるように要点を知らせ、読者が苦しまないようにします。
■情報をできるだけ明確に表にしてください。水平方向のレイアウトにすれば、横向きにメニューを並べられ、ぱっと見渡せるようにできます。近づけたり、重ね合わせたり、揃えたりしてリンクしてください。
■ページをそれぞれ、長方形の情報ユニットに分けてください。それぞれの記事がまとまり特別になります。上下にでこぼこさせた段組を連ねるより、むしろ箱が積み重なったようにします。
■インデントやエクスデントが階層構造を説明するので、段組の左の端を積極的に使用してください。
■様々な太さの罫線は、色と秩序を加えます。
■項目の終わりにスペースが残っても恐れないでください。テキストを広げたり、クリップアートを入れたりして、ふさがないでください。空白の状態で置いてください。
■出版物の総合的なイメージを豊かにして、記事に意味を追加する場合にだけ、クリップアートを使ってください。読者はキャンディ・ボックスが欲しいわけではありません。

※行頭が、段組の左端より出っ張っていること。
※※様々な図案集、またはライセンス・フリーのデジタル画像のこと。日本では"埋め草"と呼ばれる。

どうしたら少ない努力でインパクトが高まりますか?

■本文を小さい領域に絞ってください。文字を凝縮し、そこからスペースを絞り出し、見出しに追加してください。そして、魅力的な何かを言うことができるように、大見出しをより大きく、太く、長くしてください。
■大きく完全で、しかも威圧的にならないように出版物を見せてください。余分な余白がひじょうに貴重です。
■2段組テキストは、1段組テキストより威圧的ではありません。
■十分な余白で別々のユニットを囲み、互いに分離してください。そうすると、それぞれユニークで貴重に見えます。
■挑発的な引用句を選んで、読者の注意を引き、驚かせてください。お金はまったくかかりません。
■トピック見出しの下に小さいものを集めて一団にし、大きいかたまりを作ってください。特別サービスのように見えます。
■大見出しでくくられた、大きく難解なものを小さなユニットに崩してください。
■大きい文字サイズで罫囲みの材料を強調してください(普通はむしろ小さい)。そして、バックグラウンドから際立たせるために影を落としてください。
■広い段組の堅苦しい箱組テキストと、狭い組で頭揃え尻なりゆきに設定された組とを対比させてください。
■引用句や絵のキャプションを羽の形のように組むと、幾何学的に規則性のある段組のテキストと対比できて効果的です。
■イラストとしてタイポグラフィックな要素(特大の文字、描写的である単語のような)を使って、色、視覚バラエティ、さらに意味も加えてください。
■秩序豊かになるからといって、記事ごとにデザインを再発明しないでください。スタイルを保持してください。雑誌イメージが強化されます。発売された雑誌を見ると、コントラストが多くの驚きを作り出しているのです。

どのように読みやすくしますか？

■印刷物の利点は、ページをめくれば、すぐにどれくらいの量かわかることです。配置、レイアウト、シグナル（柱、ロゴ、アイコン……）によって、どういう内容で、読むのにどれくらいかかるかわかります（モニター上では、スクロールしないとわからず、面倒です）。

■雑誌はゴールを念頭に置いて読み始めます。わざわざ読む価値があり、十分おもしろいでしょうか？ もうたくさんだと思ったら読むのをやめてしまうでしょう。そうなったらお手上げです。

■書体はたとえ退屈だとしても、標準で伝統的なものを使ってください。快適だと立証されていて、読むのが簡単だからです。

■より読みやすくするために、より大きい文字で、より短い行、行間を広くし、右なりゆきにし（横組の場合）、字間のリズムを保ってください。

■本文の白ヌキ（バックを黒や色ベタにし、文字白ヌキ）は避けてください。購読者層を40％を失ってしまうことになります。それが避けられないなら、文字サイズを大きく太くし、短い行で行間を広く設定し、できるだけテキストを短くしてください。

■読者の目的はそれぞれ異なっています。細部に心を留める、調べる、ただちょっとかじる、探す、ざっと読む、拾い読みする、流し読みする、じっくり研究する、時にはそこに助けを求めることさえあります。

■まず決めましょう。その作品で感銘を与えるのか、情報を明らかにするのか、情報を蓄積し、議論を支持し、説明を添付するのか……。それぞれにふさわしい特別な形式に合わせましょう。

■ほとんどの読者が、大きな固まりより小さく分かれた要素や手順を好みます。

■奇妙な構成で、混乱させないでください。慎重に視線を導いてください。段組の先端を並べましょう。テキストの途中に適当にイラストなどを入れるのは避けてください。

■見出しとテキストの間に障害物を置かず、スムーズに導いてください。

■同じ扱いのものは一貫したスペーシングを持たせ続けてください。

■ただ文字の飾りつけをするために論理的な策略もなく、色をつけたり、大きくしたりしないでください。

■意味もなく安易に文字を傾けたり、長体をかけたり、また影をつけたり装飾しないでください。シンプルに保ってください。

どのように読者を案内しますか？

■探しているものが見つからないと、読者は激怒します。表紙にあるキャッチと目次のキャッチと本文ページの見出しで、いつも同じ単語を繰り返してください。

■読ませ続けるには、止まる機会を与えないことです。例えば文の途中でページをまたがせたり（日本語の雑誌ではあまりしません）、段落の途中で段組を破って引用句を挿入したりすることです。目がテキストに導かれるように、見出しの2行目を1行目より短くしてください。

■小見出しでは価値あることを確実に述べてください（難しいと飛ばされ、無視されます）。

■読者をのがしたくないなら、本文テキストに、このような本文書体を誤用しないでください。

■何を言いたいか、繰り返し伝えてください。関連する話をまとめて、記事の最初のページに補助目次を入れてください。次のXページにこの記事は載っています、という具合です。

■どこからそのページ、見開きが始まるか、という手がかりを読者に与えてください。重要な絵、おもしろい見出し、驚異的なイメージなど、価値あることに繋がるものなら何でも使って読者を誘うエントリー・ポイントを作ってください。

■読者が探しやすくしてください。明白に、論理的に、簡単に「p.〜へ続く」「p.〜から続く」を知らせ、その使い方を標準化してください。

■ノンブルは、見やすく十分な大きさにし、わかりやすいところに置いてください。

■出版物でいつも予想されるところに道しるべを立て、標準化し、読者をナビゲートしやすくしてください。

■各話の始めと終わりに「バグ」を入れてください。始めにはドロップキャップ、終わりにアイコンかミニロゴを置くと個性的です。

どうすれば若者にアピールできますか？

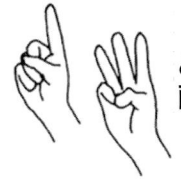

■こうすべきという規則はありません。正反対にしてください。若者は正常だと思うものなら何にでも反対して、不快にさせたがっています。したがって、あなたがやろうとすることは予想されているので、違う大胆な方法をとってください。

■すべてを一口サイズにしてください。彼らは注意持続時間が短く、短い場面転換に慣れています。1ページの扱いでは大きすぎます。

■色を効果的に利用してください。色が予想されるところに白黒を使い、白黒が正常なところに色を使ってください。そして、どこでも可能なところに不自然な色を使ってください。

■文字の目的は読まれることですが、文字で遊んでください。箱組の代わりに不揃え設定にします。頭不揃えもOKです。垂直ではなく傾けたり、真っすぐではなく曲げたり、小さくではなく大きくしたり、普通ではなくとても小さくしたりしてください。

■ごく小さなものと比較し、サイズを誇張してコントラストをつけます。大きいどころか巨大にしたり、ロングショットとクローズアップとを対比させたりします。

■見出し文字を派手にします。下のほうに置く代わりに、はね回るように上のほうに文字を揃えたり、重ねたり、1つの文字だけ極端に大きくしたりします。パズルのようなやり方で絵も交ぜて複雑に組み上げてください。

どのようにして醜い広告と戦いますか？

■広告に感謝してください。広告料を支払ってくれます。醜ければ醜いほど、編集ページはよく見える、と思ってください。もし、掲載位置が指定されていないなら、後ろにまとめてください。ほかにできることは何もありません。ただ制御できるもの（編集）で十分苦労し、よくしてください。

■豪華な大きいスペース広告を無視してください。それを非難しないで、代わりに雑誌に魅惑（それと収入）を与えてくれてうれしいと思ってください。読者を引きつけ、つかむのは本文、編集材料に内在する関心事なのですから。

■横組の雑誌では、広告は本の前部の右ページに置いてください。そして左側を編集ページとして喜んで受け入れてください。左ページの小口側は見出しを立てる理想的な場所です。ページの同じ位置に、決まったシグナルを配置することができるのなら、そのほうがよいのです。

■記事が始まる最初の見開きはインパクトがあるので、決して片側に広告を入れないでください。広告は2見開き目に置くように主張してください。

■小さいスペース広告を毛嫌いしないでください。それも広告料を支払ってくれます。

■広告とは対照的に大声で怒鳴らないで、小さくささやいてください。広告とは対照的に静かな書体で、安定した色にしてください。点在しているコラムに絵を入れないこと。編集記事と広告とが混同されてしまいます。

■読者を案内広告に導いてください。小さい段落の可愛い情報をそこに入れてください。ちょっとした工夫が、不毛地帯を豊かにして、おもしろ味を添えます。ページ下の余白に短い文を配置し、魅惑的なミニ情報を加えてください。

■本の前半部でリズムを利用してください。フルページ広告にしろ小さい広告にしろ、広告の間に残された空間は、小規模です。大きいスケールの特集記事と対照をなすように、意図的に小規模の材料で満たしてください。

あとがき

前見返しを見ていただきたい。
デザイナーや編集者が、一冊の本や雑誌を作る時に
発想の基点となるようなポイントが570もある。
どんな制作物かで、不要なポイントや追加すべきポイントもあるだろう。
たとえどんなに小さな文字になったとしても、編集デザインの連続する作業過程が
一見開きで見渡せ、俯瞰できる表にするということにこだわった。
そのほか、それぞれのパソコン本体、アプリケーション・ソフトの特性、
製版、用紙、製本・加工、流通、販売等まで含めれば、
一冊の本が誕生するまでに、この何倍ものポイントがあるだろう。

初訳終了に2年かかった。
シンガポールの書店で見つけた『EDITING BY DESIGN』原本を
ちょこちょこ翻訳し、多摩美術大学造形表現学部の授業で少しずつ紹介した。
それが少しまとまった時に、株式会社フレア社長・渡辺和夫さんの目にとまった。
そして、株式会社グラフィック社社長・久世利郎さんが
出版を引き受けてくださることになった。
あとはただ突っ走るだけだったが、翻訳は遅々として進まない。
訳文を組に当てはめ、置き換えるなどの作業は暗号解読のようだった。
私の拙い訳文を活かしつつ日本語として読みやすくするという困難な作業を
翻訳家の三浦万里さんが引き受けてくださった。
全ページ真っ赤になるような壮絶な直し作業を株式会社フレア・矢崎学さん、
木村祐子さん、大城愛典さんが正確・迅速にこなしてくれた。
それをベテラン編集者である、渡辺和夫さんが丁寧に精読された。
並行して要所要所でブック・デザイナー鈴木一誌さんに見ていただき、
"動的""コツとツボ"という、この本の核心となるコンセプトを
ずばりと指摘していただき、方向性にブレがなくなった。

細かく書き連ねてしまったが、書店に堆く積まれる本のひとつひとつが、
このような多くの労力の上に成り立っているのだということを再認識した。
さらにこれは、著者のヤン・V・ホワイトさんをはじめとする
世界中のデザイナーや編集者、出版関係者に共通することだと改めて思った。

この本が多くの人に活用され、さらに新たなすばらしい本が
誕生していくことを祈ってやみません。

……大竹左紀斗

著者　ヤン・V・ホワイト……Jan V. White
多くの出版社のコミュニケーションデザイン顧問
House & Home誌でグラフィックデザイン賞を受賞したアートディレクター
デザイン関連の12冊の本を出版
世界250以上の雑誌に記事を寄稿

監修・訳　大竹左紀斗……おおたけさきと
エディトリアルデザイナー　多摩美術大学講師
1959年静岡県沼津市生まれ
多摩美術大学デザイン科グラフィックデザイン専攻卒業
杉浦康平デザイン事務所、鈴木一誌デザイン事務所を経てフリーランス

編集デザインの発想法
動的レイアウトのコツとツボ570

2007年11月25日 初版第1刷発行

著者　　　ヤン・V・ホワイト
監修・訳　大竹左紀斗©

発行者　　久世利郎
発行所　　グラフィック社
　　　　　〒102-0073
　　　　　東京都千代田区九段北1-14-17
　　　　　三創九段ビル4F
　　　　　TEL.03-3263-4318（代表）
　　　　　03-3263-4579（編集）
　　　　　FAX.03-3263-5297
　　　　　郵便振替 00130-6-114345
　　　　　http://www.graphicsha.co.jp/

印刷・製本　錦明印刷株式会社

ブックデザイン　大竹左紀斗
翻訳協力　　　　三浦万里
DTP　　　　　　株式会社フレア（矢崎学　木村祐子　大城愛典）

定価はカバーに表示してあります。
乱丁・落丁本は、小社業務部宛にお送りください。小社送料負担にてお取り替え致します。
著作権法上、本書掲載の写真・図・文の無断転載・借用・複製は禁じられています。
ISBN978-4-7661-1842-1 C3070

編集デザインの発想法
動的レイアウトのコツとツボ

INDEX

あ

- アイコン…p.167, 227
- イタリック体…p.107, 138
- 市松模様…p.235
- イニシャル…p.135, 136
- イラスト…p.128, 142, 163, 185, 205
- 色…p.083, 096, 128, 130, 196, 206, 209-224
- 色校正…p.232
- 色つき数字…p.235
- インデント…p.114, 115
- インパクトレベル…p.232
- 引用…p.064, 071, 164
- 引用句…p.137-140, p.143
- ウイドー…p.133
- ウェブページ…p.043, 055, 079, 088, 203, 231
- 浮きグラフ…p.168
- 裏写り…p.233
- エクステント…p.243
- 絵グラフ…p.167
- エックスハイト…p.109, 113
- 円グラフ…p.167
- 大見出し…p.196
- 大文字…p.107
- 奥付…p.199
- 遅い道…p.021
- 落とし穴…p.022
- オーバーラップ(重ねる)…p.044, 083
- 帯チャート…p.171
- オーファン…p.133
- 折り込み…p.054
- オールドスタイル…p.124

か

- 改行…p.130, 147
- 階段グラフ…p.168
- 顔写真…p.064, 071, 156, 157
- 鏡効果…p.081, 160
- 拡大…p.160
- 拡大写真…p.235
- 囲み…p.138, 179-186
- 画像…p.066, 093, 150, 194, 230
- 画像効果…p.082, 083
- 傾き…p.095, 150
- カタログ…p.105
- 価値ある場所…p.017, 100, 154
- 価値のない場所…p.017, 100, 154
- 活動ネットワーク図…p.170
- 可読性…p.150
- 巻数…p.199
- ガントチャート…p.171
- 機構図…p.169
- 脚注…p.064, 071
- 逆版…p.234
- 客観性…p.165
- キャッチコピー…p.069, 196, 200, 207
- キャッチフレーズ…p.144
- キャプション…p.077, 141-150
- 行間…p.107, 111, 115
- 行長…p.112, 113, 145
- 行頭不揃え組…p.148, 149
- 行末不揃え組…p.099, 102, 127, 146
- キーワード…p.128
- 空白スペース…p.093
- 組み込み…p.134
- グラデーション…p.222, 223
- グラフ…p.071, 086, 186, 218, 227
- グリッド…p.058, 060
- クリップアート→図画集
- 黒地…p.095, 109, 161, 220
- クロスレファレンス…p.064
- 罫線…p.082, 098, 099, 111, 138, 187, 188
- 経年変化グラフ…p.168
- 幻想…p.089, 182, 192
- 広告…p.018, 019, 052, 055
- 号数…p.199
- 校正…p.231
- ゴシック体・明朝体…p.107, 124
- 小見出し…p.076, 077, 131-135
- ゴム印…p.164
- コラム…p.065, 201
- 語呂合わせ…p.164
- コントラスト…p.078, 087, 089, 093-096, 130, 227

さ

- サイドスコアリング…p.136
- サイドバー(補助話題コラム)…p.025, 065
- 座標…p.171
- 左右中央揃え組…p.102, 127, 146
- 参考文献…p.071
- 三次元(3D)…p.017, 049, 052
- 賛否対比…p.063
- 散布図…p.169
- 時間の連続…p.041
- シグナル…p.018, 071, 203-208
- 次号告知…p.199
- 実物大…p.089, 090
- シノプシス…p.130
- 写真…p.144, 185, 223, 227, 230
- 写真クレジット…p.144
- シャドー…p.138, 184, 189-192
- ジャンプ見出し…p.207
- 縮尺…p.166
- 縮小…p.016, 050
- 樹形図…p.169
- 出典…p.071, 166
- 肖像画…p.143
- 情報ユニット…p.142, 150, 226, 227
- 書体―キャプション…p.145
- 書体―小見出し…p.132
- 書体ファミリー…p.125
- 書体―本文…p.105-120
- 書体―見出し…p.124, 125
- 書体―リード…p.129
- 白ヌキ…p.095, 109, 220
- 人物写真…p.064, 071, 083, 156, 157, 158
- シンメトリー…p.101-104
- 水平思考…p.039, 080, 082, 083
- 水平、垂直…p.075, 094
- 図画集…p.181, 235
- スクリプト体…p.124
- 図版…p.151-164